ocodilo

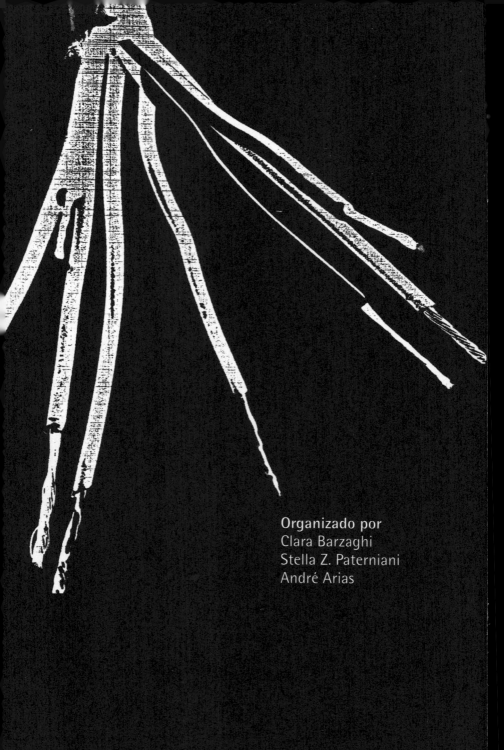

Organizado por
Clara Barzaghi
Stella Z. Paterniani
André Arias

Pensamento negro radical:

antologia de ensaios

Hortense J. Spillers
Sylvia Wynter
Saidiya Hartman
Fred Moten
Denise Ferreira da Silva

Apresentação
07 Vidas negras: pensamento radical e pretitude
María Elvira Díaz-Benítez

29 Bebê da mamãe, talvez do papai: uma gramática estadunidense
Hortense J. Spillers

71 Nenhum Humano Envolvido: carta aberta a colegas
Sylvia Wynter

105 Vênus em dois atos
Saidiya Hartman

131 Ser prete e ser nada (misticismo na carne)
Fred Moten

193 Hackeando o Sujeito: feminismo negro e recusa além dos limites da crítica
Denise Ferreira da Silva

Apresentação

Vidas negras: pensamento radical e pretitude

María Elvira Díaz-Benítez

> Não estaremos sempre a plantar, enquanto os outros colhem
> O dourado sortimento de frutos maduros
> Nem tampouco a aceitar, abjetos e mudos,
> Que homens de pouca valia oprimam seus irmãos...
> Fomos feitos para chorar eternamente.
>
> Countee Cullen

> Se tivermos que morrer, que não seja como porcos
> Caçados e encurralados em sítio glorioso,
> Enquanto ao nosso redor latem os cães loucos e famintos,
> Zombando de nosso destino amaldiçoado.
> Se devemos morrer, que o façamos nobremente,
> Para que nosso sangue precioso não seja derramado
> em vão...
>
> Claude McKay, "If We Must Die"

O poema de Countee Cullen, que li pela primeira vez em espanhol em 1993, em um velho livro da Biblioteca Luís Ángel Arango em Bogotá, ficou gravado em minha memória para sempre. Desde então, cada vez que assisto a um ato de violência dirigido a alguém por questões de origem racial ou cor da pele, recito em minha mente: Fomos feitos para chorar eternamente.

Ao longo dos anos, tenho ensaiado mudar o tom da sentença: Fomos feitos para chorar eternamente? E constantemente a recuso: Não fomos feitos para chorar eternamente! A edito: Não fomos feitos para chorar! Não fomos feitos!

No mesmo livro, *O negro na cultura americana*,[1] de Margaret Just Butcher, uma página depois, Claude McKay clama por uma morte nobre, uma daquelas negadas aos escravizados e a seus descendentes, uma que recuse a sina funesta associada ao ser negro. Hoje, sentada em frente ao computador e pensando em uma forma de começar este breve texto, automaticamente ambos os poemas falaram novamente ao meu ouvido, como sempre fazem. E essa mesma voz me convida a lembrar as várias vidas negras perdidas em vão de nossa história recente nas mãos de homens de pouca valia. Amarildo, George, Marielle... Abro o arquivo do meu PC que chamei de "inventário", de 59 páginas, e decido extrair algumas passagens:

16/03/2014. Pela televisão, vemos Claudia Silva Ferreira se desfazer em contato com o asfalto, seu corpo já morto e perfurado por arma de fogo caiu do porta-malas de uma viatura da polícia, foi arrastado por 350 m.

03/02/2014. Em cena que lembra o açoite, jovem negro é espancado por dois motoqueiros mascarados na Praia do Flamengo, Rio de Janeiro, e, em seguida, preso com tranca de bicicleta, nu, em um poste.

08/2019. Jovem de 17 anos disse à polícia que foi chicoteado com fios elétricos torcidos por cerca de quarenta minutos e ameaçado de morte por furtar uma barra de chocolate. Supermercado Ricoy, Vila Joaniza, Zona Sul de São Paulo.

9/08/2014. Ferguson, Estados Unidos. Menos de noventa segundos se passam entre o momento em que Michael Brown é avistado e ele ser morto por um policial branco. Seis tiros tiram a vida de um suspeito de roubo desarmado, que, ao que tudo indica, estava com as mãos postas ao alto quando teve o corpo

---

1 M. J. Butcher, *O negro na cultura americana*.

perfurado. Por mais de oito horas o corpo foi deixado na rua, no meio da vizinhança, sem que familiares e amigos pudessem se aproximar. Protestos. Confrontos entre civis e policiais. Estado de exceção. Toque de recolher.

19/02/2019. Pouco mais de dez dias depois da morte de um jovem negro no Supermercado Extra, na Barra da Tijuca, no Rio de Janeiro por um segurança, um homem negro é humilhado pelo gerente do Banco Caixa Social, em Salvador da Bahia, estrangulado por um PM na frente da filha e de outros presentes na cena.

03/02/2020. "PM esmurra e faz insultos racistas a jovem de black power: 'desgraça de cabelo'", lhe tira a boina e a joga no chão. Ao ouvir o rapaz dizer que é trabalhador, o PM retruca: "Você pra mim é um ladrão. Você é vagabundo! (...) Você é o quê? Você é trabalhador, é, viado?". Aconteceu em Salvador.

19/11/2020. Um homem negro foi espancado e morto por dois homens brancos em um supermercado Carrefour em Porto Alegre, no Rio Grande do Sul, na noite de quinta-feira, 19, véspera do Dia da Consciência Negra.

12/02/2020. Curitiba. "Preta nojenta, escrava, verme", escreveu pelo aplicativo o condutor do Uber cuja corrida Isabella cancelou. "Por que você pede o carro se você não precisa do carro? Sua filha da puta, preta do caralho. É um verme! Gente como você a gente trata como verme! Não tem nada para fazer? Arruma um trabalho, sua arrombada!"

N.H.I. (*No Humans Involved*), nenhum humano envolvido. Era esse o acrônimo que funcionários públicos do sistema judicial em Los Angeles utilizavam para se referir a casos de violação dos direitos de homens negros jovens, desempregados, dos guetos das cidades estadunidenses. Devido a essa permissão para disparar, porque não haveria humanos envolvidos quando se trata de negros, Rodney King foi brutalmente atacado em 1992 pela polícia local, e os implicados, absolvidos em julgamento. O texto de Sylvia Wynter começa com esse relato, uma carta aberta a colegas acadêmicos, em que também os interpela sobre qual tem sido o papel da educação na criação de categorias classificatórias como aquela que permite normalizar, na vida cotidiana, a eliminação e o encarceramento em massa de pessoas negras da subclasse, especialmente homens jovens, subalternizados em função de sua raça e de sua situação de exclusão do mercado de trabalho, os "duplos párias".

Não há dificuldade em identificar a associação entre os trechos de meu "inventário", os poemas de Cullen e McKay e o artigo de Wynter, oportunamente traduzido neste livro mais que necessário. O fio que liga essas experiências se chama *raça*, cujos significados têm possibilitado a organização do mundo em hierarquias, permitido projetos de devastação física, moral e psíquica de um enorme contingente humano ao redor do mundo. A raça tem sido "a unidade da medida da diferença e da inimizade, e o critério determinante da luta pela vida, o princípio de eliminação, segregação ou purificação da sociedade".[2]

A essa capacidade de repetição de visões e comportamentos intimamente vinculados ao código racial, Wynter chama de "olhos interiores", uma gramática eficaz e compartilhada de compreensão subjetiva ou de apreensão do mundo através de classificações. Desse ponto de vista, podemos afirmar que a raça é performativa.[3] Essa noção, a de performatividade, instiga a pensar a conformação do sujeito racial. A raça é performativa porque é um ato ou um conjunto de atos reiterativos que criam o que nomeiam. Raça é, assim como sexo e gênero para Judith Butler, uma construção discursiva que produz corpos e subjetividades. A raça existe dentro de marcos regulatórios rígidos que são disciplinas, diria Foucault,[4] o que no limite significa dizer que a raça atua como uma prática disciplinar que dá marco de possibilidade a subjetividades e corpos. Assim, humilhação e violência atuam como atos ou disciplinas reiteradas que têm como objetivo fazer raça, sendo exercidos dentro de marcos rígidos da norma e funcionando como modos de sua perpetuação, o que também implica práticas estatais como modos de governança.

2   A. Mbembe, *Crítica da razão negra*, p. 105.
3   N. Ehler, *Racial Imperatives. Discipline, performativity and struggles against subjection*, pp. 1-15.
4   M. Foucault, *História da Sexualidade. A vontade de saber*.

Conhecemos o peso e o efeito dessas classificações: bandidos, vacilões, macacos, favelados, N.H.I. Corpos marcados ou vidas que, quando contam como vidas, o fazem no território pulsante do rebaixamento. Corpos que parecem, antes de tudo, ser *carne*, diria Hortense J. Spillers. A carne para a autora – nesse artigo já clássico e extremamente influente no pensamento negro estadunidense – é uma narrativa primária, aquilo que antecede ao corpo, que para os escravizados em situação de cativeiro se tornou um arquivo de violações e torturas, "hieroglíficos", efeitos brutais sobre o tecido, o músculo, a pele. Se no espancamento esses não sujeitos assumem o estatuto ontológico da carne, é na operatividade e atualização do código da raça que Claudia Silva Ferreira teve seu *ser* tornado carne no encontro fatal e humilhante com o asfalto. Se falo de Claudia é porque a imagem de seu corpo inerte caindo do porta-malas da viatura policial ficou gravada em mim como a asfixia de George Floyd pela perna de Derek Chauvin (que nunca esqueçamos o nome e o rosto dos assassinos!) ou as descrições de Frederick Douglass sobre os gritos de sua tia Hester.

Em "Bebê da Mamãe, talvez do Papai: uma gramática estadunidense", originalmente escrito em 1987, Spillers também nos lembra dos efeitos sociais da nomeação. Muito já tem sido escrito sobre as decorrências do Relatório escrito pelo sociólogo Daniel Patrick Moynihan, em 1965, quando atuava na Secretaria do Trabalho no mandato do presidente Lyndon B. Johnson, e a grande preocupação governamental era criar mecanismos para lidar com a pobreza. Nesse universo de valores no qual se pensava o quanto a pobreza se transmitia como "cultura", muito influenciado pelas pesquisas do antropólogo Oscar Lewis, tal relatório estabeleceu uma relação direta entre a precariedade econômica e moral dos negros e a "ausência de família nuclear". Assim, lares chefiados por mulheres, mães solo ou temáticas como divórcios e abandono familiar entre afrodescendentes foram pensados como patologias e como causantes de uma desorganização social que precisaria de uma intervenção do Estado efetiva. Houve ali uma conjuntura história específica na qual a classificação de *patologia* (com todos os significados de anormal, desordeiro e doentio associados) foi atribuída a uma comunidade em especial. Assim "a 'Família

Negra' não tem um pai do qual falar – seu Nome, sua Lei, sua função simbólica marcam as impressionantes agências perdidas na vida essencial da comunidade preta, o relatório continua, e isso é, surpreendentemente, culpa da Filha ou da linhagem feminina".[5] Nomeação desumanizada. Nomeação que atua como uma das diversas formas de mutilação dos povos descendentes de africanos nas Américas. Forma contemporânea que demonstra, evocando Fanon, que os corpos dos sobreviventes são sempre corpos amputados. Carne. Atualizações do cativeiro. É no escravizado que Spillers encontra a diferença entre ser carne e ser corpo, ou seja, entre ser cativo e ser livre. E é no cativeiro que a carne perdeu o gênero, nessa "carga" dos navios, massas sem nomes nem sobrenomes, nem masculinos nem femininos, meros "territórios de manobra cultural e política", carne como mercadoria primária de troca sobre a qual se acometeriam as relações e tergiversaria o parentesco, um parentesco sempre aberto à arbitrariedade das relações de propriedade.

A ideia de que a escravidão, por meio do trabalho pesado e do castigo, borraria o gênero está também presente nas ideias de Angela Davis.[6] Mas, para Davis, seria no abuso sexual e na reprodução – que possibilitariam multiplicar a população de escravizados e, por tal, a propriedade do escravizador – que o gênero se reestabeleceria. Se o *Relatório Moynihan* e as políticas que desencadeou incentivaram ideias e formas de governo pejorativas e discriminatórias sobre a família negra, ele foi também dispositivo para um frutífero debate sobre as origens e sociologia dessa família entre historiadores da escravidão nos Estados Unidos,[7] os quais se contrapunham, a partir da segunda metade da década de 1960, às ideias de anomalia e instabilidade da família negra escravizada, ponderando que dessa instituição decorreriam aprendizados de pautas para a sobrevivência. É importante notar que as ideias sobre família também foram cimento fundamental para o pensamento feminista

---

5 H. J. Spillers, "Bebê da mamãe, talvez do papai: uma gramática estadunidense", p. 31.
6 A. Davis, *Mulheres, raça e classe*.
7 Ver H. G. Gutman, Eugene *The Black Family in Slavery and Freedom*; E. Genovese, "Materialism and Idealism in the History of Negro Slavery in the Americas"; e J. W. Blassingame, *The Slave Community: Plantation Life in the Antebellum South*.

negro nesse país, pois, como diz bell hooks,[8] "o lar é um lugar de resistência".

O texto de Hortense J. Spillers foi dispositivo da análise que a socióloga afro-brasileira Denise Ferreira da Silva constrói no artigo "Hackeando o sujeito: feminismo negro e recusa além dos limites da crítica", presente neste livro. Aqui a autora questiona o sujeito da filosofia moderna, chamando atenção para as possibilidades que as formas raciais e de sexo-gênero têm de perturbá-lo. O exercício crítico desse artigo, dotado de uma erudição que caracteriza todos os trabalhos de Ferreira da Silva, toma a carne feminina desgenerificada e a desfigura num movimento de recusa radical àquilo que ela chama de *forma-patriarca*, isto é, a autoridade, o cidadão, a gramática jurídica e ética do sujeito moderno. Seu gesto de partida é hackear X, figura por meio da qual Nahum D. Chandler expõe o passado miscigenado de W.E.B. Du Bois a partir de sua bisavó, uma figura anônima da qual vem a "contaminação" de sua genealogia, sobre a qual não era possível determinar exatamente sua procedência racial, tendo assim o potencial de perturbar a pureza racial estadunidense, escorregando, por sua vez, no binário negro/branco que construiu historicamente o ordenamento das raças nesse país e que simultaneamente desvenda o quanto o poder de nomeação ou identificação racial também está atrelado a uma decisão do patriarca. Assim, evocando a experiência biográfica de Du Bois, mas extrapolando-a, a autora se engaja em tirar X do lugar do *nada*, o que implica deslocá-la do lugar de subordinação em relação ao sujeito autorizado. No limite, isso significa questionar o tipo de mulher que pode oferecer alternativas radicais ao feminismo negro e liberar as possibilidades dessa carne que se coloca além "dos símbolos tradicionais de gênero feminino", como a autora insiste.

Apreendo o texto de Denise Ferreira da Silva como uma escrita feroz contra o patriarcado e como um exercício radical de imaginar outro mundo. Os princípios desenvolvidos neste livro já foram expressados em outro trabalho da autora: "To be

---

[8] b. hooks, "Homeplace [a site for resistance]", in *Yearning: Race, Gender and Cultural Politics*, p. 45.

Announced: Radical Praxis or Knowing (at) Limits of Justice",[9] e é possível ler aqui preocupações que reverberam em outros de seus artigos. Um deles é bastante conhecido no Brasil, intitulado "À brasileira: racialidade e a escrita de um desejo destrutivo",[10] no qual a autora debate como o desejo e o erotismo moldearam uma figura de regulação jurídico-econômica, o *mestiço* – ser do qual se augurava seu desaparecimento, enquanto possibilitava a obliteração/negação de negros e índios, e anunciava o português como sujeito histórico dos privilégios. A produção do mestiço precisou de uma dupla violência da carne: o uso do escravizado para fins econômicos e o uso das mulheres negras cativas como espécie de objeto que produziria o corpo adequado para o projeto civilizacional. Vemos que há um *nada* pairando na análise de ambos os artigos e uma denúncia radical à obliteração de certos corpos. Faço alusão a este último artigo da autora menos para estabelecer algum tipo de comparação entre as gramáticas raciais estadunidenses e brasileiras, e mais para expressar o gesto de crítica radical que ela estabelece a partir de gênero, raça e sexualidade.

Desejo reter agora mais uma ideia presente no texto de Hortense J. Spillers e com ela introduzir outra autora desta antologia: "temos pouquíssima noção no registro escrito da vida de mulheres, crianças e bebês na 'Passagem do Meio'". Ou "não há uma única narrativa autobiográfica de uma mulher cativa que tenha sobrevivido à Passagem do Meio", como afirma a escritora e acadêmica negra Saidiya Hartman, no artigo "Vênus em dois atos", felizmente traduzido ao português neste livro.

Como leitora de Hartman, sempre reajo a ela com arrepios. E sempre me sinto interpelada sobre os modos como é possível voltar a uma cena de sujeição sem replicar a gramática da violência. Essa pergunta, dispositivo do artigo desta antologia, já estava presente em seu excelente livro *Scenes of Subjection*.[11]

---

9   D. Ferreira da Silva, "To be Announced: Radical Praxis or Knowing (at) Limits of Justice".
10 D. Ferreira da Silva, "À brasileira: racialidade e a escrita de um desejo destrutivo", p. 61-83.
11 S. Hartman, *Scenes of Subjection: Terror, Slavery and Self-Making in Nineteenth-Century America*. O livro será lançado em 2022 pela crocodilo edições (N.E.)

Ali, logo de cara, a autora questiona os modos como as narrativas sobre espancamento e tortura na escravidão são reiteradas, ocasionando não necessariamente indignação, mas aprisionamento na dor pelo fato de serem familiares. Em vez de insistir na repetição dessas manifestações espetaculares do sofrimento negro, Hartman se pergunta pelos modos como participamos frente ao encontro com essas cenas. O que a "exibição do corpo violado" produz? Insiste. Sua saída foi olhar para outros lugares para atentar a cenas em que o terror mal pode ser discernido. Essa recusa retorna em "Vênus em dois atos". Mas, antes de continuar, desejo dizer que seu questionamento já tem me paralisado muita vezes quando tento escrever sobre racismo, talvez pela minha impossibilidade de fugir do aprisionamento das narrativas da dor que, na antropologia, não raro incomoda leitores ávidos por novidade. Daí que a resposta, já recebida em duas ocasiões em que li partes do "inventário" em voz alta junto de uma discussão sobre humilhação racial, fosse em tom crítico: "que existe racismo já sabemos". Se pela via da etnografia – ou seja, no acompanhamento de vidas negras pontuais em seus itinerários cotidianos de existência –, é possível dar luz sobre modos criativos de resposta às mazelas da vida ou, inclusive, é possível a observação de modos complexos ou ambivalentes em que os sujeitos interpretam suas próprias histórias e percursos, eu, no trabalho ensaístico frente a experiências de racismo, história da escravidão e da colonialidade, termino por sempre voltar ao princípio de ruína do qual falava Césaire. E, nesse movimento, termino contando histórias que não necessariamente dão espaço para o luto. Consolo a mim mesma dizendo que, enquanto o racismo persistir e pessoas forem diminuídas e mortas por sua causa, é necessário incidir em repetições narrativas uma e outra vez, imaginando que esse ato pode anunciar um coletivo que na identificação de si na dor do outro encontre alguma potência de cura.

Fred Moten, em *Na quebra*,[12] foi capaz de derivar dos gritos da tortura da tia de Frederick Douglass um espaço outro que não apenas o de extremo horror. Hartman deseja dizer mais

---

[12] F. Moten, "A resistência do objeto: o grito da tia Hester", in *Na quebra: a estética da tradição radical preta*.

do que o arquivo já diz, almeja fazer mais do que recontar a violência que ali já está registrada. Vênus são milhares de mulheres sem nome e sem singularidade, que na travessia transatlântica assim como no cativeiro transformaram-se em números, em carne estuprável, em mercadorias ou em cadáveres. Que tipo de escrita é possível como gesto de reparação ao silenciamento de suas vozes e à violência do arquivo? Que tipo de contra-histórias são viáveis? A escrita de Hartman é radical porque recusa uma única história e porque estica ao presente a experiência do passado, permitindo imaginar uma reescrita de futuro. É nesse ato de imaginar um segundo ato para a morte de Vênus naquele navio, de especular o que não sabemos ou o que nunca saberemos sobre essas vidas, que Hartman conjura a dor do silêncio e desmascara a impossibilidade de transgredir as fronteiras do arquivo. Uma impossibilidade sujeita a iteração porque o arquivo da escravidão é um umbral para a perda. Nesse gesto de narrar o impossível, a autora embaraça e perturba a história oficial e multiplica a encenação sobre a impossibilidade.

"Ser prete e ser nada (misticismo da carne)", intitula-se o ensaio do poeta e teórico negro Fred Moten, autor que conheci em 2017 quando meu amigo, o professor Kaciano Gadelha, me apresentou *The Undercommons: Fugitive planning and Black Study*,[13] livro que Moten escreveu em coautoria com Stefano Harney e que me impactou de um modo que até agora não sei mensurar.[14] E como fiquei "tomada" por esse texto, inevitavelmente li o artigo que integra esta antologia na procura de conexões, como o exercício que fazia na minha juventude e continuo fazendo de escutar um novo álbum de Tracy Chapman sempre buscando o fio que o une a "Fast Car". Evocando o "Could you be loved" de Bob Marley, e o "Just Friends" de Coleman Hawkins e Sonny Rollins, Moten se dedica nesse ensaio a dialogar com a obra de Frank B. Wilderson III e de Jared Sexton, autores que trouxeram à crítica cultural a proposta que ficou conhecida como *Afropessimismo*. E nesse movimento de aproximação e diferenciação desses autores, Moten se pergunta: o que

---

13 F. Moten e S. Harney, *The Undercommons: Fugitive Planning & Black Study*.
14 Escrevi sobre *The Undercommons* com meu amigo e colega Everton Rangel em E. Rangel e M. Diaz-Benitez, "Barreiras incomensuráveis? Um comentário".

é o nada? O que é a condição de ser uma coisa? O que é a pretitude? Como podemos amar a pretitude? Aonde vamos e por quais meios começar com os estudos da pretitude?...

Wilderson foi orientando de Saidiya Hartman, e foi dela que escutou pela primeira vez a expressão *afropessimismo*,[15] que logo ganharia densidade em seu trabalho e nas proposições de Sexton. Algumas noções são fundamentais no *afropessimismo* e contribuem a sua compreensão, uma delas é a ideia de *antinegritude*, isto é, a constatação de que o que entendemos por racismo não dá conta da violência estrutural e gratuita que vivem as pessoas pretas ao longo do globo. Essa violência que não cessa e que, ao contrário, encontra formas diversas de sofisticação e de reprodução (inclusive nas representações cinematográficas e literárias que suprimem o futuro dos negros) é, para os afropessimistas, fundamental para a categorização divisória entre Humanos e não humanos – entre corpos e carnes, diria Spillers – ou entre sujeitos e nada. Mais ainda, a violência antinegra responderia a uma ritualística lúbrica de restauração psíquica dos Humanos, de "renovação de sua coerência".[16] A ideia sobre o "gratuito" é fundamental porque indica que a violência antinegra não responde a uma contingência, mas a uma natureza pré-lógica, não sendo preciso um fato mediador para que ela aconteça. Essa gratuidade da violência anuncia uma *ontologia*: a escravidão. É o escravo a carne da qual a antinegritude extrairia tudo, pois ele dá significado à total dominação. Essas ideias sobre a figura do escravo no *afropessimismo* e a gratuidade da violência sobre ele derivam de Orlando Patterson,[17] que também o define como aquele ao qual falta reconhecimento moral e social, o desonrado, e aquele submetido à alienação

---

15 Recomendo ler a ótima entrevista com Frank B. Wilderson III, originalmente publicada em Mail & Guardian, com o título "Afropessimism and rituals of anti-Black violence", disponível em <https://mg.co.za/article/2020-06-24-frank-b-wilderson-afropessimism-memoir-structural-violence/>.
Esta entrevista foi traduzida para o português pelo historiador Allan Kardec Pereira. Disponível em <https://medium.com/@allankardecpereira/afropessimismo-e-os-rituais-da-viol%C3%AAncia-anti-negra-uma-entrevista-com-frank-b-wilderson-iii-7b011127ae8b#>.
16 F. Wilderson III, *Red, White & Black: Cinema and the Structure of U.S. Antagonisms*, p. 11.
17 O. Patterson, *Slavery and Social Death*.

natal, isto é, a quem se nega a possibilidade de permanência de seus laços de parentesco.

O que está por trás é a ideia de *morte social*. Vale reter esta ideia porque frente a ela Moten reage. Eu não tenho a possibilidade, neste breve texto, de desvendar todos os meandros de sua colocação, e convido o leitor a se deleitar, como eu, nas preciosas pistas que Moten e o livro todo oferecem. Mas posso anunciar que o autor, como Wilderson e Sexton, reconhece que o mundo para os negros é uma vala comum, mas procura entender as possibilidades da morte social como morte política, como potencial vida, mesmo que no território do nada: uma negritude que, sendo nada, possa exterminar o mundo que conhecemos. E nos insiste que a negritude precisa se libertar da ontologia, movimento de recusa que é fundamental em sua proposta e que é antes de tudo um "trabalho", pois a negritude é "o subterrâneo da ontologia, a perturbação irreparável no tempo e no espaço da ontologia".

A certa altura do ensaio, Moten afirma: "Se o pessimismo nos possibilita discernir que somos nada, então o otimismo é a condição de possibilidade de estudo do nada, bem como o que deriva desse estudo. Nós somos quem se envolve nesse estudo e quem deriva dele: pretitude como estudo preto e como radicalismo preto". Mais na frente, continua: "É possível desejar algo que não seja a subjetividade transcendental que é chamada de nada? E se a pretitude for o nome dado ao campo social e à vida social de uma capacidade alternativa e ilícita de desejar? Sendo direto, penso que a pretitude é exatamente essa capacidade. Quero que ela seja meu estudo constante."

Acredito que essa capacidade alternativa e ilícita evoca a ética fugitiva da qual fala em *The Undercommons*, a "técnica preta" que só os fugitivos reconhecem, e que seu convite seja a viver uma vida comum, em despossessão, na quebra e na recusa coletiva do que foi e do que não foi oferecido à pretitude. É desse lugar da negação da morte social que é possível derrubar o mundo e construir um novo em que o sujeito da supremacia racial seja desautorizado e em que nem mesmo seja possível falar de supremacia.

Desejo finalizar este breve prefácio falando a respeito daquilo que é *radical* na tradição radical negra. Se me perguntassem de onde vem aquilo que chamamos de radicalidade na tradição dos Estados Unidos, eu responderia que sua origem está em Rosa Parks, que se recusou a ceder sua cadeira a um homem branco naquele ônibus em Montgomery, desencadeando a luta antissegregacionista; vem da mãe de Emmett Till, que se recusou a fechar o caixão de seu filho de catorze anos assassinado por supostamente ter ofendido com uma cantada uma mulher branca, Carolyn Bryant, que pouco antes de sua morte confessou que tinha mentido; vem de Harriet Tubman, que arquitetou a fuga de dezenas de escravizados nos Estados Unidos; vem de Sojourner Truth, quando disse:

> Aquele homem ali diz que é preciso ajudar as mulheres a subir numa carruagem, é preciso carregar elas quando atravessam um lamaçal e elas devem ocupar sempre os melhores lugares. Nunca ninguém me ajuda a subir numa carruagem, a passar por cima da lama ou me cede o melhor lugar! Eu não sou uma mulher?

Diria que a radicalidade vem da *noite*, momento basilar em que escravizados se reuniam em comunhão e solidariedade para sobreviver sob o manto de seus ritos e cantos, os encontros com os amados e os planejamentos para a fuga. Se eles trabalhavam "de sol a sol",[18] era porque a vida se dava de noite a noite. A noção *radical* na tradição negra está associada a diversos movimentos negros dos Estados Unidos. Importante mencionar o legado do Revolutionary Action Movement (RAM), cuja atuação entre 1962 e 1969 fomentou princípios para o Movimento Black Power[19]

---

18 Aqui estou lembrando do livro *De sol a sol: génesis, transformación y presencia de los negros en Colombia*, dos antropólogos Nina S. de Friedemann e Jaime Arocha, meu orientador na graduação, a quem escutei pela primeira vez falar sobre o poder da noite para os escravizados.
19 Sobre o Movimento Black Power, recomendo ler o verbete escrito pelo antropólogo negro Osmundo Pinho, disponível em: <http://latinoamericana.wiki.br/verbetes/b/black-power>.

e formou Huey Percy Newton e Bobby Seale, ativistas considerados os fundadores do Partido dos Panteras Negras. Entre os principais objetivos do RAM esteve o desenvolvimento de uma organização nacional de estudantes negros, a Afro-American Student Movement (ASM), que procurava formar estudantes para lutar contra as injustiças que eles e outros afro-estadunidenses viviam no país.

Ali já estavam presentes as bases para o que se tornou o Programa dos 10 pontos do Partido dos Panteras Negras: liberdade; emprego para o povo preto; fim da exploração das comunidades negras pela branquitude; moradia digna; educação correta que ensinasse a importância dos negros na sociedade; isenção do serviço militar para os homens negros; fim da brutalidade policial; liberdade para os pretos encarcerados; julgamentos feitos por pares em caso de júri; formas organizativas que permitam aos negros decidir sobre seu destino.

Diversos movimentos organizados em função desse tipo de pautas participam da tradição radical. Entre os mais relevantes encontramos aqueles dedicados à luta pelo abolicionismo penal, que possui uma profícua produção acadêmica entre a qual se destaca o trabalho de Angela Davis.

No universo do feminismo negro, a tradição radical remonta ao legado do Combahee River Collective, grupo de mulheres negras socialistas que em 1977 escreveram o *Combahee River Collective Statement*, no qual plantearam princípios antipatriarcalistas, antirracistas, anti-imperialistas, anticapitalistas e anti-homofóbicos.[20] É na luta contra a supremacia branca e contra essas diversas formas de opressão que o Combahee River firma bases para um feminismo negro radical que inspirou ativistas e acadêmicas como bell hooks, Audre Lorde, Patricia Hill Collins, só para mencionar as mais conhecidas no Brasil.[21] A tradição radical reconhece o peso de figuras como

---

20 O manifesto foi traduzido ao português por Stefania Pereira e Letícia Simões Gomes para a Revista PLURAL, Revista do Programa de Pós Graduação em Sociologia da USP, São Paulo, v.26.1, 2019, p. 197-207.

21 No mesmo ano de formação do Combahee River, 1974, nascia outro movimento associado também à tradição radical e cuja bandeira era a libertação chicana e a revolução proletária. Essa multinacional comunista foi conhecida como *The August 29th Movement*.

Malcolm X e seu nacionalismo negro; de Marcus Garvey e seus ideais panafricanistas, e simultaneamente se atrela a pensadores como C.L.R. James – um dos pais do pan-africanismo marxista revolucionário – e de W.E.B. Du Bois, evocando igualmente a força do pensamento de Frantz Fanon. Cedric Robinson é também fundamental para a compreensão da tradição radical do pensamento negro. Seu livro *Black Marxism: The Making of the Black Radical Tradition*,[22] de 1983, é considerado uma contribuição inestimável a essa vertente do pensamento. Nesse livro, Robinson associa a tradição radical negra a um aprendizado derivado das lutas históricas pela libertação que tem sido fundamental para a criação de formas coletivas de sobrevivência. Por sua vez, esses modos de sobrevivência viriam fundamentalmente das camadas mais desfavorecidas das sociedades pretas, das plantações, da peonagem, da vida nos guetos das grandes cidades. É a partir dessas experiências de "subcomum", "abaixo" – *undercommon*, diria Moten – que o autor constrói a ideia de *capitalismo racial*, o qual só poderia ser combatido com éticas coletivas e comunitárias, inventivas e não imitativas do branco. O que está em jogo para Cedric é a formação de uma consciência proletária radical incentivada pelo marxismo negro e pelos efeitos de organizações, movimentos, partidos políticos e sindicatos pretos com bandeira racial. Sua convicção é que o capitalismo já surgiu no Ocidente emaranhado ao racismo, isto é, ambas as categorias, capitalismo e racismo, se (re)produziriam a partir do imperialismo, da colonização, da escravidão, da expropriação violenta e do genocídio. Seria a partir da configuração de hierarquias raciais e de um aparelho científico, político e econômico para sua manutenção que persistiria o capitalismo racial.[23] E contra o fim do capitalismo racial se levantam inúmeras vozes dos movimentos contemporâneos contra o encarceramento em massa e a violência do Estado. Uma evidência é a força do Movimento #BlackLivesMatter, surgido entre 2013 e 2014, após os assassinatos dos jovens negros Trayvon Martin,

---

22 C. Robinson, *Black Marxism: the making of the black radical tradition*.
23 Reconhecemos esta ideia nos trabalhos de Angela Davis e Achille Mbembe, que muito insistem na impossibilidade de pensar o capitalismo moderno sem atentar para a institucionalização do tráfico negreiro e da escravização.

Michael Brown e Eric Garner, e suas reverberações ao longo do mundo – com enorme força após a morte de George Floyd em 2020.

A luta anticapitalista é uma constante nos movimentos e pensadores associados à tradição radical. Entre os autores desta coletânea, não posso deixar de mencionar *A dívida impagável*[24] de Denise Ferreira da Silva, um livro que mostra as entranhas do capitalismo e seu efeito sobre a existência preta, atrelando a despossessão das vidas escravizadas com o empobrecimento e nova despossessão de famílias negras por ocasião da recente crise imobiliária nos Estados Unidos. Textos como esse nos obrigam a pensar que, apesar da dívida histórica que a sociedade branca tem para a sociedade preta e dos diversos projetos de reparação, a dívida é impagável. E se anuncia um paradoxo: os brancos devem aos negros, mas são os negros que sempre aumentam sua dívida, justamente porque no fundamento da humanidade está o preto como esse ser desapropriado, como o "condenado da terra". Em *Scenes of Subjection*, Saidiya Hartman interpreta a dívida como parte da economia moral da submissão e da servidão. "A culpa marcaria o nascimento do sujeito moderno", diz, porque a própria "concessão" da liberdade pelos brancos estabeleceria um princípio de responsabilidade em que os pretos pagariam por esse "investimento de fé". Em outras palavras, a uma memória do passado sobre senhores benfeitores se uniria o agradecimento, e arrisco dizer que é essa mesma economia moral que hoje organiza toda uma aura emocional na qual se espera que nós, negros, nos sintamos agradecidos por ações afirmativas ou programas de cotas raciais para acesso a emprego e educação, ou que nos sintamos envergonhados por "tirar" o lugar dos brancos desses espaços.

Outro livro que levanta essa questão é o já mencionado *The Undercommons*, que nos fala de uma pretitude em estado *broken* (quebrantada e endividada) e de como a primeira acumulação moderna é a transformação dos negros em mercadorias, institucionalizando o regime de propriedade como pauta fundamental da governança. Apreendemos com esses autores que o racismo é a instituição moderna da propriedade.

Colocações da vertente *afropessimista* também têm sido enormemente influentes para os movimentos contemporâneos de luta por dignidade social e contra a violência do Estado. No Brasil, as ideias sobre a antinegritude têm conformado um vasto campo de pesquisas na última década, especialmente em etnografias sobre a vida de pessoas pretas faveladas e suas experiências fatais com o sistema policial e com as políticas de encarceramento (cf. Osmundo Pinho, João H. Costa Vargas, Ana Flauzina, Luciane Rocha, Jurema Werneck, Carla Matos, Rachel Barros, Aline Maia Nascimento, Hannah de Vasconcelos, Jeferson Scabio, Thula Pires, Isaac Palma Brandão, entre outros).

Achille Mbembe é um autor que não se associa ao afropessimismo, embora algumas de suas ideias evoquem essa linha de pensamento (especialmente seu livro *On the Postcolony*). No Brasil, é preciso mencionar o impacto político e teórico da noção de necropolítica em uma produção acadêmica recente, em diálogo com noções como *racismo estrutural*, cujo teor, a meu ver, faz intervenções radicais na crítica cultural negra neste país (cf. Silvio Almeida, Joice Berth, Fatima Lima, Adriana Vianna, entre outros).

A autores fundamentais na formação acadêmica, política e existencial negra como Kabengele Munanga, Zélia Amador, Antônio Bispo dos Santos, Sueli Carneiro e Conceição Evaristo, permito-me juntar outros que vêm fazendo intervenções radicais no pensamento negro nacional, seja desde a produção teórica, artística, o trabalho de tradução de autores negros estrangeiros, o estudo da obra dos autores pretos nacionais, sua divulgação em blogs de opinião ou em cursos de formação e lives nas redes sociais (Jota Mombaça, Michele Mattiuzi, Matheus Araujo dos Santos, Flavio dos Santos Gomes, Alex Ratts, José Carlos dos Anjos, Janaina Damasceno, Petrônio Domingues, Kaciano Gadelha, Juliano Gadelha, Victor Galdino, Flávia Rios, Giovana Xavier, Stella Paterniani, Allan Kardec Pereira, Yhuri Cruz, abigail Campos Leal, Zwanga Nyack, entre muitos outros), ou portais, sites e páginas de instagram como o Geledés, Notícia Preta, Alma Preta, Pretitudes. Se quisermos pensar numa tradição radical própria do Brasil, teríamos que reunir os diversos movimentos contemporâneos que evocam a noção de *quilombismo* e de *quilombo* de Abdias do Nascimento e

Beatriz Nascimento e que, a partir dessas figuras, organizam territórios existenciais de fuga e refúgio – os coletivos de mulheres negras no Rio de Janeiro, como a Casa das Pretas, reunidas (ou não) sob o teto do mulherismo africano é, para mim, uma manifestação disso. Também o é o movimento *slam* de pretos favelados, o movimento hip hop antirracista ou os coletivos de pretes LGBTQIA+ que tomam a cena preta em São Paulo e outras cidades e se organizam em *houses* seguindo a tradição do *vogue*.[25] Vejo toda essa radicalidade como perenes gestos de fuga, como recusas constantes à sujeição, como técnicas pretas nas quais se reproduzem os segredos para a sobrevivência. Gritos agudos que rejeitam o N.H.I., um redondo "não fomos feitos para chorar eternamente".

Este é o país de Zumbi e Dandara, de Lélia e Abdias, de Luiza Mahin e Luiz Gama, de Maria Firmina, André Rebouças, Chico Rei, Tereza de Benguela, onde uma longa história de pensamento radical negro tem tido lugar e diversas forças contemporâneas lutam pela descolonização, que, como diz Denise Ferreira da Silva, é o único nome adequado à justiça.

Rio de Janeiro, 15 de abril de 2021

---

25 Recomendo a leitura da dissertação intitulada *Afronta, vai, se movimenta! Uma etnografia da cena preta LGBT de São Paulo*, do antropólogo negro Bruno Nzinga Ribeiro.

Bibliografia

BLASSINGAME, John W. *The Slave Community: Plantation Life in the Antebellum South*. Nova York: Oxford University Press, 1979.

BUTCHER, Margaret Just. *O negro na cultura americana*. Rio de Janeiro: Fundo de Cultura, 1960.

DAVIS, Angela. *Mulheres, raça e classe*. São Paulo: Boitempo, 2016

EHLER, Nadine. *Racial Imperatives. Discipline, performativity and struggles against subjection*. Bloomington and Indianapolis: Indiana University Press, 2012.

FERREIRA DA SILVA, Denise. *A dívida impagável*. São Paulo: Casa do Povo, 2019.

FERREIRA DA SILVA, Denise. "To be Annunced: Radical Praxis or Knowing (at) Limits of Justice", *Social Text* 111 (31), nº 1, 2013.

FERREIRA DA SILVA, Denise. "À brasileira: racialidade e a escrita de um desejo destrutivo", *Revista de Estudos Feministas*, v. 14, nº 1. 2006, p. 61-83.

FOUCAULT, Michel. *História da Sexualidade. A vontade de saber*. Rio de Janeiro: Graal LTDA. 1980 [1975].

FRIEDEMANN, Nina S.; AROCHA, Jaime. *De sol a sol: génesis, transformación y presencia de los negros en Colombia*. Bogotá: Planeta, 1986.

GENOVESE, Eugene. "Materialism and Idealism in the History of Negro Slavery in the Americas", *Journal of Social History*, vol. 1, nº 4, p. 371-94. 1968.

GUTMAN, Herbert. *The Black Family in Slavery and Freedom, 1750-1925*. New York: Vintage Books, 1977.

hooks, bell. "Homeplace [a site for resistance]" in *Yearning: Race, Gender and Cultural Politics*. Boston: South end Press, 1990, p. 45-53.

HARTMAN, Saidiya. *Scenes of Subjection. Terror, slavery and self-making in Nineteenth-century America*. New York/Oxford: Oxford University Press, 1997.

MOTEN, Fred. "A resistência do objeto: o grito da tia Hester", in *Na quebra: a estética da tradição radical preta*. Trad. Matheus Araujo dos Santos. São Paulo: crocodilo; n-1 edições, no prelo.

MOTEN, Fred; HARNEY, Stefano. *The Undercommons: Fugitive Planning & Black Study*. Wivenhoe/New York/Port Watson: Minor Compositions, 2013.

MBEMBE. Achille. *Crítica da razão negra*. São Paulo: n-1 edições, 2018.

PATTERSON, Orlando. *Slavery and Social Death*. Cambridge, Mass.: Harvard University Press, 1982.

RANGEL, Everton; DIAZ-BENITEZ, Maria Elvira. "Barreiras Incomensuráveis? Um comentário", *Debates do NER*, Porto Alegre, ano 19, nº 36, p. 79-90, ago./dez, 2019.

RIBEIRO, Bruno Nzinga. *Afronta, vai, se movimenta! Uma etnografia da cena preta LGBT de São Paulo*. Dissertação em Antropologia Social. Unicamp, 2020.

ROBINSON, Cedric. *Black marxism: the making of the black radical tradition*. Chapel Hill, NC: The University of North Carolina Press, 2000.

WILDERSON III, Frank. *Red, White & Black: Cinema and the Structure of U.S. Antagonisms*. Durham: Duke University Press, 2010.

Pensamento negro radical:

antologia de ensaios

Hortense J. Spillers
Sylvia Wynter
Saidiya Hartman
Fred Moten
Denise Ferreira da Silva

Bebê da mamãe, talvez do papai: uma gramática estadunidense[1]

Hortense J. Spillers

Tradução
Kênia Freitas e
Allan K. Pereira

1

Vamos encarar. Eu sou uma mulher marcada, mas nem todo mundo sabe o meu nome. *"Peaches"* e *"Brown Sugar"*, *"Sapphire"* e *"Earth Mother"*, *"Aunty"*, *"Granny"*, *"Holy Fool"* de Deus, uma *"Miss Ebony First"* ou *"Black Woman at the Podium"*:[2] descrevo aqui um lócus de identidades confundidas, um ponto de encontro de investimentos e privações no tesouro nacional da riqueza retórica. Meu país precisa de mim e, se eu não estivesse aqui, eu teria que ser inventada.

[1] Spillers, Hortense J.. "Mama's Baby, Papa's Maybe: An American Grammar Book." *diacritics* 17:2 (1987), 65-81. © 1987 Cornell University. Translated and reprinted with permission of Johns Hopkins University Press.

[2] A autora inicia o texto com essa lista de nomes, marcadores de estereótipos e arquétipos históricos para as mulheres pretas nos EUA. Mais que uma conotação literal, cada um desses "apelidos" funciona como uma substituição da nomeação própria para a mulher preta. Por isso, e considerando o caráter contextual e pejorativo dos termos, uma tradução literal seria improdutiva e pouco precisa. A seguir, destacamos algumas possibilidades de entendimento do conjunto. "*Peaches*" [Pêssego/Garota bonita] e "*Brown Sugar*" [Docinho Marrom], de uma forma ampla, fazem alusão a mulheres pretas consideradas atraentes, amáveis e bem comportadas – há nos termos uma sexualização implícita. Enquanto "Sapphire" [Safira] é a caricatura da mulher preta rude, maliciosa, barulhenta, com performatividade de gênero considerada masculina por seus aspectos dominantes. "Earth Mother" [Mãe Terra], "Aunty" [Titia], "Granny" [Vovozinha], "Holy Fool" [beata tola], por sua vez, destacam marcadores de cuidado, nutrição, dedicação. "Miss Ebony First" e "Black Woman at the Podium" referem-se a mulheres pretas vaidosas, que se colocam em primeiro lugar. (N.T.)

W. E. B. DuBois previu muito cedo, ainda em 1903, que o século XX seria o século da "linha de cor". Poderíamos acrescentar a essa configuração espaço-temporal outra temática de peso analogamente terrível: se a "mulher negra" pode ser vista como uma figuração particular do sujeito cindido que a teoria psicanalítica postula, então este século marca o lugar de "sua" revelação mais profunda. O problema diante de nós é enganosamente simples: os termos entre aspas no parágrafo anterior isolam propriedades nominativas sobredeterminadas. Embutidos em um terreno axiológico bizarro, eles demonstram uma espécie de codificação telegráfica; são marcadores tão carregados de pressuposições míticas que não há maneira fácil para as agentes enterradas sob eles tornarem-se limpas. Nesse sentido, os nomes pelos quais sou chamada no espaço público dão um exemplo de propriedade significante *extra*. Para poder falar uma palavra mais verdadeira a respeito de mim mesma, devo desnudar-me de camadas de significados atenuados, feitos em excesso no tempo e ao longo do tempo, atribuídos por uma ordem histórica particular, e aí aguardar quaisquer maravilhas da minha própria inventividade. Os pronomes pessoais são oferecidos a serviço de uma função coletiva.

Em certas sociedades humanas, a identidade de uma criança é determinada por meio da linhagem da mãe, mas os Estados Unidos, do ponto de vista de pelo menos um autor, não são uma delas: "Em essência, a comunidade negra[3] foi forçada a uma estrutura matriarcal que, por estar tão fora de alinhamento com *o resto da sociedade estadunidense*, retarda seriamente o progresso do grupo como um todo e impõe um fardo esmagador ao homem negro e, em consequência, também em grande parte às mulheres negras".[4]

O notório "bastardo", desde as mães romanas de tais filhos banidas, de Vico a Caliban, a Heathcliff e Joe Christmas, não tem equivalente feminino oficial, pois os ritos tradicionais e as leis de herança raramente pertencem à criança do sexo femi-

---

3 Existe ao longo do texto a diferenciação entre prete [*black*] e Negre [*Negro*]. (N.T.)
4 D. P. Moynihan, "The Moynihan Report [The Negro Family: The Case For National Action]", in *The Moynihan Report and the Politics of Controversy: A Transaction Social Science and Public Policy Report*, p. 75, ênfases da autora.

nino. O status de bastardo sinaliza, para aqueles que precisam saber, qual filho do Pai é o herdeiro legítimo e qual é o impostor. Por essa razão, a propriedade parece ser inteiramente um negócio masculino. Um "ela" não pode, portanto, se qualificar para o status de bastardo ou de "filho natural", e esse "ela" não pode fornecer uma visão mais aprofundada sobre as idas e vindas da riqueza e fortuna patriarcais. De acordo com o celebrado *Relatório Moynihan* de Daniel Patrick Moynihan, do final dos anos 1960, a "Família Negra" não tem um pai do qual falar – seu Nome, sua Lei, sua função simbólica marcam as impressionantes agências perdidas na vida essencial da comunidade preta, o relatório continua, e isso é, surpreendentemente, culpa da Filha ou da linhagem feminina. Essa notável reversão da temática da castração, deslocando o Nome e a Lei do Pai para o território da Mãe e da Filha, torna-se um aspecto da nomeação errônea da mulher afro-estadunidense. Tentamos desfazer essa nomeação errônea a fim de recuperar a relação entre Pais e Filhas dentro dessa matriz social para uma estrutura bastante diferente de ficções culturais. Pois Filhas e Pais são aqui levados a manifestar os mesmos sintomas *retóricos* de ausência e negação, a incorporar as agências duplas e contrastantes de uma *prescrita* degradação mutuamente destrutiva. "Sapphire" representa seu "Velho Homem" travestido, assim como seu "Velho Homem" se torna "Sapphire" em uma caricatura ultrajante.

Em outras palavras, nos contornos históricos da dominação, as respectivas posições de sujeito "mulher" e "homem" não aderem a nenhuma integridade simbólica. Em uma época em que os discursos críticos atuais parecem nos compelir cada vez mais decididamente em direção à "indecidibilidade" de gênero, pareceria reacionário, para não dizer estúpido, insistir na integridade do gênero feminino/masculino. Mas despir essas combinações de significado, à medida que aparecem sob as regras da dominação, restituiria, como possibilidade figurativa, não só o Poder à Mulher (para a Maternidade), mas também o Poder ao Homem (para a Paternidade). Em suma, ganharíamos o *potencial* para a diferenciação de gênero, visto que ela poderia se expressar ao longo de uma série de pontos tensionados, incluindo a biologia humana em sua intersecção com o projeto de cultura.

Embora esteja entre os mais prontamente disponíveis "bode expiatórios" do discurso público relativamente recente sobre os afro-estadunidenses e a política nacional, o *Relatório Moynihan* não é de forma alguma inédito em suas conclusões; pertence, antes, a uma classe de paradigmas simbólicos que 1) inscrevem a "etnicidade" como uma cena de negação e 2) confirmam o corpo humano como uma figura metonímica para um repertório inteiro de arranjos humanos e sociais. Nesse sentido, o *Relatório* persegue uma regra behaviorista de documentário público. Sob a regra de Moynihan, a própria "etnicidade" identifica uma objetificação total dos motivos humanos e culturais – a família "branca", por implicação, e a "Família Negra", por afirmação direta, em uma oposição constante de significados binários. Aparentemente espontâneos, esses "actantes" são *inteiramente* produzidos, sem passado nem futuro, como correntes tribais movendo-se fora do tempo. As "Famílias" de Moynihan são puro presente e sempre inscritas no tempo.[5] "Etnicidade", neste caso, congela-se em significado, adquire constância e assume a aparência e os afetos do Eterno. Poderíamos dizer, então, que em sua quietude poderosa, a "etnicidade", do ponto de vista do *Relatório*, incorpora nada mais do que um modo de tempo memorial, como Roland Barthes descreve as dinâmicas do mito.[6] Como um significante que não tem movimento algum no campo da significação, o uso de "etnicidade" para os vivos torna-se puramente apreciativo, embora seja insensato não admitir seus efeitos perigosos e fatais.

A "etnicidade" percebida como tempo mítico permite que um escritor performe uma variedade de movimentos conceituais de uma só vez. Sob sua hegemonia, o corpo humano se torna um alvo indefeso do estupro e veneração, e o corpo, em sua fase material e abstrata, uma fonte para metáfora. Por exemplo, o "emaranhado de patologias" de Moynihan fornece a

---

5   No original, "always tense". "Tense", em inglês, refere-se à forma verbal que indica o tempo de uma ação ou o estado de um ser, sendo dividido em presente (*present tense*), passado (*past tense*) e futuro (*future tense*). O emprego dessa expressão pela autora parece sugerir a indissociabilidade entre essas três temporalidades, pois, ainda que inscritas em um "puro presente", as "Famílias" de Moynihan também se associam ao passado da escravidão e ao futuro. (N.T.)
6   Ver R. Barthes, "Myth Today", in *Mythologies*, p. 109-159; especialmente p. 122-123.

estratégia descritiva para o quarto capítulo de seu trabalho, que sugere que o "insucesso" dos homens pretos das classes mais baixas é primeiramente culpa das mulheres pretas, que obtêm êxito fora de todas as proporções, tanto para seus números na comunidade quanto para o exemplo paradigmático perante a nação: "A nossa sociedade é uma sociedade que pressupõe a liderança masculina nos assuntos públicos e privados. (...) Uma subcultura, como a do Negro estadunidense, na qual esse não é o padrão, é colocada em distinta desvantagem."[7] Entre gráficos e diagramas, solicita-se que consideremos o impacto da medida qualitativa sobre o desempenho do homem preto em exames padrões, matrícula em escolas de ensino superior e formação profissional etc. Mesmo que Moynihan ressoe uma crítica a seu próprio argumento aqui, ele rapidamente afasta-se de suas possibilidades, sugerindo que os homens pretos deveriam reinar porque é assim que a cultura majoritária realiza as coisas: "É claramente uma desvantagem para um grupo minoritário operar sob um princípio, enquanto a grande maioria da população opera sob outro."[8] Essas pessoas que vivem a partir de um reconhecido padrão "matriarcal" são, portanto, apanhadas em um estado de "patologia" social.

Mesmo que Filhas tenham sua própria agenda com referência a esta ordem de Pais (imaginando, por enquanto, que a ficção de Moynihan – e outras como essa – não representa uma ficção adequada e que há, uma vez que o des-cobrimos, um Pai aqui), meu argumento – que esses sujeitos sociais e culturais fazem duplos, instáveis em suas respectivas identidades – efetivamente nos transporta para um terreno histórico comum, a ordem sociopolítica do Novo Mundo. Essa ordem, com sua sequência humana escrita em sangue, *representa* para seus povos africanos e indígenas um cenário *real* de mutilação, desmembramento e exílio. Em primeiro lugar, seu Novo Mundo, a condição diaspórica marcou *um roubo do corpo* – um corte intencional e violento (e inimaginável desta distância) do corpo cativo de sua força de vontade, de seu desejo ativo. Sob essas condições, perdemos pelo menos a *diferença de gênero no re-*

---

7 D. P. Moynihan, op. cit., p. 75.
8 Idem.

sultado, e o corpo feminino e o corpo masculino tornam-se um território de manobra cultural e política, em nada relacionado ao gênero, específico do gênero. Mas este corpo, pelo menos do ponto de vista da comunidade cativa, foca um espaço privado e particular, no qual pontos de convergência das fortunas biológicas, sexuais, sociais, culturais, linguísticas, ritualísticas e psicológicas se juntam. Essa profunda intimidade de detalhes interligados é perturbada, no entanto, por significados e usos impostos externamente:

1) o corpo cativo se torna a fonte de uma sensualidade irresistível e destrutiva;

2) ao mesmo tempo – em espantosa contradição – o corpo cativo se reduz a uma coisa, tornando-se *ser para* o captor;

3) nessa ausência *desde* uma posição de sujeito, as sexualidades capturadas fornecem uma expressão física e biológica de "outridade";

4) como uma categoria de "outridade", o corpo cativo se traduz em um potencial para o pornotrópico e corporifica uma pura impotência física que desliza para uma "impotência" mais geral, ressoando por meio de vários centros de significado humano e social.

    Eu faria, no entanto, uma distinção neste caso entre "corpo" e "carne" e imporia essa distinção como a central entre posições de sujeito cativo e libertado. Nesse sentido, antes do "corpo" existe a "carne", aquele grau zero de conceituação social que não escapa da dissimulação sob a escova do discurso ou dos reflexos da iconografia. Mesmo que as hegemonias europeias, em conjunto com o "intermediário" africano, roubassem corpos – alguns deles femininos – das comunidades da África Ocidental, consideramos essa irreparabilidade humana e social como crimes graves contra a *carne*, uma vez que a pessoa de mulheres africanas e homens africanos registrou as feridas. Se pensamos na "carne" como uma narrativa primária, então queremos dizer que ela está cauterizada, dividida, rasgada em pedaços, rebitada no buraco do navio, caída ou "fugida" para o mar.

Um dos aspectos mais pungentes do estudo contemporâneo de William Goodell sobre os códigos escravistas da América do Norte dá expressão precisa às torturas e instrumentos do cativeiro. Relatando um exemplo das observações de Jonathan Edwards sobre as torturas da escravização, Goodell narra: "O golpe do chicote está o dia todo nos ouvidos de quem está na plantação ou nas vizinhanças, e é usado com tamanha destreza e severidade não apenas para lacerar a pele, mas também para arrancar pequenas porções da carne em quase todas as etapas."[9] As especificações anatômicas da ruptura, do tecido humano alterado, assumem a descrição objetiva de uma prosa de laboratório – olhos destruídos pelo espancamento, braços, costas, crânios marcados e identificados com ferro em brasa, uma mandíbula esquerda, um tornozelo direito, perfurados; dentes faltando, conforme o trabalho calculado de ferro, chicotes, correntes, facas, da patrulha canina, da bala.

Essas marcas indecifráveis no corpo cativo geram uma espécie de hieróglifos da carne cujas severas disjunções passam a ser ocultadas da visão cultural por meio da cor da pele. Podemos perguntar se esse fenômeno de marcação e identificação realmente "se transfere" de uma geração para outra, encontrando suas várias *substituições simbólicas* em uma eficácia de significados que repetem os momentos iniciais? Como Elaine Scarry descreve os mecanismos de tortura,[10] essas lacerações, feridas, fissuras, rasgos, cicatrizes, aberturas, rupturas, lesões, rasgos, perfurações da carne criam a distância entre o que eu designaria de *vestibularidade* cultural e a *cultura*, cujo aparato estatal, incluindo juízes, advogados, "proprietários", "condutores de almas" [*soul drivers*], "capatazes" e "homens de Deus", aparentemente está em conluio com um protocolo de "busca e destruição". Este corpo, cuja carne leva a mulher e o homem às fronteiras da sobrevivência, suporta pessoalmente as marcas de um texto cultural cujo interior foi virado ao avesso.

---

9 W. Goodell, *The American Slave Code in Theory and Practice Shown by Its Statutes, Judicial Decisions, and Illustrative Facts*, p. 221.
10 E. Scarry, *The Body in Pain: The Making and Unmaking of the World*, p. 27-59.

A carne é a concentração de "etnicidade" que os discursos críticos contemporâneos não reconhecem nem refutam. É essa entidade de "carne e sangue", no vestíbulo (ou na "pré-visualização") de uma América do Norte colonizada, que é essencialmente ejetada do "Corpo Feminino na Cultura Ocidental,"[11] mas produz uma boa teoria, ou uma "história dela"[12] comemorativa para querer "esquecer", ou para dizer não perceber, que o sujeito africano feminino, sob essas condições históricas, não é apenas alvo de estupro – em certo sentido, uma violação interiorizada do corpo e da mente –, mas também o tema de atos especificamente *externalizados* de tortura e prostração que imaginamos como o domínio peculiar da brutalidade *masculina* e da tortura infligida por outros homens. Um corpo feminino pendurado no galho de uma árvore ou com o seio sangrando em um dia qualquer de trabalho no campo porque o "capataz", a uma chicotada de distância, arrebentou e arregaçou sua carne adiciona uma dimensão lexical e viva às narrativas das mulheres na cultura e na sociedade.[13] Esta cena materializada da carne feminina desprotegida – da carne feminina *"desgenerificada"* – oferece uma práxis e uma teoria, um texto para viver e para morrer, e um método para ler a ambos através de suas diversas mediações.

Entre a miríade de usos em que a comunidade escravizada foi colocada, Goodell identifica seu valor para a pesquisa médica: "Sortimentos de Negres doentes, *danificades* e deficientes, considerades incuráveis e de outra forma sem valor são *comprades*, ao que parece (...), por instituições médicas, para serem experimentades e operades, para fins de 'educação médica' e para o interesse da ciência médica".[14] Do *Charleston Mercury* de 12 de outubro de 1838, Goodell nota este anúncio:

> Para agricultores e outros. - Procuram-se cinquenta Negres, qualquer pessoa tendo Negres doentes, considerades incuráveis por seus respectivos médicos,

---

11 Ver S. R. Suleiman, *The Female Body in Western Culture*.
12 A autora utiliza "herstory", termo usado para designar uma história escrita de um ponto de vista feminista ou com atenção às experiências de mulheres. (N.E.)
13 A. Y. Davis, *Women, Race, and Class*, p. 9.
14 W. Goodell, op. cit., p. 86-87; ênfases de Goodell.

e que desejam se desfazer deles, o Dr. S. pagará em dinheiro por Negres afetades com escrófula, ou mal do rei, hipocondriasmo confirmado, apoplexia, doenças do fígado, rins, baço, estômago e intestinos, bexiga e seus apêndices, diarreia, disenteria etc. O maior preço à vista será pago no pedido conforme acima em Church Street, nº 110, Charleston.[15]

Essa lucrativa "atomização" do corpo cativo fornece outro ponto de vista sobre a carne dividida: perdemos qualquer indício ou sugestão de uma dimensão da ética, de relação entre a personalidade humana e suas características anatômicas, entre uma personalidade humana e outra, entre a personalidade humana e as instituições culturais. Nessa medida, os procedimentos adotados para a carne cativa demarcam uma objetificação total, pois toda a comunidade cativa torna-se um laboratório vivo.

O corpo cativo, então, traz ao foco uma reunião de realidades sociais, bem como uma metáfora para o *valor*, tão completamente entrelaçadas em suas ênfases literais e figurativas que as distinções entre elas são praticamente inúteis. Mesmo que a carne/corpo cativa tenha sido "liberada", e ninguém precisa fingir que até as aspas não *importam*, a atividade simbólica dominante, a episteme dirigente, que emite a dinâmica de nomeação e avaliação, permanece baseada nas metáforas originárias do cativeiro e da mutilação, de modo que é como se nem o tempo, nem a história, nem a historiografia e seus tópicos mostrassem movimento enquanto o sujeito humano é "assassinado" de novo e de novo pelas paixões de um arcaísmo sem sangue e anônimo, mostrando-se em disfarces sem fim. O jovem Chick Mallison, de Faulkner em *The Mansion*, chama "isso" por outros nomes – "o antigo medo subterrâneo atávico (...)".[16] E eu chamaria de a Grande e Longa Vergonha Nacional. Mas as pessoas não falam mais dessa forma – é "constrangedor", assim como a recuperação de corpos femininos mutilados provavelmente será "um retrocesso" para algumas pessoas. Nem a cara envergonhada constrangida nem o não-olhar-para-trás auto-

---

15 Ibid., p. 87; ênfases de Goodell.
16 W. Faulkner, *The Mansion*, p. 227.

confiante são de muito interesse para nós e não ajudarão em nada se o rigor for o nosso sonho. Podemos admitir, no mínimo, que paus e tijolos *podem* quebrar nossos ossos, mas as palavras certamente nos *matarão*.

A ordem simbólica que desejo traçar nesta escrita, chamando-a de uma "gramática estadunidense", começa do "começo", que é realmente uma ruptura e um tipo radicalmente diferente de continuação cultural. As mudanças demográficas massivas, a formação violenta de uma consciência africana moderna, que ocorrem no continente subsaariano durante os ataques iniciais que abrem o Tráfico de Escravos Atlântico no século XV do nosso Cristo, interromperam centenas de anos da cultura preta africana. Escrevemos e pensamos, então, sobre um resultado de aspectos da vida afro-americana nos Estados Unidos sob a pressão desses eventos. Posso também acrescentar que a familiaridade desta narrativa não faz nada para aplacar a fome de memória gravada; nem a persistência do repetido rouba esses eventos, bem conhecidos e frequentemente contados, de seu poder de, até hoje, alarmar. Em um sentido muito real, cada escrita como revisão faz a "descoberta" mais uma vez.

2

As narrativas de pessoas africanas e de seus descendentes, embora não tão numerosas naqueles primeiros séculos do "tráfico execrável" como a pesquisadora gostaria, sugerem, em sua rara ocorrência, que as ondas de choque visual disparadas quando africanos e europeus "se encontraram" reverberaram em ambos os lados do encontro. A narrativa de *Life of Olaudah Equiano, or Gustavus Vassa, the African. Written by Himself*, publicada pela primeira vez em Londres em 1789, deixa bem claro que os primeiros europeus que Equiano observou, no que hoje é solo nigeriano, eram tão irreais para ele quanto ele e os outros devem ter sido para os captores europeus. A crueldade desses "brancos de aparências horríveis, rostos vermelhos e cabelos longos", desses "espíritos", como diria o narrador, ocupa várias páginas da atenção de Equiano, ao lado de um relato em primeira mão da vida íntima nigeriana.[17] Temos justificativa para considerar o resultado da experiência de Equiano da mesma maneira que ele mesmo pode ter considerado – como uma "queda", como uma verdadeira descida à perda de força comunicativa.

Se, como Todorov aponta, os povos maia e asteca "perderam o controle da comunicação"[18] à luz da intervenção espanhola, pudemos observar, da mesma forma, que Vassa acaba entre homens cuja linguagem não é apenas estranha para ele, mas cujos hábitos e práticas lhe parecem "espantosos":

> [O mar, o navio negreiro] me encheram de espanto, que logo se converteu em terror, quando eu fui carregado a bordo. Fui imediatamente tocado e revirado dos pés à cabeça para ver se estava sadio, por alguns membros da equipe; e agora estava convencido de que havia entrado em um mundo de maus espíritos e que eles iriam me matar. Suas compleições, também, diferindo muito da nossa, seus cabelos longos e a língua que falavam (que era diferente de qualquer uma que eu já tivesse ouvido) uniram-se para me confirmar nesta crença.[19]

A parte capturadora não só "adquire" o direito de dispor do corpo cativo como bem entender, mas ganha, consequentemente, o direito de nomear e "nomeá-lo": Equiano, por exemplo, identifica pelo menos três nomes diferentes que lhe são dados nas inúmeras passagens entre sua terra natal no Benin e a colônia de Virgínia, esta última e a Inglaterra – "Michael", "Jacob", "Gustavus Vassa".[20]

Os apelidos pelos quais as mulheres afro-estadunidenses foram chamadas, vistas ou imaginadas na cena do Novo Mundo – as linhas iniciais deste ensaio fornecem exemplos – demonstram os poderes de distorção que a comunidade dominante apreende como sua prerrogativa ilegítima. A "Família Negra" de Moynihan, então, pega emprestado suas energias

---

17 O. Equiano, "The Life of Olaudah Equiano, or Gustavus Vassa, The African, Written by Himself", in *Great Slave Narratives*, p. 27 e seguintes.
18 T. Todorov, *The Conquest of America: The Question of the Other*, p. 61.
19 O. Equiano, op. cit., p. 27.
20 Ibid., p. 35-36.

narrativas da grade de associações, das dobras semânticas e icônicas enterradas profundamente no passado coletivo, que vêm cercar e significar a pessoa cativa. Embora não haja um ponto absoluto de iniciação cronológica, podemos repetir certos pontos de impressão familiares que dão forma ao negócio da nomeação desumanizada. Esperando encontrar uma referência direta e ampliada às mulheres africanas durante os anos iniciais do Tráfico, quem observa sempre desaponta-se com o fato de que esta temática cultural esteja escondida sob os poderosos destroços do relato detalhado, nas entrelinhas dos enormes registros de empreitadas comerciais que ultrapassam o senso de clareza que nós acreditávamos ter ganhado com relação a essa humilhação coletiva. A enorme documentação de quatro volumes de Elizabeth Donnan[21] se torna um exemplo disso.

Voltando-nos diretamente para esta fonte, descobrimos o que não esperávamos encontrar – que este aspecto da pesquisa se torna problemático e que as observações de um campo de costumes e suas sociometrias relacionadas são uma consequência da indústria do "outro exterior",[22] chamada mais tarde de "antropologia". Os homens europeus que lideraram e capitanearam essas galés e que policiaram e encurralaram, por três séculos de vida humana, esses seres humanos em centenas de navios, de Liverpool a Elmina ou à Jamaica; das Ilhas Cayenne aos portos de Charleston e Salem, não tinham curiosidade por esta "carga" que sangrava, embalada como tantas sardinhas vivas entre os objetos imóveis. Essa cegueira obscena inveterada pode ser negada, categoricamente, como uma possibilidade por *qualquer pessoa*, exceto que nós sabemos que isso aconteceu.

---

21 A historiadora estadunidense Elizabeth Donnan coletou documentos referentes ao tráfico de pessoas africanas escravizadas, agrupando-os em quatro volumes. Os materiais consideram a escravidão do século XV ao XVII, e abarcam o todo do empreendimento europeu de escravização, considerando a participação de portugueses, espanhóis, ingleses, franceses e holandeses no tráfico de escravizades. *Documents Illustrative of the History of the Slave Trade to America* é dividido em 4 volumes: Volume I - 1441-1700; Volume II - The Eighteenth Century; Volume III - New England and the Middle Colonies; Volume IV - The Border Colonies and Southern Colonies E. Donnan, *Documents Illustrative of the History of the Slave Trade to America*, vol. 4. (N.E.)
22 T. Todorov, op. cit., p. 3.

O primeiro volume de Donnan cobre três séculos de "descoberta" e "conquista" europeia, começando cinquenta anos antes do devoto Cristóvão, *Christum Ferens*, o portador de Cristo, reivindicar o que ele pensava serem as "Índias". Da "Crônica da Descoberta e Conquista da Guiné, 1441-1448" de Gomes Eanes de Azurara,[23] aprendemos que os portugueses provavelmente ganharam a distinção duvidosa de terem introduzido pessoas africanas negras ao mercado europeu de servidão. Também somos lembrados de que "Geografia" não é um dom divino. Muito pelo contrário, suas fronteiras foram alteradas durante a "Era da Conquista" europeia em um desespero vertiginoso, de acordo com os ditames dos exércitos conquistadores, os ditos dos prelados, a miopia peculiar da mente cristã medieval. Procurar pelo "rio Nilo", por exemplo, segundo a noção portuguesa do século XV, é uma brincadeira de alguém. Por tudo o que os "exploradores" pré-colombianos sabiam sobre as ciências da navegação e geografia, surpreende-nos que mais partes deles não tenham acabado por "descobrir" a Europa. Talvez, de um certo ângulo, isso seja precisamente tudo o que eles encontraram – uma leitura alternativa do ego. Portugueses, sem saberem para onde corria o Nilo, pelo menos compreenderam de imediato que havia homens e mulheres mais escuras que eles, mas não eram especificamente bem informados, ou engenhosos, a respeito das várias famílias e grupos representados por essas pessoas. De Azurara[24] registra encontros com "mouros", "mouras", "mulates" e pessoas "pretas como etíopes",[25] mas parece que a "Terra da Guiné", ou de "Homens Pretos" ou de "Negres",[26] estava localizada em qualquer lugar ao sudeste de Cabo Verde, das Canárias e do rio Senegal, olhando para uma versão europeia do século XVIII do continente subsaariano ao longo da costa da África Ocidental.[27]

---

23 E. Donnan, op. cit., vol. 1, p. 18-41.
24 Gomes Eanes de Azurara foi o cronista régio durante o período do reinado de D. Afonso V, rei de Portugal e Algarves de 1438 a 1481. (N.E.)
25 G. E. De Azurara, "The Chronile of the Discovery and Conquest of Guinea", in *Documents Illustrative of the History of the Slave Trade to America*, vol. 1, p. 28.
26 G. E. De Azurara, op. cit., p. 35.
27 E. Donnan, op. cit., vol. 1, frontispício.

Três distinções genéticas estão à disposição do olho português, junto com os riffs de melanina na pele: em um campo de cativos, algumas pessoas observadas são "brancas o suficiente, bonitas de se ver e bem-proporcionadas". Outras são menos "brancas, como mulates", e ainda outras "pretas como etíopes, e tão feias, tanto nas feições quanto no corpo, que quase parecem (para quem as viu) as imagens de um hemisfério inferior".[28] Por implicação, esse "terceiro tipo", representando o fenótipo mais aberrante para o olho observador, incorpora a comunidade linguística mais desconhecida para os europeus. Os tradutores árabes entre os europeus poderiam pelo menos "falar" com "mouros" e instruí-los a se redimirem ou algo do tipo...

Tipicamente, há nesta gramática de descrição a perspectiva de "declinação", não de simultaneidade, e seu ponto de iniciação é solipsista – começa com um eu [*self*] narrativo, em uma aparente unidade de sentimento, e ao contrário de Equiano, que também via "feio" quando olhava para fora, este eu [*self*] coletivo descobre os meios pelos quais subjugar o "código estrangeiro de consciência", cuja diferença mais facilmente notável e irremediável é percebida na cor da pele. Na época da narrativa de De Azurara em meados do século XV e um século e meio antes do "velho bode preto" shakespeariano de um Otelo "acasalar com" aquela "ovelha branca" de uma Desdêmona, a magia da cor da pele já está instalada como fator decisivo nas transações humanas.

Na narrativa de De Azurara, observamos homens olhando para outros homens, já que "mulher" é aqui subsumido à categoria geral de estranhamento. Poucos lugares nestes trechos extraem um espaço feminino distinto, embora haja momentos de descrição que percebem as cativas nas implicações da função sociocultural. Quando o campo de pessoas cativas (referido acima) é dividido entre espoliadores, nenhuma atenção é dada às relações, pois os pais são separados dos filhos, os maridos das esposas, os irmãos das irmãs e irmãos, as mães dos filhos – homens e mulheres. Parece claro que o programa político do cristianismo europeu promove essa visão hierárquica entre os homens, embora permaneça intrigante para nós exatamente

---

[28] Ibid., p. 28.

como essa versão do cristianismo transforma o "pagão" também no "feio". Parece que os seres humanos surgiram com graus de "justo" e depois o "horrível", com seus sobretons de bestialidade como o oposto de "justo", todos por si só, sem direção de cena, embora haja a curiosa e ardente exceção do Sócrates de Nietzsche, que era o mais feio, sábio e melhor cidadão de Atenas. A coreografia intimista que o narrador português coloca entre o "infiel" e o "feio" transforma uma parceria de dançarinos numa única figura. Uma vez que "infiéis", indiscriminados das três escalas portuguesas de cor da pele, são transportados para a Europa, eles se tornam um fator humano *alterado*:

> E assim seu destino agora era totalmente contrário ao que tinha sido, já que antes viviam na perdição da alma e do corpo; de suas almas, visto que ainda eram pagãos, sem a clareza e a luz da Santa Fé; e de seus corpos, visto que viviam como bestas, sem qualquer costume de seres razoáveis – porque não tinham conhecimento de pão e vinho e estavam sem cobertura de roupas ou alojamento de casas; e pior do que tudo, pela grande ignorância que possuíam, em que não tinham compreensão do bem, mas apenas sabiam viver na preguiça bestial.[29]

O fator humano alterado proporciona uma alteridade do ego europeu, uma invenção ou "descoberta" tão decisiva em toda a sua gama de implicações sociais como o nascimento de um recém-nascido. De acordo com os alinhamentos semânticos da passagem extraída, a pessoalidade, para esse observador europeu, localiza uma determinação imediatamente externa e superficial, medida por categorias *especulares* e opostas arbitrariamente: o fato de que esses "pagãos" não tivessem "pão" e "vinho" não significava que não tivessem banquetes, como Equiano observa sobre a dieta do Benin, em 1745, na província de Essaka:

---

29 Ibid., p. 30

> Nossa maneira de viver é totalmente simples; pois os nativos ainda não estão familiarizados com os refinamentos da culinária que corrompem o gosto; novilhos, cabras e aves fornecem a maior parte de sua comida. (Estes constituem igualmente a principal riqueza do país e os artigos principais de seu comércio). A carne é geralmente cozida em uma panela; para torná-la saborosa, às vezes usamos pimenta e outros temperos, e temos sal feito de cinzas de madeira. Nossos vegetais são principalmente bananas, inhames, feijão e milho indiano. O chefe da família costuma comer sozinho; suas esposas e escravos também têm suas mesas separadas.[30]

Assim como *fufu* serve à dieta ganense hoje como um substituto de amido e pão, o vinho de palma (um item com o mesmo nome no paladar do século XVIII da comunidade do Benin) não precisa ser um vinho caríssimo e vice-versa para imaginar que uma convidada, digamos, tenha gostado. O fato de os arranjos habitacionais africanos do século XV não se assemelharem ao que era familiar ao narrador de De Azurara não significa necessariamente que as comunidades africanas que ele encontrou não tinham moradias. Mais uma vez, a narrativa de Equiano sugere que, pelo menos em meados do século XVIII, os padrões africanos de vida não eram apenas bastante distintos em suas implicações sociométricas, mas também sua arquitetura refletia com precisão o clima e a disponibilidade de recursos nas circunstâncias locais: "Essas casas nunca ultrapassam um andar de altura; são sempre construídas de madeira ou estacas cravadas no solo, cruzadas com barbilhões e cuidadosamente rebocadas por dentro e por fora".[31] O impulso hierárquico em *ambas* as narrativas de De Azurara e Equiano traduz todas as diferenças *percebidas* como uma degradação *ou* transcendência fundamental, mas, pelo menos no caso de Equiano, as práticas culturais não são observadas em qualquer conexão íntima com a cor da pele. Para todos os efeitos, a política da melanina, não

---

30 O. Equiano, op. cit., p.8
31 O. Equiano, op. cit., p. 9.

isolada em seus estranhos poderes dos imperativos de uma economia mercantil e competitiva dos Estados-nação europeus, fará da "transcendência" e da "degradação" a base de uma violência histórica que reescreverá as histórias da Europa moderna e da África preta. Esses elementos nominativos mutuamente excludentes acabam apoiando-se na mesma semântica dominante – o a-histórico ou os sintomas do "sagrado".

Em agosto de 1518, Francisco de Los Cobos, secretário do rei espanhol, sob a égide de uma poderosa negação, pôde ordenar que "4 mil escravos negros, machos e fêmeas, fossem levados, desde que fossem cristãos", para o Caribe, para "as ilhas e o continente do mar oceano já descoberto ou a ser descoberto".[32] Embora a conhecida "Passagem do Meio" ["Middle Passage"] pareça a quem investiga um vasto pano de fundo sem fronteiras no tempo e no espaço, ela é relacionada nos relatos de Donnan à abertura de todo o hemisfério ocidental para os fins específicos de escravização e colonização. A narrativa de De Azurara pertence, então, a um discurso de apropriação cujas estratégias serão fatais para as comunidades ao longo da costa da África Ocidental, estendendo-se, segundo Olaudah Equiano, por "3 400 milhas, do Senegal a Angola, e [incluirá] uma variedade de reinos".[33]

As condições da "Passagem do Meio" estão entre as narrativas mais incríveis disponíveis para quem estuda, pois ainda não é facilmente imaginável. Mais tarde, nas crônicas do tráfico de escravos no Atlântico, o parlamento britânico considerou discussões sobre possíveis "regulamentos" para navios negreiros. Um capitão chamado Perry visitou o porto de Liverpool, e entre os navios que inspecionou estava "The Brookes", provavelmente a imagem mais conhecida da galé de escravos com sua representativa *personae* gravada em desenho como tantas figuras caricatas. O segundo volume de Elizabeth Donnan traz o "Plano Brookes", junto com uma delineação elaborada de suas dimensões a partir do relato investigativo do próprio Perry: "Vamos supor agora (...) que cada homem escravo deva ter um espaço de 1,8 m por 40 cm, cada mulher 1,77 m por 40 cm, cada menino

---

32 E. Donnan, op. cit., vol. 1, p. 42.
33 O. Equiano, op. cit., p. 5.

1,52 m por 35 cm e cada menina de 1,4 metros por 30 cm (...)."[34] O proprietário do "The Brookes", James Jones, recomendou que "cinco mulheres fossem calculadas como quatro homens, e três meninos ou meninas como iguais a duas pessoas adultas".[35] Essas desigualdades em escala complementam os termos dominantes do projeto desumanizador, desgenerificador e desfigurador de pessoas africanas que o narrador de De Azurara pode ter reconhecido. Foi-me apontado que essas medidas revelam a aplicação da regra de gênero às condições materiais da Passagem, mas eu sugeriria que "generificar" ocorre dentro dos limites do doméstico, uma metáfora essencial que então espalha seus tentáculos para o sujeito masculino e feminino sobre um campo mais amplo de propósitos humanos e sociais. A domesticidade parece ganhar força por meio de uma origem comum de ficções culturais que se alicerçam na especificidade dos nomes próprios, mais precisamente de um patronímico, que, por sua vez, situa essas pessoas "cobertas" por ele em um determinado lugar. Ao contrário, a carga de um navio pode não ser considerada como um elemento doméstico, embora a embarcação que a transporta seja, às vezes, romanticamente (ironicamente?) personificada como "ela". A carga humana de um navio negreiro – no apagamento e na remissão fundamentais da família africana e dos nomes próprios – oferece uma *contra*-narrativa às noções do doméstico.

Essas pessoas africanas na "Passagem do Meio" foram literalmente suspensas no "oceânico", se pensarmos neste último em sua orientação freudiana como uma analogia para a identidade indiferenciada: removidas da terra e da cultura nativa, e ainda não "estadunidenses", essas pessoas cativas, sem nomes que seus captores reconhecessem, estavam em movimento através do Atlântico, mas também não estavam em lugar algum. Visto que, em qualquer dia, podemos imaginar que as personalidades cativas não sabiam onde estavam, poderíamos dizer que foram culturalmente "desfeitas", jogadas no meio de uma escuridão figurativa que "expôs" seus destinos a um curso desconhecido. Muitas vezes, para os capitães dessas galés, a ciência

---

34 E. Donnan, op. cit., vol. 2, p. 592.
35 Idem.

da navegação da época não era suficiente para garantir o destino pretendido. Podemos dizer que o navio negreiro, sua tripulação e sua carga humana representam uma riqueza selvagem e devoluta de *possibilidades* que é não interrompida, não "contada"/"contabilizada" ou diferenciada até que seu movimento ganhe a terra a milhares de milhas de distância do ponto de partida. Sob essas condições, não se é nem mulher nem homem, pois ambos os sujeitos são "contabilizados" como *quantidades*. A mulher na "Passagem do Meio", como a massa física aparentemente menor, ocupa "menos espaço" em uma economia monetária diretamente traduzível, mas ela é quantificável pelas mesmas regras de contabilidade que sua contrapartida masculina.

Não é apenas difícil para quem estuda encontrar a "mulher" na "Passagem do Meio", mas também, como observa Herbert S. Klein, "o número de mulheres africanas no tráfico de escravos do Atlântico em nada era parecido com o número de homens africanos. Em todas as idades, os homens superavam as mulheres nos navios negreiros vindos da África com destino à América".[36] Embora essa observação não mude a realidade do cativeiro e da servidão das mulheres africanas nas comunidades do Novo Mundo, ela oferece uma perspectiva a partir da qual se pode contemplar o comércio *interno* de escravos africanos, que, segundo os africanistas, continuou sendo um mercado predominantemente *feminino*. Klein, no entanto, afirma que as mulheres forçadas ao tráfico foram segregadas "dos homens para fins de policiamento".[37] Ele afirma que ambos "receberam o mesmo espaço entre os conveses... e ambos foram alimentados com a mesma comida".[38] Não está totalmente claro nas observações de Klein *para quem* a "polícia" mantinha vigilância. É certamente conhecido a partir de evidências apresentadas no terceiro volume de Donnan ("New England and the Middle Colonies") que insurreições eram frequentes e temidas na passagem, e ainda não encontramos muitas evidências para apoiar a tese de que mulheres cativas participavam de atividades insur-

---

36 H. S. Klein, "African Women in the Atlantic Slave Trade", in *Women and Slavery in Africa*, p. 29.
37 Ibid., p. 35.
38 Idem.

recionais.[39] Porque era a regra, no entanto, e não a exceção, que a mulher africana, tanto nas culturas africanas nativas quanto no que se torna seu "lar", realizasse tarefas de trabalho físico pesado – a ponto de que o "escravo" quintessencial *não* seja um homem mas uma mulher –, nos admiramos com a aparente docilidade do sujeito, garantindo-lhe uma "feminização" que a escravidão mantinha sob controle. Na verdade, em toda a torrente de discurso que examinei para este escrito, os atos de escravização e as respostas a ela compreendem um engajamento mais ou menos agonístico de hostilidades confrontacionais entre homens. As evidências visuais e históricas revelam que o discurso dominante sobre o assunto é incompleto, assim como as *contra*-evidências são inadequadas: a violação sexual das cativas e sua própria raiva expressa contra seus opressores não constituíam eventos que os capitães e suas tripulações se apressassem em registrar em cartas às empresas patrocinadoras, ou os filhos a bordo em cartas para suas mamães em New England.

Suspeita-se que há várias maneiras de capturar um pássaro, de modo que a insurreição pode ter envolvido, de vez em quando, meios bem mais sutis que o motim no "Felicity",[40] por exemplo. De qualquer forma, temos pouquíssima noção no registro escrito da vida de mulheres, crianças e bebês na "Passagem do Meio", e nenhuma ideia do destino da grávida cativa e do nascituro, cuja temática alarmante bell hooks aborda no capítulo de abertura de seu trabalho precursor.[41] Com a condução de hooks, entretanto, podemos supor que a "reprodução da maternidade" nesta instância histórica traz poucos dos benefícios de um gênero feminino *patriarcalizado*, que, de um ponto de vista, é o *único* gênero feminino que existe.

O relativo silêncio do registro sobre esse ponto constitui uma porção das lacunas inquietantes que a investigação feminista busca preencher. Tal silêncio é o apelido da distorção, do desconhecido fator humano que um discurso público revisado desfaria *e* revelaria. Esta temática cultural inscreve-se histo-

---

39 Ver D. G. White, *Ar'n't I A Woman? Female Slaves in the Plantation South*, p. 63-64.
40 Navio que traficou pesssoas escravizadas para o Novo Mundo no século XVIII, no qual houve um levante contra os captores. (N.E.)
41 Ver b. hooks, *Ain't I a Woman: Black Women and Feminism*, p. 15-49.

ricamente como anonimato/anomia em vários documentos públicos das (des)venturas europeu-americanas, desde o português De Azurara em meados do século XV, ao Henry Laurens da Carolina do Sul no século XVIII.

    O que confunde e enriquece a imagem é precisamente a mesmice do retrato anônimo que se adere tenazmente por toda a divisão de gênero. Nas colunas verticais de relatos e livros-fiscais que compreendem o trabalho de Donnan, os termos "Negros" e "Escravos" denotam um status comum. Por exemplo, as entradas em uma conta, de setembro de 1700 a setembro de 1702, são especificamente descritivas dos nomes dos navios e dos comerciantes privados em Barbados que receberão as mercadorias estipuladas, mas o "Número de negros" e a "Soma vendida por cabeça" são tão aritméticos que é como se essas adições e multiplicações pertencessem ao outro lado de uma equação.[42] Impressionamo-nos com os detalhes e a precisão que caracterizam esses relatos, como uma narrativa ou história, sempre implícita no *nome* de um homem ou mulher: "Wm. Webster", "John Dunn", "Thos. Brownbill", "Robt. Knowles". Mas o "outro" lado da página, por assim dizer, igualmente preciso, não mostra nenhum *rosto*. Parece que nada quebra a uniformidade desse disfarce. Se de nenhuma outra forma, a destruição do nome africano, dos parentescos, das conexões linguísticas e rituais é tão óbvia na folha de estatísticas vitais que tendemos a ignorá-la. Muito naturalmente, o traficante não está interessado, em nenhum sentido *semântico*, nessa "bagagem" que ele deve entregar, mas que ele não esteja é mais uma razão para pesquisar as implicações metafóricas de *nomear* como uma das principais fontes de uma amarga americanização para as pessoas africanas.

    A perda do nome e da terra nativos fornece uma metáfora de deslocamento para outras características e relações humanas e culturais, incluindo o deslocamento da genitália, o desejo feminino e masculino que engendra o futuro. O fato de o acesso da pessoa escravizada a questões de seu próprio corpo não estar totalmente claro nesse período histórico coloca em crise todos os aspectos das relações de sangue, pois os captores

---

[42] E. Donnan, op. cit., vol. 2, p. 25.

aparentemente não se sentiam na obrigação de reconhecê-las. Na verdade, tentar entender como funcionavam as confusões de consanguinidade torna-se o projeto, pois o resultado vai longe para explicar a regra de gênero e sua aplicação à africana em cativeiro.

3

Embora os ensaios em *Women and Slavery in Africa* de Claire C. Robertson e Martin A. Klein tenham especificamente a ver com aspectos do comércio interno de escravos africanos, algumas de suas observações lançam luz sobre os cativeiros da diáspora. Pelo menos essas observações têm o benefício de alterar o tipo de perguntas que podemos fazer a esses capítulos silenciosos. Por exemplo, o ensaio de Robertson, que abre o volume, discute o termo "escravidão" em uma ampla variedade de relacionamentos. A pessoa escravizada como *propriedade* identifica o elemento mais familiar de uma proposição mais surpreendente. Mas sobrepor o *status de não ter parentesco* às exigências da propriedade pode ampliar nossa visão das condições de escravização. Olhando especificamente para documentos das sociedades de Songai e Daomé na África Ocidental, Claude Meillassoux elabora várias características da constelação propriedade/ausência de parentesco que são altamente sugestivas para nossos próprios propósitos, bastante diferentes.

Meillassoux argumenta que "a escravidão cria um agente econômico e social cuja virtude reside em estar fora do sistema de parentesco".[43] Como o comércio atlântico envolveu formações sociais e étnicas heterogêneas em uma relação de poder explícita, certamente não podemos nos referir a "sistema de parentesco" exatamente da mesma forma que Meillassoux observa em funcionamento dentro do intrincado cálculo de descendência entre as sociedades da África Ocidental. No entanto a ideia se torna útil como um ponto de contemplação quando tentamos aguçar nosso próprio senso dos usos reprodutivos da mulher africana dentro do empreendimento diaspórico de es-

43 C. Meillassoux, "Female Slavery", in *Women and Slavery in Africa*, p. 50.

cravização e da reprodução genética dos escravizados. Com efeito, em condições de cativeiro, a prole da mulher não "pertence" à Mãe nem é "aparentada" com o "proprietário", embora este último a "possua" e, no caso afro-estadunidense por exemplo, muitas vezes a tenha gerado e, frequentemente, sem qualquer benefício de patrimônio. No traçado social que Meillassoux persegue, descendentes dos escravos, "estando desaparentados tanto de suas genitoras quanto de seus donos (...), encontram-se na situação de orfandade".[44]

No contexto dos Estados Unidos, não poderíamos dizer que a descendência escravizada foi "feita órfã", mas a criança de fato se torna órfã sob a pressão de uma ordem patronímica, patrifocal, patrilinear e patriarcal, homem/mulher na fronteira, cujo status humano e familiar, muito pela própria natureza do caso, ainda não havia sido definido. Eu chamaria esse forçado estado de violação de outra instância de formação cultural vestibular na qual o "parentesco" perde sentido, *uma vez que pode ser invadido a qualquer momento dado e arbitrário pelas relações de propriedade*. Certamente não quero dizer que os povos africanos no Novo Mundo não mantivessem os poderosos laços de sangue que unem as relações consanguíneas em uma rede de sentimento, de continuidade. É precisamente *essa* relação – não costumeiramente reconhecida pelo código da escravidão – que historiadores há muito identificam como a inviolável "Família Negra" e ainda sugerem que esta estrutura continua sendo uma das conquistas sociais afro-estadunidenses supremas em condições de escravização.[45]

Na verdade, o *reexame* da "Família Negra" na escravização engendrou uma tradição de escritos historiográficos e sociológicos mais antiga do que geralmente pensamos. Ironicamente, *Negro Family in the United States*, de E. Franklin Frazier, provavelmente fornece a narrativa *contemporânea* mais próxima de conceitualização para o *Relatório Moynihan*. Originalmente publicado em 1939, o trabalho de Frazier foi submetido a duas revisões, em 1948 e 1966. Embora a perspectiva de Frazier sobre

---

44 Idem.
45 Ver J. Blassingame, *The Slave Community: Plantation Life in the Antebellum South*, p. 79.

esta configuração familiar permaneça basicamente sanguínea, eu apoiaria a leitura cética de Angela Davis do "Matriarcado Negro" de Frazier.[46] "*Exceto no que diz respeito à vontade do senhor de escravos*", afirma Frazier, esta figura matriarcal "desenvolveu um espírito de independência e um senso aguçado de seus direitos pessoais".[47] A "exceção" nesse caso tende a ser avassaladora, à medida que o "domínio" e a "força" da mulher afro-estadunidense passam a ser interpretados pelas gerações posteriores – tanto pretas quanto brancas, curiosamente – como uma "patologia", como um instrumento de castração. O ponto principal de Frazier, podemos supor, é que as afro-estadunidenses terem desenvolvido tal engenhosidade sob condições de cativeiro faz com que a "família" deva ser considerada uma de suas realizações sociais formidáveis. Essa linha de interpretação é seguida por Blassingame e Eugene Genovese,[48] entre outros historiadores dos EUA, e de fato assume uma centralidade de foco em nosso próprio pensamento sobre o impacto e o resultado do cativeiro.

Parece claro, no entanto, que "Família", como a praticamos e entendemos "no Ocidente" – a transferência *vertical* de uma linhagem, de um patronímico, de títulos e direitos, de bens imóveis e as prerrogativas de "dinheiro vivo", de *pais* para *filhos* e na suposta troca livre de laços afetivos entre um homem e uma mulher de *sua* escolha –, torna-se o privilégio miticamente reverenciado de uma comunidade livre e liberta. Nesse sentido, os povos africanos na diáspora histórica nada tinham a provar, *se* se tratasse de que não eram capazes de constituir "família" (leia-se "civilização"), visto que é espantosamente evidente, na narrativa de Equiano, por exemplo, que os africanos não apenas eram capazes do conceito e da prática de "família", incluindo "escravos", mas também de modos de elaboração e nomeação que eram pelo menos tão complexos quanto os da "família nuclear" "no Ocidente".

---

46 A. Y. Davis, *Women, Race, and Class*, p. 14.
47 E. F. Frazier, *The Negro Family in the United States*, p. 47, grifo meu.
48 E. Genovese, *Roll, Jordan, Roll: The World the Slaves Made*, p. 70-75.

Decidir ou não se os sistemas de apoio que as pessoas afro-estadunidenses derivaram em condições de cativeiro devem ser chamadas de "família" ou de outra coisa me parece extremamente impertinente. A questão que permanece é que as pessoas cativas foram *forçadas* a padrões de *dispersão*, começando com o próprio tráfico, a um relacionamento *horizontal* de grupos de linguagem, formações de discurso, linhagens, nomes e propriedades pelos arranjos legais de escravização. É verdade que o mais "bem-intencionado" dos "senhores" (e deve ter havido *alguns*) *não alterou, e nem poderia*, os mandatos *ideológicos* e hegemônicos de dominação. Deve-se reconhecer que pessoas afro-estadunidenses, sob a pressão de uma ordem patriarcal hostil e compulsória, compelida e determinada a destruí-las ou preservá-las apenas a serviço e a mando da classe "mestra", exerceram um grau de coragem e vontade de sobreviver que assustam a imaginação até hoje. Embora crie uma boa história revisionista ler esse conto *liberalmente*, é provavelmente mais verdadeiro do que sabemos a esta distância (e mais verdadeiro do que a prática social contemporânea na comunidade poderia sugerir na ocasião) que a pessoa cativa desenvolveu, repetidamente, certos aspectos éticos e traços sentimentais que a ligavam, *através* da paisagem, a outres, muitas vezes vendides de mão em mão, do mesmo e diferente sangue em um tecido comum de memória e inspiração.

Podemos escolher chamar essa conectividade de "família" ou "estrutura de apoio", mas esse é um caso bem diferente dos movimentos de uma ordem simbólica dominante, comprometida em manter a supremacia da raça. É essa ordem que força a "família" a se modificar quando não significa família do "senhor" ou enclave dominante. É esse movimento retórico e simbólico que declara primazia sobre qualquer outra reivindicação humana e social, e, nessa ordem política das coisas, "parentes", assim como a formação de gênero, não têm eficácia jurídica ou social decisiva.

Voltamos frequentemente às elaborações cuidadosas de Frederick Douglass sobre os arranjos de cativeiro e surpreendemo-nos a cada leitura com duas representações familiares dispersas, embora pungentemente relacionadas, que sugerem uma conexão entre "parentesco" e "propriedade". Douglass nos conta no início do capítulo de abertura de *Narrative of the Life of Frederick*

Douglass, an American Slave, de 1845, que foi separado na infância de sua mãe: "Por que essa separação é feita, eu não sei, a menos que seja para impedir o desenvolvimento da afeição da criança pela mãe e destruir a afeição natural da mãe pela criança. Esse é o resultado inevitável."[49]

    Talvez uma das declarações que Meillassoux avança a respeito das formações nativas africanas de escravização possa ser colocada como uma questão contra a perspectiva do testemunho de Douglass: a reprodução genética do escravo e o reconhecimento dos direitos sobre sua prole seriam um freio à *lucratividade* da escravidão? E de que forma, em caso afirmativo? Vemos vagamente o caminho para formular uma resposta, especialmente para a segunda metade da pergunta e talvez para a primeira: não se deve permitir que a pessoa escravizada perceba que tem quaisquer direitos humanos que importem. Certamente, se o "parentesco" fosse possível, as relações de propriedade seriam prejudicadas, uma vez que a descendência então "pertenceria" a uma mãe e a um pai. No sistema que Douglass articula, a reprodução genética torna-se, então, não uma elaboração do princípio de vida em sua sobreposição cultural, mas uma extensão das fronteiras de propriedades proliferantes. Meillassoux chega a argumentar que "a escravidão existe onde a classe escrava é reproduzida por meio do aparato institucional: guerra e mercado".[50] Uma vez que, nos Estados Unidos, o mercado da escravidão identificava o principal meio institucional para manter uma classe de trabalho servil forçado, parece que a reprodução biológica dos escravos não era, por si só, suficiente para reforçar o *estado* de escravidão. Se, como Meillassoux afirma, "a feminilidade perde sua sacralidade na escravidão",[51] então o mesmo acontece com a "maternidade" como rito de sangue/direito feminino. Nessa medida, o corpo feminino em cativeiro localiza precisamente um momento de convergência de vetores políticos e sociais que marcam a carne como uma mercadoria primária de troca. Embora essa proposição esteja aberta para uma exploração mais aprofundada, basta dizer agora que

---

49 F. Douglass, *Narrative of the Life of Frederick Douglass, an American Slave*, p. 22.
50 C. Meillassoux, op. cit., p. 50.
51 Ibid., p. 64.

essa troca aberta de corpos femininos em estado bruto oferece uma espécie de texto primordial para a dinâmica de significação e representação que o feminino generificado desvendaria.

Para Douglass, a perda de sua mãe culmina na alienação de seu irmão e irmãs, que moram na mesma casa com ele: "A separação precoce de nossa mãe havia quase apagado o fato do nosso relacionamento da memória."[52] O que isso significa? A proximidade *física* dos irmãos sobrevive à morte da mãe. Eles entendem sua conexão no sentido físico, mas Douglass parece se referir a um laço *psicológico* cujo sucesso exige a presença da *mãe*. Poderíamos dizer, então, que *sentir* o parentesco *não* é inevitável? Que isso descreve um relacionamento que parece "natural", mas deve ser "cultivado" sob as condições materiais reais? Se a humanidade da criança se espelha inicialmente nos olhos de sua mãe ou na função materna, então podemos ser capazes de adivinhar que o sujeito social aprende toda a dinâmica de semelhança e parentesco por meio da mesma fonte.

Há uma sinonímia temática incrível nesse ponto entre aspectos de *Narrative* de Douglass e *The Autobiography of Malcolm X* de Malcolm El-Hajj Malik El Shabazz.[53] Através da perda da mãe, neste exemplo contemporâneo, para a instituição de "insanidade" e do Estado – um século inteiro após a escrita de Douglass e sob condições sociais que podem ser designadas como uma neoescravização pós-emancipação –, Malcolm e seus irmãos, despojados do pai ativista em uma emboscada semelhante às da Ku Klux Klan, não estão apenas amplamente dispersos em um terreno social improvisado, mas também apresentam sintomas de alienação e "desmemoriamento" que requerem muitos anos para serem curados, e mesmo assim, apenas por meio da ordem de prisão de Malcolm se transformaram, eventualmente, em uma ocorrência redentora.

A perda destrutiva da mãe natural, cuja relação biológica/genética com a criança permanece única e inequívoca, expõe o jovem escravizado à ambiguidade social e ao caos: à ambiguidade de sua paternidade e a uma estrutura de outros elementos relacionais, agora ameaçados, que declarariam a conexão de

---

52 F. Douglass, op. cit., p. 45.
53 M. El-Hajj Malik El-Shabazz, *Autobiography of Malcolm X*, p. 21 e seguintes.

jovens com um futuro genético e histórico por meio de seus próprios irmãos e irmãs. O fato de que o pai no caso de Douglass era provavelmente o "senhor", de forma alguma especial para Douglass, envolve um paradoxo hediondo. A paternidade, na melhor das hipóteses uma suprema cortesia cultural, atenua-se aqui por um lado, ainda que sob um monstruoso acúmulo de poder sobre o outro. Alguém foi "feito" e "comprado" por moedas díspares, vinculando-se a uma origem comum de troca e dominação. O vínculo genético negado torna-se a principal estratégia de uma posse não negada, como se a interrogação sobre a identidade do pai – o espaço em branco onde seu nome próprio caberá – fosse respondida pelo fato, *de jure,* de uma possessão material. "Isso é feito", afirma Douglass, "obviamente para atender à sua luxúria [dos senhores] e gratificar seus desejos perversos lucrativos bem como prazerosos".[54]

Se a mulher cativa e/ou seu opressor sexual obtinham "prazer" de suas seduções e acasalamentos não é uma pergunta que podemos fazer educadamente. Se o "prazer" é ou não possível sob condições que eu declararia como ausência de liberdade para ambas ou qualquer uma das partes, isso ainda não foi decidido. Na verdade, poderíamos ir tão longe a ponto de cogitar a possibilidade muito real de que "sexualidade", como um termo de relacionamento e desejo implícito, seja algo duvidosamente apropriado, administrável ou preciso para *qualquer* um dos arranjos familiares sob um sistema de escravização, da família do senhor ao enclave cativo. Sob esses arranjos, o léxico habitual da sexualidade, incluindo "reprodução", "maternidade", "prazer" e "desejo", é lançado em uma crise inconsolável.

Ao se acreditar no testemunho de Linda Brent/Harriet Jacobs, as amantes oficiais dos "senhores" de escravos constituem uma classe privilegiada de atormentadas, se tal contradição puder ser cogitada.[55] Linda Brent/Harriet Jacobs narra no decorrer de sua narrativa cenas de um "psicodrama", opondo a si mesma e a "Sra. Flint" no que passamos a considerar o alinhamento clássico entre uma mulher cativa e uma mulher livre. Suspeitando que seu marido, Dr. Flint, tenha intenções sexuais

---

54 F. Douglass, op. cit., p. 23.
55 L. Brent, *Incidents in the Life of a Slave Girl*, p. 29-35.

com a jovem Linda (e o médico é quase humoristicamente incompetente nisso, de acordo com o enredo), a Sra. Flint assume o papel de um pesadelo ambulante que visita a mulher cativa no espírito de uma sedução velada. A Sra. Flint imita o íncubo que "cavalga" sua vítima a fim de exigir confissão, expiação e qualquer outra coisa que o poder imaterial possa desejar. (*Corregidora* de Gayl Jones, de 1975, tece uma situação ficcional contemporânea em torno do motivo histórico das sexualidades femininas emaranhadas.) Esta cena narrativa da obra de Brent, ditada a Lydia Maria Child, fornece um exemplo de uma sequência repetida, supostamente baseada na vida "real". Mas a cena em questão parece mesclar seus sinais com o fictício, com narrativas de livros de casos da psicanálise, aos quais temos a certeza de que a narradora tem acesso em um momento explosivo da história do Novo Mundo/EUA que a investigação feminista está começando a desvendar. A narradora lembra:

> Às vezes, eu acordava e a encontrava curvada sobre mim. Outras vezes, ela sussurrava em meu ouvido, como se fosse seu marido quem estava falando comigo, e prestava atenção para ouvir o que eu responderia. Se ela me assustasse, em tal ocasião, ela deslizaria furtivamente para longe; e na manhã seguinte me diria que eu estava falando durante o sono e perguntaria com quem eu estava falando. Enfim, comecei a temer pela minha vida.[56]

A "senhora ciumenta" aqui (mas "com ciúmes" de quem?) forma uma analogia com o "senhor" na medida em que os modos dominantes masculinos dão ao homem os meios materiais para representar plenamente o que a mulher só pode *desejar*. A senhora, no caso da narrativa de Brent, torna-se uma metáfora para a loucura *dele* que surge no êxtase de um poder descontrolado. A Sra. Flint encena um álibi masculino e movimento protético que é mobilizado *à noite*, no local material da obra do sonho. Em ambas as instâncias, masculina e feminina, o sujeito tenta *inculcar* sua vontade no corpo exorbitante e vulnerável.

---

[56] L. Brent, op cit., p. 33.

Embora mal seja insinuado na superfície do texto, podemos dizer que Brent, nas entrelinhas de sua narrativa, demarca uma sexualidade neutra, na medida em que representa uma vulnerabilidade aberta a um gigantesco repertório sexualizado que pode ser alternadamente expresso como masculino/feminino. Visto que a mulher generificada *existe para* o homem, podemos sugerir que a mulher desgenerificada – em um golpe incrível de potencial pansexual – pode ser invadida/atacada por outra *mulher* ou homem.

Se *Incidents in the Life of a Slave Girl* fosse um romance, e não as memórias de uma cativa fugida, poderíamos dizer que a "Sra. Flint" é também a projeção do narrador, sua criação, de modo que, apesar de todo seu ressentimento piedoso e correto em relação ao ultraje de seu cativeiro, algum aspecto de Linda Brent é liberado em uma crise de repetição múltipla que a esposa do médico vem para substituir. No caso de uma ficção imaginada e da narrativa que temos de Brent/Jacobs/Child, publicada apenas quatro anos antes das proclamações oficiais de Liberdade, poderíamos dizer que a comunidade de mulheres afro-estadunidenses e a comunidade de mulheres anglo-estadunidenses, sob certas condições culturais, eram as gêmeas atuantes em uma paisagem psíquica comum, estavam sujeitas ao mesmo tecido de pavor e humilhação. Nenhuma das duas poderia reivindicar seu corpo e suas várias produções – embora por razões bem diferentes – como de si próprias, e, no caso da esposa do médico, *ela* parece não ter desejado *seu* corpo, mas desejado entrar no corpo de outra pessoa, especificamente no de Linda Brent, em um exemplo aparentemente clássico de "ciúme/inveja" e apropriação sexuais. Na verdade, de um ponto de vista, não podemos desvendar a narrativa de uma mulher da outra, não podemos decifrar uma sem tropeçar na outra. Nesse sentido, esses "fios fortes" de uma genealogia incestuosa e interracial revelam a escravidão nos Estados Unidos como uma das mais ricas exibições das dimensões psicanalíticas da cultura antes que a ciência da psicanálise europeia se firmasse.

4

Assim como consideramos devidamente as semelhanças entre as condições de vida das mulheres estadunidenses – cativas e livres –, também devemos observar esses contrastes e diferenças inegáveis tão decisivos que a reivindicação histórica da mulher afro-estadunidense ao território do feminino e da "feminilidade" ainda tende a se apoiar solidamente nas calibrações sutis e inconstantes de uma ideologia liberal. A leitura de Valerie Smith[57] do conto de Linda Brent como um conto do "sótão" permite nossa noção de que o gênero feminino para a comunidade de mulheres cativas é o conto escrito nas entrelinhas e não exatamente nos espaços de uma domesticidade estadunidense. É esse conto que tentamos deixar mais claro ou, mantendo a metáfora, "alinhar".

Se a questão é que as condições históricas das mulheres afro-estadunidenses podem ser lidas como uma ocorrência sem precedentes no contexto nacional, então o gênero e os arranjos de gênero são cruciais e evasivos. Mantendo, no entanto, uma leitura especializada do gênero feminino como *desenlace* de certo empoderamento político e sociocultural dentro do contexto dos Estados Unidos, consideraríamos a desapropriação como a *perda* de gênero ou como um dos principais elementos em uma leitura distinta de gênero: "As mulheres não têm valor, *a menos que* aumentem continuamente o estoque de seus donos. Elas foram colocadas em pé de igualdade com os animais."[58] O testemunho de Linda Brent parece contradizer o que eu diria, mas estou sugerindo que, embora a mulher escravizada reproduzisse outras pessoas escravizadas, nós não lemos o "nascimento" neste caso como uma reprodução da maternidade precisamente porque a mulher, assim como o homem, foi roubada do direito parental, da função parental. Damos um passo em um terreno

---

[57] V. Smith, "Loopholes of Retreat: Architecture and Ideology in Harriet Jacob's Incidents in the Life of a Slave Girls", Trabalho apresentado na reunião da American Studies Association em 1985. Ver H. L. Gates, Jr, "What's Love Got to Do with It?", p. 360.
[58] L. Brent, op. cit., p. 49; grifo meu.

perigoso ao sugerir uma equação entre gênero feminino e maternidade; de fato, a investigação/práxis feminista e o atual cotidiano vivido por inúmeras mulheres estadunidenses – pretas e brancas – avançaram bastante para romper com o fascínio de uma posição-de-sujeito feminina para a situação teórica e atual da maternidade. Nossa tarefa aqui seria consideravelmente aliviada se pudéssemos simplesmente passar por cima do poderoso "Não", a *exceção* significante. Na formação histórica para a qual aponto, no entanto, a maternidade e o feminino generificado/desgenerificado aparecem tão intimamente alinhados que *parecem* falar a mesma linguagem. Pelo menos é plausível dizer que a maternidade, embora não esgote a problemática do gênero feminino, oferece uma linha proeminente de abordagem a ela. Eu iria mais longe: como as mulheres afro-estadunidenses vivenciaram a incerteza em relação à vida de seus bebês na situação histórica, generificar, em sua referência coetânea às mulheres afro-estadunidenses, *insinua* um quebra-cabeça implícito e não resolvido tanto no discurso feminista atual *quanto* nessas comunidades discursivas que investigam toda a problemática da cultura. Estamos enganados em suspeitar que a história – pelo menos neste caso – se repete mais uma vez?

  Todas as características de diferenciação social e humana desaparecem nos discursos públicos sobre a pessoa afro-americana à medida que encontramos nos códigos jurídicos da escravidão a personalidade reificada. O estudo de William Goodell não apenas demonstra as paixões retóricas e morais do projeto abolicionista, mas também fornece uma visão sobre o corpus da lei que subscreve a escravidão. Se "escravo" é percebido como a essência da quietude (uma versão inicial de "etnicidade") ou de um estado humano não dinâmico, fixado no tempo e no espaço, então a lei articula essa impossibilidade como sua característica inerente: "Os escravos devem ser julgados, vendidos, tomados, reputados e adjugados legalmente como *bens móveis pessoais*, nas mãos de seus proprietários e possuidores, e seus executores, administradores e cessionários, para todos os intentos, construções e finalidades de qualquer natureza."[59]

---

59 W. Goodell, op. cit., p. 23, ênfase de Goodell.

Mesmo que tendamos a parodiar e simplificar as coisas para agirmos como se os vários códigos civis dos Estados Unidos escravistas fossem monoliticamente informados, unificados e executados em sua aplicação, ou que o próprio "código" fosse gerado espontaneamente em um momento histórico indivisível, nós o lemos, no entanto, exatamente como isso – *os pontos altos*, os traços salientes e característicos de um procedimento humano e social que evolui ao longo de uma sequência histórica natural e que representa, consequentemente, a *abreviação* narrativa de uma transação que é crivada, *na prática*, com contradições, acidente e surpresa. Poderíamos supor que as codificações legais da escravidão representam o caso estatisticamente habitual, que o código legal fornece os *tópicos* de um projeto cada vez mais ameaçado e autoconsciente. Talvez não seja por acaso que as leis relativas à escravidão pareçam se cristalizar no exato momento em que a agitação contra o arranjo se articula em certas comunidades europeias e do Novo Mundo. Portanto os códigos escravos que Goodell descreve são eles próprios uma instância do texto contrário e isolado que procura silenciar as contradições e antíteses por ele engendradas. Por exemplo, aspectos do Artigo 461 do Código Civil da Carolina do Sul chamam a atenção para o tipo de caráter oximorônico desconfortável que a "instituição peculiar" tenta sustentar ao transformar *personalidade* em *propriedade*.

(1) O "escravo" é móvel por natureza, mas "imóvel pela operação da lei".[60] Ao lermos isso, a própria lei é forçada a um ponto de saturação, ou um grau zero reverso, além do qual não pode se mover em favor dos escravos *ou* dos livres. Lembramos, também, que o "senhor", sob essas perversões do poder judiciário, é impelido a *tratar* os escravos como propriedade e não como pessoa. Essas leis representam o tipo de formulação social que as forças armadas ajudarão a eliminar de um contexto de vida nas campanhas de guerra civil. Elas também incorporam o relacionamento humano insustentável que Henry David Thoreau acreditava ocasionar atos de "desobediência civil", a filosofia moral que Martin Luther King Jr. subscreveria na segunda metade do século XX.

---

60 Ibid., p. 24.

(2) Os escravos devem ser *reputados* e *considerados* bens imóveis, "podendo ser hipotecados, segundo as regras da lei".[61] Enfatizo "reputado" e "considerado" como adjetivos predicativos que chamam a atenção porque denotam um *artifício*, não um intransitivo "é" ou a transferência de propriedade nominativa de um ponto sintático para outro por meio de uma copulativa enfraquecida. O status do "reputado" pode mudar, como mudará significativamente antes do final do século XIX. O ânimo aqui – o "será" – é nitidamente subjuntivo, ou a situação a ser devotamente desejada. A classe escravista é forçada, com o tempo, a pensar, e fazer alguma coisa a mais é a narrativa da violência que a própria escravização vem preparando há alguns séculos.

Os códigos escritos da Louisiana e da Carolina do Sul oferecem um paradigma para a práxis nos casos em que um texto *escrito* está faltando. Nesse caso, o "princípio dos bens móveis (...) foi afirmado e mantido pelos tribunais e envolvido em atos legislativos".[62] Em Maryland, uma promulgação legislativa de 1798 mostra uma sinonímia tão forte de motivos entre ramos de governança comparável que é inútil traçar uma linha entre funções "judiciais" e "legislativas": "No caso de a propriedade pessoal de um departamento consistir em artigos específicos, como escravos, feras trabalhadoras, animais de qualquer tipo, ações, móveis, pratos, livros e assim por diante, o Tribunal, se julgar vantajoso para a tutela, pode a qualquer momento emitir uma ordem de venda dos mesmos".[63] Esta propriedade inanimada e corporativa – o distrito eleitoral de um departamento – é aqui considerada, ou pode ser, um único homem escravocrata nas determinações relativas à propriedade.

A atenção se detém, contudo, não tanto nas disposições desta promulgação, mas nos detalhes de seu delineamento. Em todos os lugares do documento descritivo, ficamos surpresos com a simultaneidade de itens díspares em uma série gramatical: "Escravo" aparece no mesmo contexto com animais de carga, *todos* e *quaisquer* animais, vários rebanhos e uma profusão virtualmente infinita de conteúdos domésticos, de

---

61 Idem.
62 W. Goodell, op. cit., p. 25.
63 W. Goodell, op. cit., p. 65.

itens culinários a livros. Ao contrário da taxonomia de "certa enciclopédia chinesa" de Borges, cuja contemplação abre *As Palavras e as Coisas*, de Foucault, esses itens de certa enciclopédia estadunidense não sustentam "poderes de contágio" discretos e localizados, tampouco a base de sua concatenação foi dessecada sob eles. Essa uniformidade imposta compreende o choque de que, de alguma forma, essa mistura de coisas nomeadas, vivas e inanimadas, colapsadas por contiguidade ao mesmo texto de "realismo", carrega um item de deslocamento perturbadoramente proeminente. Nessa medida, o projeto de libertação para os afro-estadunidenses encontrou urgência em duas motivações apaixonadas que são gêmeas – 1) para separar, romper violentamente as leis do comportamento estadunidense que tornam essa *sintaxe* possível; 2) introduzir um novo campo/dobra *semântica* mais apropriada ao seu próprio movimento histórico. Considero essa compulsão gêmea como momentos distintos, embora relacionados, do mesmíssimo processo narrativo que pode aparecer como uma concentração ou uma dispersão. As narrativas de Linda Brent, Frederick Douglass e Malcolm El-Hajj Malik El-Shabazz (dos quais alguns aspectos são examinados neste ensaio) representam ambas as ambições narrativas conforme ocorrem sob os auspícios de "autore".

Da mesma forma, podemos interpretar toda a carreira de afro-estadunidenses, um fator decisivo na vida política nacional desde meados do século XVII, à luz do conto *intermediário*, *intrusivo*, ou do conto – como o espaço "sótão" de Brent – "entre as linhas", que já estão inscritos como *metáfora* da gestão social e cultural. De acordo com essa leitura, gênero ou atribuição de papel sexual, ou a clara diferenciação de assuntos sexuais, sustentada em outro lugar na cultura, não surge para a mulher afro-estadunidense nesta instância histórica, exceto indiretamente, exceto como uma forma de reforçar, através do processo de nascimento, "a reprodução das relações de produção" que envolve "a reprodução dos valores e padrões de comportamento necessários para manter o sistema de hierarquia em seus vários aspectos de gênero, classe e raça ou etnicidade".[64]

---

64 M. Strobel, "Slavery and Reproductive Labor in Mombasa", in *Women and Slavery in Africa*, p. 121.

Seguindo o exemplo de Strobel, eu sugeriria que a declaração anterior identifica uma das três categorias de trabalho reprodutivo que as mulheres afro-estadunidenses realizam sob o regime de cativeiro. Mas essa replicação da ideologia nunca é simples no caso das posições de sujeito femininas e parece adquirir uma camada mais espessa de motivos no caso das mulheres afro-estadunidenses.

Se pudermos explicar uma narrativa originária e um princípio jurídico que pode ter engendrado um *Relatório Moynihan*, já muitos anos no século XX, não podemos fazer muito melhor do que olhar para a leitura de Goodell do *partus sequitur ventrem*: a condição da mãe escrava está "para sempre vinculada a toda a sua posteridade mais remota". Esta máxima do direito civil, na opinião de Goodell, o "princípio genuíno e degradante da escravidão, na medida em que coloca o escravo no mesmo nível dos animais brutos, prevalece universalmente nos estados escravistas".[65] Mas qual é a "condição" da *mãe*? É a "condição" de escravização a que o escritor se refere? Ou ele se refere à "marca" e ao "conhecimento" da mãe sobre a criança que aqui se traduz em algo culturalmente proibido e impuro? Numa elisão de termos, "mãe" e "escravização" são categorias indistintas do ilegítimo, na medida em que cada um desses elementos sinônimos define, com efeito, uma situação cultural *carente de pai*. Goodell, que não apenas relata essa máxima do direito como um aspecto de sua própria factualidade, mas também a considera, como Douglass, como uma degradação fundamental, supõe a descendência e a identidade através da linhagem feminina como comparáveis a uma animalidade bruta. Sabendo já que existem comunidades humanas que alinham o procedimento reprodutivo social de acordo com a linhagem da mãe, e o próprio Goodell pode ter sabido disso alguns anos depois, só podemos concluir que as disposições do patriarcado, aqui exacerbadas pelos poderes preponderantes de uma classe escravizadora, declaram o Direito Materno, por definição, uma característica negadora da comunidade humana.

---

65 W. Goodell, op. cit., p. 27.

Mesmo que não falemos de nenhuma das características matriarcais da produção/reprodução social – matrifocalidade, matrilinearidade, matriarcado – quando falamos da pessoa escravizada, percebemos que a cultura dominante, em um mal-entendido fatal, atribui um valor matriarquista onde ele não cabe; na verdade, *nomeia incorretamente* o poder da mulher em relação à comunidade escravizada. Tal nomeação é falsa porque a mulher não poderia, de fato, reivindicar seu filho, e falsa, mais uma vez, porque a "maternidade" não é percebida no clima social vigente como um procedimento legítimo de herança cultural.

O homem afro-estadunidense foi tocado, portanto, pela *mãe*, *entregue* por ela de maneiras que não pode escapar, e de maneiras que o homem estadunidense branco tem permissão para contemporizar por um adiamento paternal. Este desenvolvimento humano e histórico – o texto que se inscreveu no obscuro coração do continente – leva-nos ao centro de uma diferença inexorável nas profundezas da comunidade feminina estadunidense: a mulher afro-estadunidense, a mãe, a filha torna-se historicamente a evocação poderosa e sombria de uma síntese cultural há muito evaporada – a lei da Mãe – apenas e precisamente porque a escravização legal removeu o homem afro-estadunidense não tanto da vista quanto da visão *mimética* como um parceiro na ficção social prevalecente do nome do Pai, a lei do Pai.

Portanto o feminino, nesta ordem de coisas, invade a imaginação com uma força que marca tanto uma negação quanto uma "ilegitimidade". Por causa dessa negação peculiar estadunidense, o homem preto estadunidense corporifica a *única* comunidade estadunidense de homens que teve a ocasião específica de aprender *quem* é a mulher dentro de si, a criança que carrega a vida contra o jogo que poderia ser fatídico, contra as chances de pulverização e assassinato, incluindo ela própria. É a herança da *mãe* que o homem afro-estadunidense deve reconquistar como um aspecto de sua própria pessoalidade – o poder do "sim" à "mulher" interior.

Esse texto cultural diferente reconfigura, na verdade, no discurso historicamente ordenado, certas potencialidades *representacionais* para afro-estadunidenses: 1) a maternidade como rito de sangue feminino é ultrajada, negada, ao *mesmo tempo* que se torna o termo fundador de uma atuação humana e social; 2) uma dupla paternidade é posta em movimento, composta pelo nome e corpo *banidos* do pai africano e pela presença zombeteira do pai captor. Nesse jogo de paradoxo, apenas a mulher permanece *na carne*, ao mesmo tempo mãe e despossuída de mãe. Essa problematização do gênero a coloca, a meu ver, *fora* dos símbolos tradicionais do gênero feminino, e é nossa tarefa dar lugar a esse sujeito social diferente. Ao fazer isso, estamos menos interessadas em ingressar nas fileiras da feminilidade de gênero do que em ganhar o terreno *insurgente* como sujeito social feminino. Na verdade, *reivindicando* a monstruosidade (de uma mulher com potencial para "nomear"), que sua cultura impõe na cegueira, "Sapphire" pode reescrever, afinal, um texto radicalmente diferente para um empoderamento feminino.

Bibliografia

BARTHES, Roland. *Mythologies*, Trad. de Annette Lavers. New York: Hill e Wang, 1972. [Ed. bras.: *Mitologias*. Trad. Rita Buongermino e Pedro de Souza. 8. ed. Rio de Janeiro: Bertrand Brasil, 1989.]

BLASSINGAME, John. *The Slave Community: Plantation Life in Antebellum South*. Nova York: Oxford UP, 1972.

BRENT, Linda. *Incidents in the Life of a Slave Girl*. Nova York: Harvest/HBJ Book, 1973.

DAVIS, Angela Y. *Women, Race, and Class*. Nova York: Random House, 1981. [Ed. Bras.: *Mulheres, raça e classe*. Trad. Heci Regina Candiani. São Paulo: Boitempo, 2016.]

DE AZURARA, Gomes Eanes. "The Chronicle of the Discovery and Conquest of Guinea", Trad. C. Raymond Beazley e Edgar Prestage. Londres: Hakluyt Society, 1896, 1897, in DONNAN, Elizabeth. *Documents Illustrative of the History of the Slave Trade to America*. Washington, D.C.: Carnegie Institute of Washington, vol. 1, p.18-41, 1932.

DONNAN, Elizabeth. *Documents Illustrative of the History of the Slave Trade to America*; 4 vols. Washington, D.C.: Carnegie Institute of Washington, 1932.

DOUGLASS, Frederick. *Narrative of the Life of Frederick Douglass An American Slave*, Written by Himself. Nova York: Signet Books, 1968.

EL-SHABAZZ, *Malcolm El-Hajj Malik. Autobiography of Malcolm X*. Nova York: Grove Press, 1966.

EQUIANO, Olaudah. "The life of Olaudah Equiano, or Gustavus Vassa, The African, Written by Himself", in BONTEMPS, Arna (org.). *Great Slave Narratives*. Boston: Beacon Press, 1969.

FAULKNER, William. *The Mansion*. Nova York: Vintage Books, 1965.

FRAZIER, E. Franklin. *The Negro Family in the Unitade States*. Chicago: The University of Chicago Press, 1966.

GENOVESE, Eugene. *Roll, Jordan, Roll: The World the Slaves Made*. Nova York: Pantheon Book, 1974.

GOODELL, William. *The American Slave Code in Theory and Practice Shown by Its Statutes, Judicial Decisions, and Illustrative Facts*. Nova York: American and Foreign Anti-Slavery Society, 1853.

hooks, bell. *Ain't I a Woman: Black Women and Feminism*. Boston: South End Press, 1981. [Ed. bras.: *E eu não sou uma mulher?: Mulheres negras e feminismo*. Rio de Janeiro: Rosa dos Tempos, 2019.]

KLEIN, Herbert S. "African Women in the Atlantic Slave Trade", in ROBERTSON, Claire C., KLEIN, Martin A. (org.). *Women and Slavery in Africa*. Madison: University of Wisconsin Press, 1983.

MEILLASSOUX, Claude. "Female Slavery", in ROBERTSON, Claire C., KLEIN, Martin A. (org.). Women and Slavery in Africa. Madison: University of Wisconsin Press, 1983.

MOYNIHAN, Daniel. P. "The Moynihan Report [The Negro Family: The Case For National Action. Washington, D.C.: Us Departmente of Labor, 1965.]", in RAINWATER, Lee; YANCEY, William L. (org.). *The Moynihan Report and the Politics of Controversy: A Transaction Social Science and Public Policy Report.* Cambridge: MIT Press, 1967, p. 47-94.

ROBERTSON, Claire C., KLEIN, Martin A. (org.). Women and Slavery in Africa. Madison: Universy of Wisconsin Press, 1983.

SCARRY, Elaine. *The Body in Pain: The Making and Unmaking of the World*. Nova York: Oxford UP, 1985.

SMITH, Valerie, "Loopholes of Retreat: Architecture and Ideology in Harriet Jacob's Incidents in the Life of a Slave Girls", Trabalho apresentado na reunião da American Studies Association em 1985, San Diego. Citado em Henry Louis Gates Jr., "What's Love Got to Do with It?", *New Literary History*, 18.2, inverno 1987, p. 360.

STROBEL, Margaret. "Slavery and Reproductive Labor ir Mombosa", in ROBERTSON, Claire C., KLEIN, Martin A. (org.). Women and Slavery in Africa. Madison: University of Wisconsin Press, p. 111-130, 1983.

SULEIMAN, Susan Rubin (org.). *The Female Body in Western Culture. Cambridge*: Havard Universy Press, 1986.

TODOROV, Tzvetan. *The Conquest of America: The Questions of the Other*. Trad. Richard Howard. Nova York: Harpers Colophon Books, 1984.

WHITE, Deborah Grey. *Ar'n't I a Woman? Female Slaves in the Plantation South*. Nova York: Norton, 1985

Nenhum Humano Envolvido: carta aberta a colegas[1]

Sylvia Wynter

Tradução
Stella Z. Paterniani, com a colaboração de Patricia D. Fox

Estimades colegas,

Vocês devem ter ouvido uma reportagem de rádio que foi ao ar brevemente nos dias seguintes à decisão do júri pela absolvição dos policiais envolvidos no caso do espancamento de Rodney King.[2] A reportagem afirmava que funcionários públicos do sistema judicial de Los Angeles rotineiramente usavam o acrônimo N.H.I. para se referir a qualquer caso envolvendo violação de direitos de homens Negros jovens[3] que pertencem

---

1 Sylvia Wynter, "No Humans Involved: An Open Letter to My Colleagues." *Forum N.H.I: Knowledge for the Twenty-First Century 1*, n.º 1, (Fall 1994): 42-73. Copyright, 1994, Institute N.H.I. All rights reserved. Republished and translated by permission of the copyright holder, Institute N.H.I. Agradecemos a Sylvia Wynter, a Jason Ambroise e ao Sylvia Wynter Editorial Collective pela autorização para traduzir e publicar este texto.

2 Em 1992, na cidade de Los Angeles, Rodney King, homem Negro, foi perseguido pela polícia, teve seu carro encurralado pelo reforço policial e foi espancado após receber ordem de prisão. Um vizinho que estava na varanda registrou a violência policial em vídeo, amplamente veiculado nas emissoras de TV dos Estados Unidos. O caso foi a julgamento em Simi Valley, cidade a 65 km de Los Angeles, sob a justificativa de busca por um júri imparcial. O júri que decidiu pela absolvição dos policiais era composto por dez homens brancos, um latino e um asiático. Após a decisão, ao longo de seis dias houve uma série de protestos nas ruas de Los Angeles, conhecidos como *Rodney King riots*, que foram massacrados pela Guarda Nacional da Califórnia, pelo exército e pela marinha estadunidenses. Mais de doze mil pessoas foram presas, mais de 2 mil, feridas, e 63, mortas. (N.T.)

3 No original, *young Black males*, foi traduzido por homens Negros jovens. *Black* foi traduzido por *Negre/Negro*. (N.T.)

à categoria de desempregados dos guetos do centro da cidade. N.H.I. significa "*No Humans Involved*", ou seja, "Nenhum Humano Envolvido". Stephen Jay Gould argumenta que "sistemas de classificação direcionam nosso pensamento e organizam nossos comportamentos".[4] Ao classificar essa categoria como N.H.I., esses funcionários públicos teriam dado sinal verde à polícia de Los Angeles para lidar com seus membros da maneira que bem entendesse. Vocês também devem se lembrar de que, no caso anterior das numerosas mortes de homens Negros jovens – causadas por um golpe específico de estrangulamento utilizado pela polícia de Los Angeles para prender homens Negros jovens –, o chefe de polícia Darryl Gates justificou esses assassinatos *judiciais* argumentando que homens Negros tinham algo de anormal em suas traqueias. Que deviam ser classificados e, portanto, tratados de maneira *diferenciada* de todos es outros estadunidenses, à exceção, num grau secundário, dos latinos de pele escura. De modo que nesse esquema classificatório, todas as "minorias" seriam iguais com exceção de uma categoria – a das pessoas de ascendência africana, em qualquer grau, que, como Andrew Hacker indica em seu recente livro, são as *menos iguais dentre todas*.

Em *Two Nations: Black and White, Separate, Hostile, Unequal* (1992), Hacker escreve: "Certamente, todas as pessoas tornadas outras-não-brancas podem detalhar como sofreram discriminação nas mãos dos Estados Unidos brancos. Quaisquer alusões a atitudes e ações racistas farão com que cheroquis, chineses e cubanes concordem com grande vigor (...) ainda que (...) participantes de todos esses grupos intermediários sejam autorizades a *estabelecer uma distância visível entre si mesmes e as pessoas Negras estadunidenses*."[5] Richard Pryor ironizou: "Vietnamitas aprenderam a ser bons estadunidenses. Agora podem dizer Negão [*nigger*]."[6]

---

4 J. G. Stephen, *Hen's Tooth and Horse's Toes*.
5 A, Hacker, *Two Nations: Black and White, Separate, Hostile, Unequal*.
6 Richard Pryor foi um comediante estadunidense. Wynter está se referindo aqui a uma faixa de seu disco *Is it Something I Said?*, de 1975. (N.T.)

De onde veio essa classificação?
O ponto de minha carta a vocês

Ainda assim, de onde veio esse sistema de classificação – um sistema mantido tanto pelos policiais envolvidos no caso específico da rotina de "domar o *negão*"[7] quanto pelos jurados predominantemente brancos, de classe média, de Simi Valley? Sobretudo, e é este o ponto de minha carta a vocês, por que o acrônimo classificatório N.H.I., com suas prescrições comportamentais anti-o-modo-de-ser-do-homem-Negro, tem sido tão ativamente mantido e empregado pelos funcionários do sistema judicial de Los Angeles e, por isso, pelas "melhores e mais brilhantes" pessoas graduadas em cursos profissionais ou programas acadêmicos do sistema universitário dos Estados Unidos? Por aqueles que nós mesmos teríamos educado.

    Como é que vieram a conceber o que significa ser *humano* e *estadunidense* nos *tipos de termos* (isto é, ser branco, de cultura e ascendência euro-*estadunidense*, de classe média, com formação universitária) dentro de uma lógica que *percebe* e, portanto, *trata* a categoria de homens Negros jovens desempregados e que geralmente abandonaram os estudos ou foram abandonados pelo sistema escolar como se fosse apenas a *Falta* do humano ou o Outro Conceitual ao ser estadunidense? O movimento é semelhante à maneira como, de acordo com Zygmunt Bauman,[8] todos os alemães de ascendência judaica foram tratados e transformados no Outro Conceitual à identidade alemã da época, em sua forma pan-ariana e nazista. Se, como nos alerta Ralph Ellison em *Invisible Man*,[9] olhamos uns aos outros apenas por meio de "olhos interiores" com os quais enxergamos a realidade via nossos olhos físicos, a questão com a qual devemos nos confrontar a partir do caso Rodney King se torna: Qual é nossa responsabilidade na feitura desses "olhos interiores"? Olhos nos quais a *humanidade* e *ser estadunidense* são sempre já definidos não apenas em termos plenamente brancos, mas também na variante desses termos,

---

7 Em inglês, *nigger breaking*. A expressão vem de *breaking horses*, que quer dizer domar um cavalo para ser cavalgado. (N.T.)
8 Z. Bauman, *Modernidade e Holocausto*.
9 R. Ellison, *Invisible Man*.

plenamente de classe média (tanto Simi Valley como, secundariamente, a família Cosby-Huxtable[10] da TV)? O que tivemos e o que ainda temos a ver com a consolidação da lógica classificatória desse modo compartilhado de "compreensão subjetiva",[11] sob cujos "olhos interiores" os homens Negros jovens são percebidos como *legitimamente* excluídos daquilo que Helen Fein chama de "universo de obrigação moral",[12] esse universo que liga os interesses dos jurados de Simi Valley, sejam brancos ou não-Negros (um asiático, um hispânico), aos interesses dos policiais brancos e dos funcionários públicos do sistema judicial de Los Angeles, que foram formados por nós? Em seu livro sobre o genocídio armênio de 1915 por pan-nacionalistas turcos e o genocídio judaico por racialistas pan-arianos nas décadas de 1930 e 1940, Helen Fein aponta um fator causal comum presente em ambos os casos. Este fator foi que, ao longo do milênio que precedeu a aniquilação de cada grupo, "tanto os judeus quanto os armênios foram decretados pelo grupo dominante, que *perpetraria o crime, como estando fora do universo sagrado da obrigação* – o círculo de pessoas com obrigações recíprocas de proteção a partir do vínculo gerado pela relação com uma deidade ou fonte sagrada de autoridade". Em ambos os casos, apesar dos genocídios terem sido infligidos em nome de uma secular e agora *sagrada* identidade "*nacional*" – baseada, no caso dos turcos, no discurso de um panturanismo histórico e, no dos alemães-arianos, no da sacralidade de um estoque de raça "pura" –, os grupos tinham sido definidos "de forma semelhante na memória recente, como párias, fora da ordem social sagrada". Essa classificação discursiva permitiu percebê-los equivocadamente como *alienígenas*, como *estranhos*, como se fossem de uma *espécie* diferente; estranhos

---

10   Bill Cosby, ator e comediante estadunidense, criou e estrelou o *Cosby Show*, sitcom sobre uma família Negra de classe média alta que vivia no bairro do Brooklyn, em Nova York. Cosby interpretava Cliff Huxtable, médico, casado e pai de cinco filhos. Conhecido como "o pai da América", o ator, assim como seu personagem, encarnava a ideia dos Estados Unidos como a terra das oportunidades: um *self-made-(black)-man*. (N.T.)
11   J. Carbonell, apud M. M Wardrop, *Man-Made Minds: The Promise of Artificial Intelligence*.
12   H. Fein, *Accounting for Genocide: National Responses and Jewish Victimization during the Holocaust*.

"*não* por serem alienígenas, mas pelo grupo dominante estar alienado deles por meio de uma antipatia tradicional".[13] O mesmo ocorre, evidentemente, com o acrônimo N.H.I. Os efeitos sociais que ele provoca, ao colocar fora do "universo sagrado de obrigação"[14] a categoria de homens Negros jovens à qual se refere, se não *abertamente* genocidas, claramente têm efeitos genocidas dado o encarceramento e a eliminação de homens Negros jovens por *meios* ostensivamente normalizados e cotidianos.

Estatísticas sobre esse fato empírico têm sido repetidas à exaustão. O livro de Andrew Hacker[15] documenta o diferencial sistêmico de vida-oportunidade entre pessoas Negras e brancas, sobre o qual nossa atual ordem estadunidense se erige. Não obstante, esse diferencial é replicado *transracialmente* entre, por um lado, as *classes* (média alta, média, média baixa e trabalhadora, seja detentora de capital ou de um emprego remunerado), classificadas *dentro* do "universo de obrigação", integrando nosso presente sistema mundial e suas subunidades, os Estados-nação; e, por outro lado, a categoria de jovens que nada detêm, desempregades nos guetos dos centros das cidades; primordialmente pessoas Negras e latinas, e cada vez mais também brancas assimiladas na categoria de "subclasse". Na esteira dos movimentos por direitos civis e de programas de ações afirmativas que incorporaram uma agora nova classe média Negra ao "*American Dream*", a categoria das pessoas desempregadas foi forçada a suportar o peso do *status* depravado, que até os anos 1960 fora imposto pela ordem do Estado-nação dos Estados Unidos a *toda* a população estadunidense com qualquer grau de ascendência africana como *uma condição imperativa para seu próprio funcionamento sistêmico*. De fato, é possível afirmar que é essa categoria de homens Negros jovens desempregados que foi forçada a pagar os "custos sacrificiais" (de acordo com os termos de René Girard em *O Bode Expiatório*)[16] pela relativa melhora de condições a partir dos anos 1960 que impeliu muites estadunidenses Negres

---

13 H. Fein, op. cit.
14 H. Fein, op. cit.
15 A. Hacker, op. cit.
16 R. Girard, *The Scapegoat*.

a saírem dos guetos em direção aos subúrbios; isso tornou possível a aclamação universal pela televisionada família Cosby-Huxtable que, por sua vez, provou que *algumas* pessoas Negras estadunidenses podiam aspirar a compor e, de fato, fazer parte da "categoria sagrada" de estadunidenses *assim como nós* – ainda que de forma secundária, *atrás* de "mulheres" e de outras "minorias". O preço pago pela categoria dos homens Negros desempregados por essa transformação social é inescapavelmente evidente. No que diz respeito ao próprio aparato jurídico, as estatísticas mostram que, embora homens Negros constituam 6% da população dos Estados Unidos, compõem 47% da população encarcerada, como consequência das penas obrigatórias por crimes de drogas impostas por autoridades (na maioria das vezes, brancas e de classe média) envolvidas na Guerra às Drogas; portanto a presença de jovens afro-Negros e pardo-latinos entre a população encarcerada, se comparada a seus números na sociedade, é absolutamente desproporcional. O editorial do *New York Times* de 7 de maio de 1992 que apresenta essas estatísticas também aponta o custo de 25 mil dólares por ano "para manter um jovem na prisão; mais do que o programa *Job Corps*[17] ou faculdade". No entanto, a ampla sociedade optar por uma das duas últimas em vez da primeira alternativa significaria que os "jovens" em questão não mais poderiam ser "percebidos" sob a lógica N.H.I., como são percebidos por todos agora; nem poderiam continuar a ser *induzidos a se perceberem* conforme essa mesma lógica, como hoje o fazem, voltando-se contra si mesmos, matando uns aos outros em guerras de gangues ou por outros métodos violentos. De onde vem esse "olho interior" que conduz a sociedade a escolher a primeira opção para lidar com a variação estadunidense da categoria de desempregados, a dos Novos Pobres pós-industriais,[18] a categoria que, no âmbito global, Frantz Fanon nomeou de *les damnés*, os condenados?[19] Por que esse "olho" é tão intimamente vinculado a esse código tão determinante de nosso comportamento coletivo, ao qual demos

---

17 *Job Corps* é um programa de educação e formação profissional de jovens mantido pelo governo dos Estados Unidos. (N.T.)
18 Z. Bauman, *Legisladores e intérpretes*, p. 244-252.
19 F. Fanon, *Os condenados da terra*.

o nome de *raça*? Na esteira dos protestos em Los Angeles, Christopher Jenks, professor de sociologia, aponta: "Parece que estamos sempre tentando reduzir raça a alguma outra coisa. No entanto, lá fora, nas ruas, raça não se reduz a nenhuma outra coisa."[20] Depois de muito me debater com essa questão a partir da perspectiva "não canônica" dos Estudos Negros (que foi capaz de adentrar a academia só por conta do movimento pelos direitos civis, dos levantes urbanos em Watts e dos protestos que eclodiram após o assassinato de Martin Luther King), cheguei à conclusão de que não apenas "raça" enquanto questão não pode ser reduzida a qualquer outra coisa, mas que somos nós, na academia, que sustentamos "raça" e, portanto, a lógica classificatória do acrônimo N.H.I. Minha proposta principal é que tanto a questão da "raça" como sua lógica classificatória (como exposto na crença de David Duke[21] de que "a pessoa Negra está evolucionariamente um nível abaixo da caucasiana") repousam sobre a premissa fundante de nossa atual ordem de conhecimento, ou *episteme*,[22] e seus paradigmas disciplinares rigorosamente elaborados.

Tomar o mapa pelo território: a falácia do supraculturalismo

Que premissa é essa? Michel Foucault traça os processos pelos quais nossas principais disciplinas atuais foram postas em prática por pensadores europeus, no final do século XVIII, a uma *representação* central por meio da qual o humano começaria a se perceber e se conhecer *como se fosse* um organismo puramente natural, em plena continuidade com a vida orgânica. Pois se, segundo os termos específicos da "cultura local"[23] da Europa ocidental – e, portanto, da sua narrativa judaico-cristã fundante da emancipação humana –,[24] o humano fora até então

---

20 *Chronicle of Higher Education*, 13 de maio de 1992.
21 Ex-líder da Ku-Klux-Klan, David Duke é um político estadunidense supremacista branco. (N.T.)
22 M. Foucault, *As Palavras e as Coisas. Uma arqueologia das ciências humanas*.
23 C. Geertz, Clifford. *O saber local: novos ensaios em antropologia interpretativa*.
24 M. Griaule, *Conversations with Ogotemmeli: An Introduction to Dogon Religious Ideas*; e J. Lyotard, *A condição pós-moderna*.

representado como um *ser divinamente criado*, de acordo com os termos do relato original no Gênesis bíblico, a nova concepção de humano, baseada na nova narrativa da evolução durante o século XIX, seria a de um *ser naturalmente selecionado*. Segundo essa concepção, o humano foi considerado como preexistente às "culturas locais", inclusive a nossa, o único meio pelo qual as "formas de vida" humanas podem vir a existir[25] como o nível de existência híbrido biológico (*bios*) e narrativo-discursivo (*logos*) que são.[26] Essa concepção entende os humanos *fora* do modo de compreensão subjetiva (os "olhos interiores") constituído pelas "categorias prescritivas" do "modelo cultural nativo",[27] que, no entanto, é elaborado rigorosamente pelos atuais paradigmas disciplinares das humanidades e das ciências sociais. Asmarom Legesse, antropólogo da Eritreia, aponta que nossa atual ordem de conhecimento tem como premissa o que ele denomina de falácia *tecnocultural*. Segundo ele, essa falácia

> deriva do fracasso da antropologia [e de outras disciplinas] em distinguir os aspectos intencionais do comportamento humano (...) e a estrutura inconsciente da cultura humana (refletida na linguagem e nas bases cognitivas da vida) dos processos *empíricos não conscientes* que vinculam o humano diretamente às sociedades animais e ao ecossistema (e a processos econômicos em vigor).[28]

Essa falácia ancora-se na premissa da economia enquanto disciplina (a disciplina mestra de nosso tempo, em substituição à teologia): a de que nossos comportamentos humanos são motivados primeiro pelo *imperativo* comum a todas as espécies orgânicas de assegurar as bases materiais de existência, em vez de pelo imperativo de assegurar condições gerais de existência

---

25 D. T. Campbell, "On the Genetics of Altruism and the Counter-Hedonic Components in Human Culture"; e P. Lieberman, *Uniquely Human: The Evolution of Speech, Thought and Selfless Behavior*.
26 S. Wynter, "Columbus and the Poetics of the Propter Nos", in *Discovering Columbus*.
27 A. Legesse, GADA: *Three Approaches to the Study of African Society*.
28 A. Legesse, op. cit.

(cultural, religiosa, de representação, e, por meio das suas mediações, material) de acordo com a concepção de si-mesmo [*the Self*] (a "forma de vida" de acordo com Wittgenstein) re-presentada por cada cultura local. Nesse contexto, e sob uma perspectiva transcultural, a história cai na armadilha de aceitar sua narrativa sobre o que aconteceu no passado, isto é, uma narrativa claramente orientada por nossa atual concepção de humano, específica de uma cultura, como se fosse o que realmente aconteceu. A polêmica recente na Califórnia sobre o texto didático *America Will Be*,[29] que imagina os Estados Unidos como uma "nação de imigrantes", nos fornece um exemplo elucidativo da fusão, dentro do paradigma histórico, de narrativa histórica com a "história como aconteceu".[30]

A lógica classificatória do acrônimo N.H.I. (assim como o sistema de crenças de um David Duke, para quem, enquanto o "caucasiano" encarna ostensivamente o modo mais evoluído e selecionado de ser humano "normal", as "raças não brancas rebaixadas" e, em ultimíssima instância, o "Negro" encarnam a mais atávica e não evoluída Falta do humano) *deriva*, assim, de uma segunda falácia, relacionada à supracitada; uma falácia sobre a qual ancoram-se nossos atuais paradigmas disciplinares e seu modo hegemônico de racionalidade econômica. Essa segunda falácia, a do *supraculturalismo*, confunde nossa atual *representação*-do-humano-como-um-organismo-natural com o humano-em-si-mesmo. Toma-se a representação pela realidade, o mapa pelo território.

Enquanto a espécie humana é bioevolucionariamente programada para *ser* humana com base na natureza única de sua capacidade de falar,[31] ela se percebe *enquanto humana* somente ao regular seus comportamentos, não mais principalmente por meio dos códigos genéticos específicos de seu genoma, mas sim por meio de suas concepções de si instituídas

---

29 *America Will Be* foi um livro didático de História adotado pelas escolas da Califórnia em 1990 que enfatizava eventos de uma história Negra dos Estados Unidos sob uma perspectiva multicultural. Sobre a posição de Wynter acerca do livro e sua crítica à falácia do multiculturalismo, ver S. Wynter, "*Do Not Call Us Negros*". *How "Multicultural" Textbooks Perpetuate Racism*. (N.T.)
30 R. Waswo, "The History That Literature Makes".
31 P. Lieberman, *Uniquely Human: The Evolution of Speech, Thought and Selfless Behavior*.

narrativamente e, portanto, por meio *de códigos discursivos específicos da cultura* aos quais essas concepções dão origem. Esse é o caso de nossa presente elaboração acadêmica da ideia do ser humano como um organismo natural e de sua representação como uma "forma de vida" cujos comportamentos seriam regulados pelos mesmos imperativos da produção material de alimentos e da procriação, que também regulam as vidas das espécies puramente orgânicas, em vez de, eu aqui proponho, por meio de árvores-de-metas narrativamente instituídas[32] ou por propósitos específicos de cada "cultura local", incluindo a nossa. É apenas nos termos da nossa presente cultura local, na qual a ética religiosa cristã-feudal e sua meta da redenção espiritual e salvação eterna são invertidas e substituídas pela meta da redenção material e, portanto, pelo imperativo transcendente de assegurar o bem-estar econômico do agora biologizado corpo da Nação (e da segurança nacional!) que o humano pode ser concebido *como se fosse* um modo de ser que existe em uma relação de pura *continuidade* com a da vida orgânica. Ao mesmo tempo, é apenas nesses termos que o acrônimo N.H.I. e sua lógica classificatória devem ser entendidos como parte de um *princípio supostamente genético que tenta organizar o status*, cuja expressão é o fenômeno que viemos a conhecer como "raça". A ordem cristã-feudal na Europa concebera seu princípio supostamente genético que tenta organizar a casta (nascimento e descendência nobres) como divinamente estabelecido (paradigma teocêntrico). Similarmente, é com base em nossa presente concepção de um princípio supostamente genético que tenta organizar o status, baseado em graus evolucionariamente pré-selecionados de valor biológico, com a icônica invariante diferencial Branco/Negro, que nosso presente sistema-mundo e suas subunidades Estados-nação podem ser hierarquicamente alocados, em consonância com a ostensiva pré-seleção de cada categoria de acordo com graus mais elevados ou mais inferiores de valor genético (paradigma biocêntrico). Concepção ostensivamente "verificada" pelo lugar do indivíduo ou da categoria na escala social.

---

[32] J. Carbonell, op. cit.

W. E. B. Du Bois anunciou em 1903 que "o problema do século XX"[33] seria o problema da *linha de cor*. Essa linha é tornada fixa e invariante pelo diferencial determinado institucionalmente entre pessoas *brancas* (como as portadoras dos graus ostensivamente mais altos de *descendência eugênica*) e pessoas *Negras* (como as portadoras dos graus ostensivamente mais baixos da falta dessa descendência); com o mais alto grau de disgenicidade do *nigger* a forma extrema do "nativo" dentro da lógica do código "Homem"/Nativo Não Branco decifrado por Fanon e Sartre.[34] Consequentemente, o invariante Absoluto Branco/Negro serve para fornecer o princípio que tenta organizar o status que a historiadora caribenha Elsa Goveia identificou como baseado na regra de hierarquização *superioridade/inferioridade*, segundo a qual todos os outros grupos não brancos, enquanto "categorias intermediárias", colocam-se e têm seu "valor" relativo avaliado de acordo com sua proximidade ou distância um em relação ao outro.[35] Ao mesmo tempo, isso também capacita a classe média a legitimar institucionalmente sua própria superioridade genética, ostensiva e analogicamente selecionada, enquanto categoria de grupo acima das classes não-médias e, sobretudo, acima da subclasse de South Central L.A.[36] e suas extensões globais.

Da descendência "nobre" à "eugênica", da "casta" à "raça", do diferencial branco/Negro ao diferencial entre detentores de capital e de emprego/não-detentores de emprego

Antes do movimento pelos direitos civis dos anos 1960, a segregação branco/Negro, assegurada institucionalmente, servia para tornar absoluta a representação da *descendência eugênica* como o ícone de um diferencial de valor genético ostensivamente pré-

---

33 W. E. B Du Bois, *The Souls of Black Folk*.
34 F. Fanon, op. cit.
35 E. Goveia, "The Social Framework".
36 South Central L.A. é uma região de Los Angeles onde pessoas negras estavam autorizadas pela legislação estadunidense a habitar, alugar e comprar casas, desde o final do século XIX até o ano de 1948, quando as cláusulas racistas em contratos de aluguel ou venda passaram a ser proibidas. Ao longo do século XX, a região foi palco dos levantes de Watts e dos *Rodney King riots*. (N.T.)

-selecionado entre as *variações da hereditariedade humana*. Por meio de tal representação, as classes médias globais legitimam seu status social hegemônico enquanto ontológico. Semelhante ao começo da ordem feudal na Europa, em que o diferencial de status invariante nobre/camponês serviu continuamente para verificar a "verdade" da hegemonia divinamente ordenada da aristocracia, baseada na linhagem de descendência nobre, que legitimava a dominância de sua casta. Essa verdade inicial findou apenas com a revolução intelectual do humanismo dos séculos XIV e XV na Europa, quando os humanistas laicos desafiaram e deslocaram o absolutismo das categorias teológicas da ordem de conhecimento da escolástica dominante, dirigida pelo clero. A função primordial dessas categorias era "verificar" os princípios de status da ordem, ostensiva e divinamente ordenados, e seu código de "casta". Igualmente, o código de "raça" só poderá findar ao se findar *nosso presente regime de verdade*, junto ao absolutismo de suas categorias econômicas.

Tanto W. E. B. Du Bois como Elsa Goveia enfatizaram o modo como o código da "raça", ou da linha de cor, funciona para *pré-determinar* sistematicamente a redistribuição amplamente desigual dos recursos globais produzidos coletivamente; e, portanto, a correlação entre a regra das hierarquias raciais e a regra do rico/pobre. Goveia indicou como todas as sociedades americanas partilham de uma crença cultural central que as unifica. Essa crença, a da inferioridade genético-racial das pessoas Negras a *todas as outras*, torna possível que nossas hierarquias sociais – incluindo aquelas entre ricos e pobres determinadas diretamente pelo sistema econômico – sejam percebidas como pré-determinadas pelo "grande jogo de azar chamado vida". O mesmo tem se dado ostensivamente com a hierarquia invariante entre pessoas brancas e Negras. Consequentemente, no Caribe e na América Latina, dentro dos termos desse cálculo sociossimbólico, ser "rico" era também ser "branco" e ser pobre era também ser "Negro".

A variante estadunidense do sistema de segregação, por sua vez, transformou a invariante branco/Negro na invariante absoluta e primária; e, com a luta pelos direitos civis e o advento da economia pós-industrial orientada para o consumo, houve uma mudança do foco primário para outra variante do antigo diferencial. Trata-se do diferencial entre a categoria suburbana de detentores de capital e detentores de emprego, de um lado (de todas as raças, o que inclui os Cosby-Huxtable e es estadunidenses Negres de *A Different World*),[37] e as pessoas Negras, não detentoras de capital nem de emprego, do outro. Consequentemente, desde os anos 1960, essa nova variante do princípio que tenta organizar o status eugênico/disgênico tem se expressado principalmente pelo crescente diferencial de estilo de vida entre as classes médias suburbanas (metonimicamente brancas) e a categoria dos desempregados dos centros urbanos pós-industriais (metonimicamente homens Negros jovens). Enquanto a categoria de detentores de capital/emprego é assimilada à categoria de "brancos", independentemente da raça de quem a componha, a categoria oposta dos não-detentores, e a categoria dos desempregados são assimiladas à categoria de "homens Negros jovens". A analogia que quero fazer aqui é a seguinte: se o ostensiva e divinamente ordenado princípio que tenta organizar a casta da ordem cristã-feudal europeia foi fundamentalmente assegurado pelo absolutismo da ordem de conhecimento da escolástica (o que inclui a geografia da Terra pré-Colombo e a astronomia cristã-ptolemaica pré-Copérnico), o ostensiva e evolucionariamente ordenado princípio supostamente genético que tenta organizar o status da nossa própria perspectiva humanista liberal, expresso nas hierarquias empíricas de *raça* e *classe* (junto com o tipo de alocação de papéis de gênero entre homens e mulheres, necessário para manter as hierarquias sistêmicas funcionando), é fundamentalmente assegurado pelas nossas disciplinas das *humanidades* e *ciências sociais*. Dado que quando as ciências físicas e biológicas, após longas lutas, libertaram o conhecimento humano dos níveis físico e biológico da realidade, isto é, do imperativo de ter de verificar – como operavam na cultura europeia feudal e em todas as outras culturas humanas até o século XVI – a "verdade" ou o modo de *compreensão subjetiva/olhos interiores*, que formam as bases que orientavam a percepção de que os sistemas de alocação de papéis de cada ordem seriam determinados de maneira *extra-humana* e, portanto, legítimos; *apenas aquelas "verdades" com respeito ao nosso*

---

37 *A Different World* é um *sitcom* estadunidense *spin-off* do *Cosby Show*. (N.T.)

conhecimento da realidade social da qual somos sujeitos (e, portanto, sempre já *sujeitados* e agentes/observadores socializados nessa ordem) poderiam agora ser empregadas para verificar o suposto e incessantemente reafirmado extra-humano, porquanto essa natureza bioevolucionariamente determinada do nosso presente princípio que tenta organizar o *status*, baseado no código da "raça". Raça, aqui, como o análogo liberal do código feudal de "casta".

Minha proposta aqui, portanto, é que apenas graças à lógica classificatória atual de nossas humanidades e ciências sociais e a seu respectivo modo de compreensão subjetiva, ou "olhos interiores", produzida a partir da representação do ser humano como um organismo evolucionariamente selecionado (e que, assim, pode ser *mais* ou *menos* humano, até mesmo não ser humano em absoluto, como no caso N.H.I.), podemos ser induzides a olhar para todas as pessoas de fora de nosso atual "universo sagrado de obrigação" – sejam elas o Outro racial ou o outro desempregado – como tendo sido colocadas em seu status inferiorizado *não* por nossos *mecanismos institucionais* específicos de uma cultura, mas, sim, pela ordenação extra-humana, bio-evolucionária, da seleção natural. Por extensão, não vemos nossas hierarquias sociossistêmicas globais e de Estado-nação como expressão de categorias prescritivas de nosso então globalizado modelo epistemológico cultural, mas, sim, e em última instância, organizadas de acordo com graus evolutivamente pré-selecionados de "valor" eugênico entre grupos humanos no que diz respeito a *raça, cultura, religião, classe, etnicidade, sexualidade* e *sexo*.

A nova pergunta, de Woodson, passando por Wiesel, a Orr: o que há de errado com nossa educação?

Os mecanismos institucionais centrais que integram e regulam nosso atual sistema mundial, proponho, são as categorias prescritivas de nossa atual ordem de conhecimento, como disseminadas por meio de nosso atual sistema universitário global e sua correlata indústria de livros didáticos. Como e por que isso se dá? Paul Ricœur baseou-se na tese de Clifford Geertz de que "a ideologia é uma função dos sistemas culturais humanos"[38] para propor que as ordens de conhecimento por meio das quais os ordenamentos humanos conhecem a si mesmos devem servir para fornecer um "horizonte generalizado de compreensão" capaz de induzir os comportamentos coletivos dos sujeitos de cada ordem. Visto que esses são os comportamentos por meio dos quais cada ordem é integrada e tornada replicável de maneira estável, sem tais horizontes de compreensão ou "olhos interiores", nenhuma ordem humana poderia existir.[39] Legesse, além disso, sugere que todes es intelectuais com vínculo com correntes hegemônicas do conhecimento necessariamente funcionam como *gramátiques* da nossa ordem, isto é, como "mulheres e homens" versades nas "técnicas de ordenar um corpo seleto de fatos dentro de um enquadramento completamente consistente com o sistema de valores, a *Weltanschauung*, e, acima de tudo, com o *modelo cognitivo*" da sociedade à qual pertencem.[40] É apenas por meio das "habilidades treinadas" que trazemos para o ordenamento de tais fatos que intelectuais, enquanto categoria, são capazes de assegurar a existência do arcabouço conceitual de cada ordem. Nós, por nossa vez, o retrabalhamos e elaboramos a fim de fornecer os "olhos interiores", por cujo modo de compreensão subjetiva os sujeitos de cada ordem regulam seus comportamentos, tanto para o enorme bem quanto para o mal.

    O que fazer, então, enquanto gramátiques cuja rigorosa elaboração das "categorias prescritivas" de nossa atual ordem epistemológica – e, portanto, dos "olhos interiores" da nossa "cultura local" –, aqueles comportamentos coletivos que orientam e trazem à existência a atual ordem do Estado-nação estadunidense, tão específica da realidade, agora que nos confrontamos com o preço pago por arquitetar essa ordem da realidade, como no caso do espancamento de Rodney King/a absolvição do júri/o levante em South Central Los Angeles? O que nós, especificamente como intelectuais Negres, devemos fazer?

---

38 C. Geertz, "A Ideologia como Sistema Cultural", in *A Interpretação das Culturas*, p. 107-134.
39 P. Ricœur, "Ideology and Utopia as Cultural Imagination", in *Being Human in a Technological Age*.
40 P. Ricœur, op. cit.; A. Legesse, op. cit.

Nós, enquanto intelectuais Negres, devemos nossa presença *coletiva* no sistema universitário (diferente da situação pré-1960, quando nossa presença excepcional como intelectual Negre *token* era a exceção que confirmava a regra da exclusão do nosso grupo populacional ostensivamente carente de Q.I.) ao apelo à ação para uma nova ordem de conhecimento intelectual originalmente forjada na esteira do movimento por direitos civis. Esse apelo foi reforçado e tornado poderoso também pelas chamas na cidade de Watts e em outros guetos; bem como pelos levantes, após o assassinato de Martin Luther King Jr., da "população cativa", que, como escreveu James Baldwin, geralmente não possui meios de fazer cumprir seus desejos sobre a cidade ou o Estado. Dada essa situação, devemos então reciclar as mesmas velhas crenças? Devemos continuar a nos contentar com os *bantustões* nos quais estamos presos, como escreveu David Bradley em 1982?[41] Bradley primeiro apontou para a natureza sistêmica da exclusão curricular imposta a todas as pessoas Negras estadunidenses em função dos Estados Unidos da América continuarem a se conceber como uma "nação de imigrantes" branca e euro-estadunidense. Daí seguiu-se sua argumentação de que, vinculado aos movimentos sociais das décadas de 1960 e 1970, intelectuais Negres estadunidenses caíram na sua própria armadilha de recusa a confrontar uma questão central. Essa questão era a da natureza *sistêmica* das regras que governavam sua exclusão da concepção hegemônica de Estados Unidos, e que apagou sua centralidade para a realidade existencial da nação. Bradley escreveu:

> Como resultado das manifestações, conquistamos cursos de "literatura Negra" [*Black Literature*] e "história Negra" [*Black History*], e um orientador ou orientadora Negre especial para estudantes Negres e um centro cultural Negro... uma casa caiada, apodrecida... longe de todas as entradas do campus, acessível somente por uma ladeira lamacenta... E todos esses cursos acabaram por eximir os departamentos da inquietante necessidade de alterar os cursos já existentes, para que

---

[41] D. Bradley, "Black and American".

pudessem continuar a anunciar um curso como "Ficção Estadunidense", que explicitamente inclui Hawthorne, Clemens, James, Wharton, Hemingway, Fitzgerald, e implicitamente exclui Chesnutt, Hurston, Richard Wright e Ralph Ellison.[42]

A questão, aqui, era desconstruir mecanismos curriculares que expeliram o Negro, enquanto Outro Conceitual, para fora do "universo da obrigação"; era redefinir os Estados Unidos *brancos* como simplesmente *Estados Unidos*. A questão, portanto, acerca de um currículo liberto da codificação da raça, sobre a qual ele é atualmente instituído, e que necessariamente nos conduz à formulação de uma questão central: a da validade da nossa atual ordem de conhecimento.

Essa questão foi levantada pelo educador Negro estadunidense Carter G. Woodson já em 1933 em seu livro *The Miseducation of the Negro*,[43] e foi recuperada e atualizada de maneiras diferentes, mas que se relacionam entre si, por Elie Wiesel, sobrevivente do holocausto nazista, e por David Orr, educador ambientalista. Woodson perguntava, então, o que haveria de errado com nosso atual sistema educacional. Um sistema cujo currículo acadêmico não apenas desmotivava fortemente estudantes Negres e es conduzia ao abandono escolar precoce, mas também socializava estudantes branques para serem linchadores (e policiais-agressores) de pessoas Negras estadunidenses quando se tornassem adultos. A partir de sua análise do currículo escolar de 1933, Woodson argumentou que a performance intelectual desmotivada e inferior de estudantes Negres, enquanto categoria, deveria ser buscada na mesma fonte geradora da arraigada fobia antiNegre, partilhada entre estudantes branques (e entre estudantes de todos os outros grupos intermediários não-brancos). Esses efeitos, ele propôs, não deveriam ser investigados à luz de um suposto Q.I. deficitário entre pessoas Negras, tomadas como grupo populacional de evolução ostensivamente retardada,[44] tampouco à de um

---

42 D. Bradley, op. cit.
43 C. G Woodson, *The Miseducation of the Negro*.
44 C. D. Darlington, "Epilogue: The Evolution and Variation of Human Intelligence", in *Human Variation*.

"racismo inato" à psique das pessoas brancas linchadoras. Ambos os efeitos deveriam, isso sim, ser vistos como respostas psicossociais regularmente induzidas pela natureza sistêmica das distorções cognitivas no que diz respeito à pessoa estadunidense, bem como ao passado e presente humano, plenamente presentes nos livros didáticos e no currículo de 1933. Essas distorções, o autor segue, serviram a uma função extracognitiva. Essa função era a de induzir estudantes branques a acreditar que seus ancestrais haviam feito tudo que valia a pena fazer no passado e, ao mesmo tempo, induzir estudantes Negres a acreditar que seus ancestrais não haviam feito nada que valesse a pena, seja no passado dos Estados Unidos, seja no passado da história da humanidade. Uma das pistas para reconhecer essa função extracognitiva foi a de que os grupos não- brancos não foram todos igualmente estigmatizados. Ainda que o passado de todos os grupos tornados Outros tenha sido estigmatizado, lhes restavam sempre alguns resquícios de dignidade humana. Não era assim com respeito à representação deturpada do passado e do presente de Afro-estadunidenses no currículo de 1933.

A "ruptura epistemológica" de Woodson naquela conjuntura foi perceber que a função das deturpações de Branco/Negro era a de motivar *diferencialmente* cada uma das categorias Branco e Negro, de modo a garantir a replicação estável da *relação invariante* de dominação/subordinação entre as duas categorias sociais que são, por sua vez, a corporificação empírica da analogia sociossimbólica que gera, por si só, o *princípio supostamente genético que tenta organizar o status*, sobre o qual nossa atual ordem global nacional se institui como um sistema vivo autopoiético ou auto-organizado.[45] Cabia, assim, a tais distorções cognitivas sistêmicas providenciar o modo da "verdade" capaz de induzir es estudantes branques (como potenciais executores do *status* diferencial de grupo totêmico em relação à categoria Negro, seja como adulto linchador, policial-espancador ou jurado de Simi Valley) a perceber como seu "justo" e legítimo dever manter o Outro Conceitual da ordem em seu devido lugar sistêmico. "Por que não explorar, escravizar ou exterminar a

---

45 H. Maturana e F. Varela, *Autopoiesis and Cognition: The Realization of the Living*.

classe que todes são ensinades a considerar inferior?", pergunta-se Woodson. "Não existiria linchamento se ele não começasse na sala de aula", aponta. Por que não "linchar" judicialmente aqueles que foram tornados perceptíveis como "nenhum humano envolvido"?[46] Ainda mais nos casos dos Rodney Kings, que, desde os anos 1960, passaram a ocupar um status de *duplo pária*, não *apenas* enquanto Negros, mas também como participantes da vertiginosamente crescente categoria pós-industrial de *pobre e desempregado*? Enquanto categoria que, definida pelo sociólogo Zygmunt Bauman como Novos Pobres, incorpora uma péssima situação – a da degradação contínua do meio ambiente planetário –, ela não é sequer *passível de enunciação*, muito menos de *resolução*, dentro do enquadramento conceitual de nossa atual ordem de conhecimento. É aí, claro, que entramos, e a pergunta se recoloca: o que há de errado com nossa educação? O educador ambiental David Orr apontou,[47] em um discurso para uma turma de formandos em 1990, que a culpa pela destruição ambiental de um planeta que está perdendo "300 km² de floresta úmida, ou um acre por segundo" e no qual, ao mesmo tempo, jogamos "2700 toneladas de clorofluorcarbono na atmosfera", junto com outros comportamentos nocivos ao nosso sistema de suporte de vida ecossistêmico deve ser colocada em seu devido lugar. Todos esses efeitos, argumenta, resultam de decisões tomadas *não* por pessoas ignorantes ou sem educação. Pelo contrário, tratam-se de decisões que foram e seguem sendo tomadas pelos "melhores e mais brilhantes" produtos de nosso atual sistema educacional; de seus mais altos níveis de ensino, de universidades como esta nossa, aqui em Stanford. Orr então cita um comentário de Elie Wiesel a um fórum global sediado em Moscou no inverno de 1989. "Os formuladores e os executores do Holocausto", disse Wiesel, "foram herdeiros de Kant e de Goethe". Embora, "em muitos aspectos, os alemães fossem o povo mais educado da terra, sua educação não serviu como barreira adequada à barbárie. O que havia de errado com sua educação?"

---

46 C. G. Woodson, op. cit.
47 D. Orr, "a Commencement Address".

A questão a ser enfrentada: casar nosso pensamento à péssima situação dos Novos Pobres e do meio ambiente

Chego ao último ponto de minha carta a vocês. Jesse Jackson apontou que o levante de South Central L.A. "foi uma combustão espontânea – dessa vez, não de matéria descartada, mas de gente descartada".[48] Do mesmo modo como a realidade do meio ambiente descartado, via constante poluição e destruição da camada de ozônio, a realidade das vidas descartáveis, seja de nível global sócio-humano, da ampla maioria de povos que habitam as favelas ao redor do globo e seus arquipélagos de desemprego, seja de nível nacional, da "população cativa", nas palavras de Baldwin,[49] nos centros urbanos das cidades (e nas reservas indígenas nos Estados Unidos) não tem sido facilmente percebida, até agora, na lógica classificatória de nossos "olhos interiores". Em outras palavras, ambos os fenômenos, o do meio ambiente físico e o do ambiente socio-humano global, têm sido os *custos ocultos* que necessariamente permanecem *invisíveis* aos "olhos interiores" do modo de compreensão subjetiva, gerado por nossas atuais disciplinas das ciências sociais e das humanidades. E, portanto, dentro do modo de "verdade" ou de ordem epistemológica baseada na representação do humano *como se fosse* um organismo natural. Minha proposta, aqui, é que ambos esses "custos ocultos" não são geralmente vistos como *custos* nos termos das *categorias econômicas* hegemônicas, e, portanto, tampouco nos do absolutismo de sua correspondente *ética econômica* (análogas às categorias teológicas e ao Absolutismo e à ordem de conhecimento escolástico da Europa feudal-cristã). Além disso, proponho que é por meio dessa ética e de sua supraordenada meta de "padrões de vida" cada vez mais elevados (isto é, a meta da *redenção material*, assim como, na época feudal, a meta almejada e que moldava o comportamento era a da *redenção espiritual*) que se estabelecem os limites dos "olhos interiores" específicos de nossa cultura – os limites, portanto, de

---

[48] Riot Aftermath: Man With a Mission: Jesse Jackson Follows Crises Around the Globe - and the Media Follow Him. *Los Angeles Times*, 6 de maio de 1992.
[49] J. Baldwin, *The Evidence of Things Not Seen*, p.36.

como podemos ver, conhecer e moldar nossa atual ordem global e nacional; os limites, portanto, da nossa "verdade". Tudo isso estabelece esses limites (como a forma agora puramente secular da ética teológica judaico-cristã em sua forma feudal) enquanto governados por regras, tanto quanto essa ética estabelecera "limites", antes da revolução do humanismo laico, no que concerne a como os sujeitos da sua então ordem poderiam ver, conhecer e moldar o mundo. Ou ainda, também, tanto quanto antes da revolução intelectual a partir do final do século XVIII, a ética política (por meio da qual os humanistas substituíram a teológica) estabelecera os seus próprios limites de como a então realidade sociocultural da Europa pré-industrial poderia ser vista, conhecida e moldada; segundo os termos, enfim, daquilo que Foucault definiu como a *episteme* clássica.

Keith Tribe, em seu livro *Land, Labour and Economic Discourse*,[50] aponta que foi apenas com o trabalho iniciado por Adam Smith e completado por David Ricardo de estabelecer novas "categorias econômicas", no início do século XIX, que a ordem de conhecimento anterior, baseada na hegemonia das *categorias políticas* foi finalmente deslocada; e que à emergente centralidade dos processos da produção industrial, suplantando a hegemonia anterior da produção agrícola, foi outorgado o *status* epistemológico e, portanto, o ponto ótimo de *prescrição* de comportamentos.

Negres são o único grupo populacional das Américas pós-1492 que foi legitimamente tornado propriedade, isto é, escravizado, ao longo de vários séculos[51]. Seu status de propriedade e escravizado foi sistematicamente percebido pelos "olhos interiores" e pela lógica classificatória da *episteme* anterior, com suas categorias políticas hegemônicas e sua ética política de orientação comportamental, como legítimo e *justo*. As frequentes revoltas de pessoas escravizadas, assim como o movimento abolicionista, juntamente com a Revolução Haitiana e a Guerra Civil nos Estados Unidos quebraram fundamentalmente o poderio militar que sustentava essa percepção. Ainda assim,

---

50 K. Tribe, *Land, Labour and Economic Discourse*.
51 Apesar da frequente escravização de povos indígenas, isso nunca foi codificado legalmente como propriedade (N.E)

o deslocamento daquela "Verdade" anterior fora verificado apenas no nível dos modelos cognitivos da sociedade, quando pensadores "hereges" como Smith e Ricardo puderam "casar seu pensamento" à causa das forças emergentes no mundo industrial, isto é, à causa do "livre comércio" (contra o "protecionismo" para produtores agrícolas) e à atividade da burguesia industrial – forças com emergências então bloqueadas, não apenas por meio de leis restritivas, mas também pelas categorias de prescrição comportamental da *episteme* anterior, cuja lógica *não permitia ver como custos* os "custos ocultos" das políticas protecionistas para produção agrícola (incluindo os produtos cultivados pelo trabalho forçado de escravizados).

Esse é o ponto central de Bauman no que diz respeito à agora global categoria dos Novos Pobres. Consequentemente, a questão central que nos confronta aqui é se nós seremos também capazes de nos movermos para além dos limites epistêmicos de nossos atuais "olhos interiores", para, nos termos de Bauman, "casar o nosso pensamento" com as péssimas situações pós-industriais emergentes do meio ambiente planetário e do meio ambiente socio-humano global. Especificamente, com a "população cativa" e a categoria dos desempregados de South Central L. A., que não dispõem sequer de um modo pacífico para impor seu desejo a uma cidade e um Estado, cujas hierarquias ordenadas e cujos comportamentos cotidianos são legitimados, em última instância, pela visão de mundo codificada por nossa atual ordem de conhecimento.

Zygmunt Bauman aponta um fator sistêmico na emergência da categoria dos Novos Pobres. O *capital*, com o crescimento dos processos globais de automação tecnológica, cada vez mais teria se libertado de sua dependência do *trabalho*. A classe trabalhadora organizada, consequentemente, que fora vista como o potencial agente de transformação social durante a fase de acumulação de capital, baseada principalmente na produção, não tem mais influência suficiente para frear o processo cada vez mais acelerado de erosão do trabalho, agora que o consumo suplantou a produção como meio primário de acumulação de capital. Durante a fase de produção, a categoria de pobres desempregados, tanto do primeiro mundo como os exércitos de reserva "nativos" do terceiro mundo, tinha uma função. Essa função era prover um excesso de força de trabalho sobre a demanda, para frear os custos de salários. Na nova fase de consumo da acumulação de capital, essa categoria perde sua função.

  Analfabetos, pouco qualificados e sem experiência de trabalho, quanto mais os trabalhos que exigem pouca ou nenhuma qualificação diminuem com a aceleração da automatização de processos de trabalho, mais os Novos Pobres desempregados vão ficando sem recursos para servir como exército de reserva para o consumo. Nos lugares onde recebem auxílios via políticas de assistência (como na Grã-Bretanha e nos Estados Unidos) como parte de um "programa de pacificação" interno, os pequenos comércios de bairro (como vimos no caso de South Central L.A., onde as pessoas proprietárias desses comércios são novos grupos de imigrantes, como iranianas, taiwanesas, coreanas, mexicanas, cuja maioria mantém um mercado de trabalho protegido, empregando a parentela de seu mesmo grupo "étnico")[52] funcionam como um mecanismo de drenagem da pouca riqueza que há ali para fora dos guetos; para, assim, atar os Novos Pobres a seu status de descartável, não reciclável, ao mesmo tempo que os donos dos comércios (incluindo os proprietários e proprietárias Negres) realizam o *American Dream*, representado pela mobilidade social para *fora* dos guetos. Como bem-sucedidos provedores, *seus Outros Conceituais são aqueles que tornaram possível seu enriquecimento acelerado*; isto é, membros da "população cativa" nos guetos (e dos arquipélagos globais de desemprego) que são, assim como o meio ambiente, os custos sistêmicos negativos que não são perceptíveis dentro da lógica de nossos "olhos interiores" atuais, de nossa ética de prescrições comportamentais e do seu modo da razão econômica hegemônica (ao invés da razão ecossistêmica ou humana).

  Estar dentro da "Verdade" de nossa ordem epistemológica atual e, portanto, dentro dos termos da "grande narrativa da emancipação humana"[53] a ela relacionada, cujo objetivo ou propósito supraordenado, em vez de ser a expansão do Estado (como o era na *episteme* clássica anterior), é agora assegurar o

---

52 *Time*, 18 de maio de 1992. Vol. 139, n. 20.
53 J. Lyotard, op. cit.

bem-estar material do corpo biologizado da Nação e, portanto, de seu modo-classe-média-ótimo de sujeito, o Homem de Foucault, nos impede, enquanto intelectuais (pouco importa se positivistas liberais ou marxistas-leninistas), como Bauman indica, de casar nosso pensamento à péssima situação dos Novos Pobres; de casar nosso pensamento ao bem-estar do *ser humano* ao invés de apenas ao do "Homem", isto é, ao nosso atual modo--classe-média do modo de ser sujeito (ou de sociogenia).[54]

Os pobres e os oprimidos, Bauman observa, deixaram de atrair a atenção de intelectuais. Essa categoria, diferentemente dos detentores de emprego da classe trabalhadora, *não pode* ser vista, de acordo com a lógica econômica de nossa atual organização do conhecimento, como colaboradora do processo de produção, uma colaboradora que teve o valor todo de sua força de trabalho *injustamente expropriado* de si. Além disso, o fato de que esses Novos Pobres, seduzidos, *como todos nós*, pelo clamor da propaganda que os impele a consumir, têm seus sonhos de consumo frustrados e se viram uns contra os outros, se mutilam e se matam ou "se prejudicam com drogas e álcool",[55] convencidos de sua inutilidade, ou, em breves episódios de erupção, botam fogo nos guetos, se motinam, saqueando tudo o que aparecer pela frente, significa que es intelectuais de hoje, *ainda que sintam e expressem piedade, se abstêm de propor casar seu pensamento com esse tipo específico do sofrimento humano.* Bauman escreve:

> Eles teorizam a razão de sua relutância. Habermas diria que os Novos Pobres (...) não são explorados. Offe acrescentaria que eles são politicamente ineficazes, pois, não tendo trabalho a retirar, não têm poder de barganha (...). [O]s Novos Pobres precisam de ajuda em bases humanitárias: eles não se prestam ao papel de futuros reconstrutores do mundo.[56]

---

54 F. Fanon, *Pele negra, máscaras brancas*, p. 28.
55 Z. Bauman, *Legisladores e intérpretes*, p. 262.
56 Z. Bauman, op. cit., p. 242.

Como, então, eles alteraram o curso da história da América do Norte em dois dias? Como é que eles, a categoria dos proscritos N.H.I., a "população cativa" de Baldwin, *les damnés* de Fanon, não apenas impuseram seu desejo à cidade e ao Estado, mas também desafiaram diretamente o modo da "Verdade" em cuja lógica sua péssima situação, como a do meio ambiente, não é *passível de enunciação*, muito menos de *resolução*?

Se, como Legesse sugere, devido a nosso papel de gramátiques de nossa ordem, devemos, normalmente, e como condição para a integração e replicação estável de nossa ordem, mantermo-nos aprisionades aos "modelos estruturais" que nós mesmes criamos, então de que maneira podemos romper com um modelo cultural nativo específico da realidade (uma variante dos nossos "olhos interiores") e transicionar de uma *episteme* foucaultiana, de uma narrativa fundadora e reguladora comportamental, para outra? Em outras palavras, como podemos casar nosso pensamento de maneira a fazer as perguntas cujas respostas possam resolver a péssima situação dos arquipélagos de desemprego, das categorias N.H.I. e do meio ambiente?

A resposta necessariamente nos convoca a ir além do absolutismo de nossas atuais categorias econômicas, do mesmo modo como, na transição do século XIV para o século XV, os humanistas laicos europeus foram além das categorias teológicas da escolástica e os economistas clássicos do século XIX foram além das categorias *políticas* da ordem epistemológica anterior. Legesse define sua chave explicativa nos *novos* termos das *categorias sistêmicas da cultura* que vão para fora da lógica de nosso atual modo de entendimento subjetivo, baseado no conceito do humano como um organismo puramente natural que pode preexistir ao "universo sagrado de obrigação" culturalmente instituído e o modo como somos socializados com vínculos *interaltruístas* de parentesco simbólico e, portanto, como modos específicos de sujeito sociogênico[57] e de socialidade sistêmica.[58] Legesse sugere que a porta de fuga cognitiva sempre pode ser encontrada na categoria do *liminar*. Trata-se de uma categoria cuja negação (habitual e governada por regras) institui um prin-

---

57 F. Fanon, op. cit., p. 28.
58 D. T. Campbell, op. cit.

cípio de diferença que, por sua vez, produz dinamicamente tanto o critério ótimo do ser quanto o modo "falso" de similaridade e unanimidade, sobre os quais cada ordem pode se autoinstituir como sistema vivo.[59] Seja este o dos humanistas laicos "caídos" da Europa medieval, negativamente representados como "escravos do pecado original" (diferentemente do clero celibatário que de fato era o guardião do sistema hegemônico do conhecimento escolástico); seja o do caso dos povos africanos e afrodescendentes como a categoria do Outro Humano, representados como escravizados por suas origens evolucionariamente não-selecionadas e cuja distância fisionômica do ser "normal" proporciona o princípio genético *da diferença e da semelhança*, que une todos os *brancos* e, cada vez mais, os não-Negros, os não-brancos no nível da *raça* e todos os sujeitos de classe média no nível da *classe*. Mais crucial ainda, desde os anos 1960, é a categoria liminar de *les damnés*, isto é, a categoria N.H.I. de South Central L.A., cujo duplo status de pária como pobre/desempregado e Negro serve a uma função sistêmica central para a atual ordem de Estado-nação pós-industrial dos Estados Unidos. Por ser a proscrição negativa da categoria *liminar* a exata condição para o funcionamento de cada ordem humana enquanto um sistema organizacional e cognitivamente autorregulado e fechado, isto é, *autopoiético*,[60] a premissa da proscrição dessa categoria é a "base" para a geração governada por regras dos "regimes de verdade" de cada ordem epistemológica e seus correspondentes paradigmas disciplinares. A exclusão empírica da categoria liminar, como a exclusão de South Central L.A., o gueto do centro da cidade, é, portanto, *uma condição da "verdade" de cada ordem*. Assim, é apenas quando uma categoria como essa se move para fora de seu lugar de invalidez que es gramátiques de uma ordem (como no caso em que a *intelligentsia* dos humanistas laicos recusou ocupar um papel liminar no sistema de conhecimento escolástico) podem se libertar de seus "modelos estruturais" de manutenção do sistema e suas categorias prescritivas.

---

59   R. Girard, op. cit.
60   H. Maturana e F. Varela, op. cit.

Pois, argumenta Legesse, é precisamente fora do campo da interação dinâmica entre o "horizonte generalizado de compreensão" ou "olhos interiores" – estabelecidos pelas categorias prescritivas de todas as ordens de conhecimento específicas de uma cultura – e os processos empíricos cotidianos locais gerados pelos comportamentos coletivos dos sujeitos de cada ordem (orientados por tais categorias prescritivas) que a categoria liminar emerge. Com seu impulso em direção a emancipar-se de seu papel sistêmico, a categoria liminar "nos lembra que não precisamos permanecer para sempre aprisionadas a nossas prescrições". Foi exatamente por meio do movimento de sair de seu lugar de proscrição que os levantes que se seguiram à absolvição dos policiais "domadores de *nigger*" em Simi Valley, que a categoria gerou uma mudança consciente em todos os sujeitos, ao *expor todas as injustiças inerentes à estrutura*; e, de novo, como a categoria N.H.I. de South Central L.A., em dois dias de fúria, "criou uma real contradição entre a estrutura e a antiestrutura, entre a ordem social e a anarquia produzida pelos homens", ordens epistemológicas e novos modos de conhecimento.[61]

O discurso da rua? Ou o discurso de um humanismo científico? Para uma reescrita do conhecimento

Em um ensaio de 1984, propus que a tarefa dos Estudos Negros, junto a todos os outros Novos Estudos que adentraram a academia na esteira dos levantes dos anos 1960, deveria ser a da reescrita do conhecimento.[62] Propus, então, tentarmos seguir as novas elaborações dos biólogos chilenos Maturana e Varela sobre as regras que governam os modos como os humanos conhecem a realidade social na qual são sempre sujeitos socializados.[63] Citei, então, o argumento de Sir Stafford Beer (que escreveu a introdução do livro de Maturana e Varela). O argumento de

---

61 A. Legesse, op. cit.
62 Wynter se refere a seu artigo "The Ceremony Must be Found: After Humanism", publicado na revista *Boundary* 2, 12(3), 19-70, 1984. As referências a Stafford Beer contidas neste parágrafo são da introdução que Beer escreve a H. Maturana e F. Varela, op. cit. (N.T.)
63 F. Fanon, *Os condenados da terra*.

Beer, conforme escrevi, é o de que "a academia contemporânea está presa à atual organização do conhecimento", o que quer dizer que qualquer pessoa que "possa reivindicar conhecimento sobre qualquer fatia categorizada do mundo, por mais minúscula que seja, e se esse conhecimento for minimamente maior do que o que detém qualquer outra pessoa, essa pessoa tem a vida ganha". Resulta disso que, "ao passo que artigos acadêmicos aumentam exponencialmente e o conhecimento cresce por casas infinitesimais, nossa compreensão do mundo, na verdade, retrocede". Consequentemente, "porque nosso mundo é um sistema interativo em mudança dinâmica, nosso sistema acadêmico enraizado nas suas próprias categorias sagradas é, em grande medida, inútil às necessidades da humanidade". Beer conclui: "se queremos entender um mundo mais novo e ainda em evolução; se desejamos educar pessoas a viver nesse mundo; se buscamos – e devemos quase desesperadamente – abandonar categorias e instituições pertencentes a um mundo que já desapareceu, então o conhecimento deve ser reescrito." À época, minha proposta não encontrou muito eco. Depois dos protestos de Los Angeles, no entanto, os tempos e a situação mudaram. Daí minha carta aberta a vocês. St. Clair Drake, um dos fundadores do Programa de Estudos Afro-estadunidenses de Stanford, sempre dizia aos estudantes que havia as tarefas da rua e as tarefas intelectuais. Extrapolando Drake, há o discurso da rua e o discurso intelectual. Não é exagero dizer que os recentes exemplos em Los Angeles das tarefas da rua e do discurso da rua de uma "população cativa" impondo seu desejo sobre a cidade e sobre o Estado *pelos únicos meios* a ela disponíveis operaram *na ausência* do novo discurso, ou do regime de conhecimento, pós-industrial ou pós-Estado-nação, e era essa a tarefa coletiva que todos os Novos Estudos "não canônicos" deveriam ter realizado na esteira dos anos 1960, na esteira daqueles primeiros levantes que desafiaram a "Verdade" de nossa *episteme* atual.

  A erupção da categoria liminar/N.H.I. em South Central L.A. abriu novamente um horizonte para a ponta de lança do discurso de uma nova fronteira do conhecimento, capaz de nos mover a uma ética nova e ecossistêmica, correlata à espécie humana. Esse novo horizonte, eu proponho, convergirá com outros horizontes em abertura, em todos os níveis de aprendizagem – como, por exemplo, no caso das novas ciências da complexidade, vinculadas à ascensão do computador, como Heinz Pagels indica em seu livro *The Dreams of Reason*, de 1988.[64] Essa convergência nos possibilitará entender as regras que governam nossos modos humanos de perceber e os comportamentos aos quais eles nos conduzem – como a *deturpação do reconhecimento do parentesco humano* expressa no acrônimo N.H.I., no espancamento e no veredito, bem como na condenação sistêmica de todos os Rodneys Kings, dos pobres e desempregados do mundo todo, à futilidade e à miséria das vidas que vivem, como principal preço pago por *nosso* bem-estar. É apenas por meio dessa mutação do conhecimento que seremos capazes de assegurar, enquanto espécie, as dimensões completas de nossa autonomia humana com relação aos propósitos sistêmicos e sempre instituídos narrativamente que têm, até agora, nos governado – até agora, sem ciência de nossa consciência e fora de nossa intencionalidade consensual. Pagels escreve, no final de seu livro:

> Acredito que o impacto mais dramático das novas ciências será o estreitamento do vão entre o mundo natural e o mundo humano. Conforme compreendemos o manejo da complexidade, a rica estrutura de símbolos e, talvez, a própria consciência, fica claro que as barreiras tradicionais – erguidas por ambos os lados – entre as ciências naturais e as humanidades não podem ser mantidas para sempre. A ordem narrativa dos mundos culturalmente construídos, a ordem dos sentimentos e das crenças humanas se sujeitará à descrição científica de uma nova maneira. Do mesmo modo como na Renascença Italiana, uma nova imagem da humanidade emergirá no futuro conforme ciência e arte interagirem em esferas complementares... Continuo a acreditar que chegará o dia distante em que a ordem dos assuntos humanos não será plenamente estabelecida pela dominação.[65]

---

64 H. Pagels, *The Dreams of Reason: The Computer and the Rise of the Sciences of Complexity*.
65 H. Pagels, op. cit.

O ponto desta carta é propor que a chegada desse dia tão distante e o fim, enfim, da necessidade dos discursos violentos das ruas dos guetos e das cidades, depende de nós.

O cara faminto (ou os N.H.I. desempregados dos guetos das cidades, os Novos Pobres globais ou *les damnés*), já disse Fanon, não precisa *investigar a verdade*. Ele *é*, eles *são* a Verdade. Somos nós que instauramos essa "Verdade". Devemos, agora, desfazer a narrativa que os aprisiona em condenação.

Com toda a minha atenção,
Ao seu dispor,

Sylvia Wynter[66]
Professora, *Afro-American Studies*
Maio de 1992

---

66 Sylvia Wynter, uma estudiosa de Estudos Negros, romancista e dramaturga, tem sido aclamada como uma das principais ativistas-intelectuais dos mundos anglófono-caribenho, norte-americano e transatlântico. Os compromissos políticos e intelectuais de sua vida são moldados por dois levantes sociais de longo alcance do século XX — os movimentos anticoloniais globais que eclodiram em sua Jamaica natal e os movimentos sociais dos anos 1950 e 1960 nos Estados Unidos. É professora emérita do Programa de Estudos Africanos e Afro-americanos (AAAS) e do Departamento de Espanhol e Português da Universidade de Stanford (onde lecionou de 1977 a 1994). Nessa posição, Wynter constituiu parte da geração formativa de acadêmiques de Estudos Negros nos Estados Unidos. Esteve vinculada à Universidade da Califórnia em San Diego (de 1974 a 1977) e à Universidade das Índias Ocidentais em Mona, Jamaica (de 1963 a 1974). Foi membro do Instituto do Mundo Negro (de 1975 a 1982) e, por suas contribuições nos campos da educação, história e cultura, recebeu a Ordem da Jamaica em 2010 e foi nomeada membro do Instituto da Jamaica em 2012 por sua vida de produção artística, trabalho acadêmico e ativismo intelectual.
Os numerosos ensaios e monografias de Wynter estão programados para reaparecer sob dois títulos: We Must Learn to Sit Together and Talk about a Little Culture: Decolonizing Essays, 1967-1984 (Leeds, Reino Unido: Peepal Tree Press, previsto) e "That the Future May Finally Commence": Essays for Our Ecumenically Human's Sake, 1984-2015 (Middletown, Connecticut, EUA: Wesleyan University Press, no prelo). Biografia fornecida por Dr. Patricia Fox.

Bibliografia

BALDWIN, James. *The Evidence of Things Not Seen.* Nova York: Holt, Rinehart and Winston, 1985, p. 36

BAUMAN, Zygmunt. *Legisladores e intérpretes.* Trad. Renato Aguiar. Rio de Janeiro: Zahar, 2010.

BAUMAN, Zygmunt. *Modernidade e Holocausto.* Trad. Marcus Penchel. Rio de Janeiro: Zahar, 1998.

BRADLEY, David. "Black and American", *Esquire*, Maio 1982.

CAMPBELL, Donald. T. "On the Genetics of Altruism and the Counter-Hedonic Components in Human Culture", *Journal of Social Issues*, vol. 28, nº 3, 1972

CARBONELL, Jaime apud WARDROP, M. *Mitchell in Man-Made Minds: The Promise of Artificial Intelligence.* Nova York: Walker and Co., 1987.

DARLINGTON, Cyril. D. "Epilogue: The Evolution and Variation of Human Intelligence", in OSBORNE et al (org.). *Human Variation.* Nova York: Academic Press, 1978.

DU BOIS, W. E. B. *The Souls of Black Folk.* Nova York: Nova American Library, 1969.

ELLISON, Ralph. *Invisible Man.* New York: Random House, 1952.

FANON, Frantz. *Os condenados da terra.* Trad. José Laurênio de Mello. Rio de Janeiro: Civilização Brasileira, 1968.

FANON, Frantz. *Pele negra, máscaras brancas.* Trad. Renato da Silveira, Salvador: EDUFBA. 2008, p. 28.

FEIN, Helen. *Accounting for Genocide: National Responses and Jewish Victimization during the Holocaust.* Nova York: Free Press, 1979.

FOUCAULT, Michel. *As Palavras e as Coisas.* Uma arqueologia das ciências humanas. Trad. Salma Tannus Muchail, São Paulo: Martins Fontes, 2000.

GEERTZ, Clifford. *A Interpretação das Culturas.* Rio de Janeiro: LTC, 2011.

GEERTZ, Clifford. *O saber local: novos ensaios em antropologia interpretativa.* Trad. Vera Mello Joscelyne. Petrópolis: Vozes, 1997.

GIRARD, René. *The Scapegoat.* Trad. Bouc Emissaire. Baltimore: John Hopkins University Press, 1986.

GOVEIA, Elsa. The Social Framework. *Savacou*: Journal of the University of the West Indies. Mona, Jamaica, 1972.

GRIAULE, Marcel. *Conversations with Ogotemmeli: An Introduction to Dogon Religious Ideas.* Oxford: Oxford University Press, 1965.

HACKER, Andrew. *Two Nations: Black and White, Separate, Hostile, Unequal*. Nova York: Scribner's, 1992.

LEGESSE, Asmarom. GADA: *Three Approaches to the Study of African Society*. Nova York: Free Press, 1973.

LIEBERMAN, Philip. *Uniquely Human: The Evolution of Speech, Thought and Selfless Behavior*. Cambridge, MA: Harvard University Press, 1991.

LYOTARD, Jean-François. *A condição pós-moderna*. Trad. Ricardo Corrêa. Rio de Janeiro: José Olympio, 2015.

MATURANA, Humberto; VARELA, Francisco. *Autopoiesis and Cognition: The Realization of the Living*. Dordrecht, Holanda: D. Reidel Publishing Co., 1980.

ORR, David. "a Commencement Address", *In Context*, issue The Learning Evolution: Education, Innovations for Global Citizens, nº 27, inverno 1991.

PAGELS, Heinz. *The Dreams of Reason: The Computer and the Rise of the Sciences of Complexity*. Nova York: Simon and Schuster, 1988.

RICŒUR, Paul. "Ideology and Utopia as Cultural Imagination", in BORCHERT; STEWARD (orgs.). *Being Human in a Technological Age*. Athens, OH: Ohio University Press, 1979.

STEPHEN, Jay Gould. *Hen's Tooth and Horse's Toes*. Nova York: Norton, 1983.

TRIBE, Keith. *Land, Labour and Economic Reason*. Londres: Routledge e K. Paul, 1978.

WASWO, Richard. "The History That Literature Makes", *New Literary History*, vol. 19, nº 3, primavera 1988, p. 541-564.

WOODSON, Carter G. *The Miseducation of the Negro*. Nova York: A.M.S., 1977 [1933].

WYNTER, Sylvia. "Columbus and the Poetics of the Propter Nos", in Discovering Columbus, edição do *Annals of Scholarship*, vol. 8, nº 2, primavera 1991, p. 251-286.

WYNTER, Sylvia. *"Do Not Call Us Negros". How "Multicultural" Textbooks Perpetuate Racism*. São Francisco: Aspire Books, 1990.

Vênus em dois atos[1]

Saidiya Hartman

Tradução
Fernanda Silva e Sousa e
Marcelo R. S. Ribeiro

Este ensaio examina a ubíqua presença de Vênus no arquivo da escravidão atlântica e luta com a impossibilidade de descobrir qualquer coisa sobre ela que já não tenha sido afirmada. Como figura emblemática da mulher escravizada no mundo atlântico, Vênus evidencia a convergência do terror e do prazer na economia libidinal da escravidão, assim como a intimidade da História com o escândalo e o excesso de literatura. Ao escrever no limite do indizível e do desconhecido, o ensaio mimetiza a violência do arquivo e tenta repará-la ao descrever tão plenamente quanto possível as condições que determinam a aparição de Vênus e que ditam seu silêncio.

Nesta encarnação, ela aparece no arquivo da escravidão como uma *garota morta*, nomeada em uma acusação judicial contra um capitão de navio negreiro julgado pelo assassinato de duas garotas negras. Mas nós poderíamos tê-la encontrado com a mesma facilidade no livro de contabilidade de um navio,

---

1   Saidiya Hartman, "Venus in Two Acts," in *Small Axe*, Volume 12, n.º 2, pp. 1-14. Copyright, 2008, Small Axe, Inc.. All rights reserved. Republished by permission of the copyright holder, and the present publisher, Duke University Press. www.dukeupress.edu. Uma primeira versão da tradução presente neste volume foi revisada por Lia Sovik e publicada anteriormente como Hartman, S. (2020). Vênus em dois atos. *Revista ECO-Pós*, vol. 23, n.º 3, p. 12-33.

no registro de débitos; ou no diário de um feitor – "ontem à noite deitei com a Dido no chão"; ou como uma companheira amorosa de cama com uma vagina tão elástica "que caberá a maior coisa com a qual qualquer cavalheiro possa presenteá-la" na *Harris's List of Covent Garden Ladies*;[2] ou como a amante na narrativa de um soldado mercenário no Suriname; ou como uma proprietária de bordel no relato de um viajante sobre as prostitutas de Barbados; ou como uma personagem coadjuvante em um romance pornográfico do século XIX.[3] Variavelmente chamada de Harriot, Phibba, Sara, Joanna, Rachel, Linda e Sally, ela é encontrada em todo lugar no mundo atlântico. O entreposto de escravos, o porão do navio negreiro, o leprosário, o bordel, a jaula, o laboratório do cirurgião, a prisão, o canavial, a cozinha, o quarto do senhor de escravos acabam por se revelar exatamente o mesmo lugar, e em todos eles ela é chamada de Vênus.

O que mais há para saber? Seu destino é o mesmo de qualquer outra Vênus Negra: ninguém lembrou do seu nome ou registrou as coisas que disse, ou observou que se recusava a dizer qualquer coisa.[4] A sua história,[5] contada por um testemunho falho, é extemporânea. Seriam necessários séculos para que lhe fosse permitido "soltar a língua".[6]

---

[2] A *Lista de Harris das Senhoras de Covent Garden*, em tradução livre, foi impressa e publicada anualmente no formato de um almanaque entre 1757 e 1795 no distrito de Covent Garden, em Londres. A publicação reunia descrições físicas e especialidades sexuais de mais de uma centena de prostitutas que trabalhavam na cidade. (N.T.)

[3] "*Last night cum Dido.*" Feitor na Jamaica, Thomas Thistlewood relata em latim suas façanhas sexuais com mulheres escravizadas. "*Cum sup terr*" ("Eu fodi com ela no chão").
D. Hall, *Miserable Slavery: Thomas Thistlewood in Jamaica 1750–1756*, p. 31.
S. Derrick, *Harris's List of Covent-Garden Ladies, or Man of Pleasure's Kalendar for the Year 1793.*, p. 83.
J. G. Stedman, *Stedman's Surinam: Life in an Eighteenth-Century Slave Society*.

[4] Para um relato estendido do dilema de Vênus, ver Hobson, *Venus in the Dark: Blackness and Beauty in Popular Culture*.

[5] No decorrer do ensaio, Hartman utiliza variavelmente as palavras *history* e *story*. Optamos por distinguir esses termos, em que um denota a história dos historiadores e, outro, os relatos, ficcionais ou não, por meio do uso – hoje antiquado – do H maiúsculo quando se trata da história maior, da historiografia. (N.T.)

[6] Ver M. N. Philip, *She Tries Her Tongue, Her Silence Softly Breaks*.

Eu poderia dizer, seguindo um famoso filósofo, que o que sabemos de Vênus em suas muitas formas equivale a pouco mais que um registro do seu "encontro com o poder" e que isso fornece "um esboço insuficiente de sua existência.[7] Um ato de acaso ou desastre produziu uma divergência ou uma aberração em relação ao curso esperado e usual de invisibilidade e a catapultou do subterrâneo para a superfície do discurso. Nós nos deparamos com ela em circunstâncias exorbitantes que não produzem nenhuma imagem da vida cotidiana, nenhum caminho para seus pensamentos, nenhum vislumbre da vulnerabilidade de seu rosto ou do que olhar para tal rosto poderia exigir. Nós só sabemos o que pode ser extrapolado a partir de uma análise do livro de contabilidade ou emprestado do mundo de seus captores e senhores e aplicado a ela. No entanto é preciso transformar o exorbitante em exemplar ou típico para que sua vida forneça uma janela para as vidas das pessoas escravizadas em geral.

     Não se pode perguntar "Quem é Vênus?" porque seria impossível responder a essa pergunta. Há centenas de milhares de outras garotas que compartilham suas circunstâncias, e essas circunstâncias geraram poucas histórias. E as histórias que existem não são sobre elas, mas antes sobre a violência, o excesso, a falsidade e a razão que se apoderaram de suas vidas, transformaram-nas em mercadorias e cadáveres e identificaram-nas com nomes lançados como insultos e piadas grosseiras. O arquivo, nesse caso, é uma sentença de morte, um túmulo, uma exibição do corpo violado, um inventário de propriedade, um tratado médico sobre gonorreia, umas poucas linhas sobre a vida de uma prostituta, um asterisco na grande narrativa da História. Dado isso, "é, sem dúvida, para sempre impossível recuperá-las [essas vidas] nelas próprias, tais como podiam ser 'em um estado livre'".[8]

---

[7] M. Foucault, "Lives of Infamous Men", in *The Essential Foucault*, p. 284.
[8] Ibid., p. 282.

Fora do mundo e de volta

Mas eu quero dizer mais do que isso. Eu quero fazer mais do que recontar a violência que depositou esses traços no arquivo. Eu quero contar uma história sobre *duas garotas* capaz de recuperar o que permanece adormecido – a aderência ou reivindicação de suas vidas no presente – sem cometer mais violência em meu próprio ato de narração. É uma história fundamentada na impossibilidade – de escutar o não dito, traduzir palavras mal interpretadas e remodelar vidas desfiguradas – e decidida a atingir um objetivo impossível: reparar a violência que produziu números, códigos e fragmentos de discurso, que é o mais próximo que nós chegamos a uma biografia da cativa e da escravizada.

Mas como recuperar vidas emaranhadas com os terríveis enunciados que as condenaram à morte, e deles impossíveis de diferenciar, dos livros de contabilidade que as identificaram como unidades de valor, das faturas que as afirmaram como propriedades e das crônicas banais que as despojaram de características humanas? Pode "do choque de [tais] palavras", como Foucault escreve, nascer "um certo efeito misto de beleza e de terror"?[9] Nós podemos, como NourbeSe Philip sugere, "conjurar algo novo a partir da ausência dos africanos como humanos que está no cerne do texto"?[10] Se sim, quais são as feições dessa nova narrativa? Colocando de modo diferente, como se reescreve a crônica de uma morte prevista e antecipada como uma biografia coletiva de sujeitos mortos, como uma contra-História do humano, como prática da liberdade?

Como a narrativa pode encarnar a vida em palavras e, ao mesmo tempo, respeitar o que não podemos conhecer? Como alguém ouve os gemidos e gritos, as canções indecifráveis, o crepitar do fogo nos canaviais, os lamentos pelos mortos e os brados de vitória, e então atribui palavras a tudo isso? É possível construir um relato a partir do "locus da fala impossível" ou ressuscitar vidas a partir das ruínas?[11] Pode a beleza

---

9 Ibid., p. 281; 284.
10 M. N Philip, *Zong!*.
11 S. Best, *"The African Queen"*, ensaio não publicado.

fornecer um antídoto à desonra, e o amor uma maneira de "exumar gritos enterrados" e reanimar os mortos?[12]

Ou a narração é sua própria dádiva e seu próprio fim, isto é, tudo que é realizável quando a superação do passado e a redenção dos mortos não são? E, de qualquer forma, o que as histórias tornam possível? Um jeito de viver no mundo no rescaldo da catástrofe e da devastação? Uma casa no mundo para o ser [self] mutilado e violado?[13] Para quem – para nós ou para elas?

A escassez de narrativas africanas sobre o cativeiro e a escravização exacerba a pressão e a gravidade de tais questões. Não há uma única narrativa autobiográfica de uma mulher cativa que tenha sobrevivido à Passagem do Meio.[14] Esse silêncio no arquivo, em combinação com a robustez do forte ou do entreposto de escravos não como uma cela de detenção ou espaço de confinamento, mas como episteme, faz com que a historiografia do tráfico escravista, em sua maior parte, priorize assuntos quantitativos, questões de mercados e relações comerciais.[15] A perda dá origem ao anseio e, nessas circunstâncias, não seria exagerado considerar as histórias como uma forma de compensação ou mesmo como reparações, talvez o único tipo que nós iremos receber.

Como escritora comprometida a contar histórias, tenho me esforçado para representar as vidas dos sem nome e dos esquecidos, em considerar a perda e respeitar os limites do que não pode ser conhecido. Para mim, narrar contra-Histórias da escravidão tem sido sempre inseparável da escrita de uma História do presente, ou seja, o projeto incompleto de liberdade

---

12 A. Djebar, *Fantasia: An Algerian Calvacade*.
13 Relendo o conto de Sa'adat Hasan Manto "Khol Do", em que um pai reivindica o corpo violado de sua filha, Veena Das escreve: "Esse pai deseja que a sua filha viva mesmo que partes de seu corpo não possam fazer nada além de proclamar sua brutal violação. (...) Ele cria através de sua enunciação ['Minha filha está viva – minha filha está viva'] um lar para o mutilado e violado eu de sua filha." V. Das, *Life and Words: Violence and the Descent into the Ordinary*, p. 39; 47.
14 Em inglês, essa travessia é comumente chamada de "*Middle Passage*" e está atrelada ao tráfico de escravizados que envolvia a África, as Américas e a Europa e era realizado através do Oceano Atlântico, "a passagem do meio" entre os três continentes. (N.T.)
15 S. Smallwood, *Saltwater Slavery*.

e a vida precária de ex-escrave,[16] uma condição definida pela vulnerabilidade à morte prematura e a atos gratuitos de violência.[17] Conforme eu a entendo, uma História do presente luta para iluminar a intimidade da nossa experiência com as vidas dos mortos, para escrever nosso agora enquanto ele é interrompido por esse passado e para imaginar um *estado livre*, não como o tempo antes do cativeiro ou da escravidão, mas como o esperado futuro dessa escrita.

Essa escrita é pessoal porque essa História me engendrou, porque "o conhecimento do outro me marca",[18] por causa da dor experimentada em meu encontro com os fragmentos do arquivo e por causa dos tipos de histórias que construí para fazer a ponte entre o passado e o presente e dramatizar a produção do nada – cômodos vazios, silêncio e vidas reduzidas ao descarte.

Quais são os tipos de histórias a serem contadas por e sobre aqueles e aquelas que vivem em tal relacionamento íntimo com a morte? Romances? Tragédias? Gritos que fazem seu caminho para a fala e a canção? Quais são os protocolos e limites que moldam as narrativas escritas como contra-História, uma aspiração que não é uma profilaxia contra os riscos decorrentes ao se reiterar discursos violentos e representar novamente rituais de tortura? Como se revisita a cena de sujeição sem replicar a gramática da violência? A "beleza terrível" que reside em tal cena é de algum modo semelhante a um remédio,

---

[16] Em inglês, Hartman escreve: "*the precarious life of the ex-slave*", recorrendo a termos que não têm marcação de gênero gramatical. No decorrer do texto, definimos o gênero gramatical dos substantivos e adjetivos que traduzem o texto de Hartman de acordo com o contexto em que aparecem. Mais abaixo, por exemplo, quando Hartman se refere a "*the dead*", traduzimos simplesmente por "os mortos", sem marcar explicitamente a questão no próprio texto, embora ela deva ser considerada, já que se trata de mortos e mortas na história da escravidão. Em outro momento, quando a autora se refere a uma "*cultural history of the captive*", traduzimos como "história cultural do cativeiro", mas quando ela se refere às "*lives of the captives*", optamos por "vidas dos cativos e cativas", já que a expressão aponta para a concretude histórica de existências individuais, e Hartman está particularmente interessada no lugar histórico das mulheres. (N.T.)
[17] A. Mbembe, On the Postcolony, p. 173-74. Mbembe aborda a arbitrária e caprichosa natureza do poder colonizador "em retirar do mundo e matar o que já havia sido previamente decretado como nada, como uma figura vazia" (p. 189).
[18] V. Das, op. cit., p. 17.

como Fred Moten pareceria sugerir?[19] O tipo de beleza terrível e de música terrível que ele discerne nos gritos de Tia Hester[20] transformados nas canções da *Great House Farm*[21] ou na fotografia da face destruída de Emmett Till,[22] e a "acuidade do olhar"[23] que surge da disposição de olhar para o caixão aberto. Será que as possibilidades superam os perigos de olhar (de novo)?

Se "ler o arquivo é entrar em um necrotério, permitindo uma visualização final e autorizando um último vislumbre de pessoas prestes a desaparecer no porão de escravos",[24] por que alguém abre o caixão e olha para a face da morte? Por que

[19] F. Moten, *Na quebra: a estética da tradição radical preta*, no prelo. [O primeiro dos dois trechos citados aqui foi publicado em português em Moten, "A resistência do objeto: o grito da Tia Hester", *ECO-Pós*, Vol. 23, nº 1, 2020. (N.T.)]

[20] Tia Hester era a tia de Frederick Douglass, ex-escravizado, orador e abolicionista afro-estadunidense. Quando criança, viu sua tia ser espancada por um feitor a ponto de ficar completamente ensanguentada. Esse episódio, que aparece no primeiro capítulo de sua *Narrative of the Life of Frederick Douglass, an American Slave*, é uma das passagens em que caracteriza a escravidão. Moten e Hartman discutem, em seus textos, a oportunidade e os problemas de se reiterar e, portanto, reencenar a tortura da Tia Hester quando esse trecho é citado. (N.T.)

[21] *A Great House Farm* era a sede das plantations em que Douglass nasceu e trabalhou como escravizado. Ele relata a ida mensal de escravizados para essa sede para retirar mantimentos e descreve seu canto como algo que expressava, para quem ouvisse, os horrores da escravidão. Moten usa esse trecho de Douglass para esboçar uma posição que ele compartilha com Hartman: que a escravidão não pode ser entendida somente pelas torturas e a opressão que impôs e que esses autores relutam em reproduzir, mas pela beleza criada pelas pessoas escravizadas. O texto de Moten lida exatamente com a contradição, paradoxo e dilema que esse fato constitui diante de quem observa e ouve. A gravação de "Protest", de Max Roach e Abbey Lincoln, citada por Moten, mostra o que ele está argumentando. (N.T.)

[22] Em agosto de 1955, Emmett Till, um garoto afro-americano de catorze anos criado em Chicago, visitava parentes em uma pequena cidade de Mississipi quando foi acusado de assobiar para uma mulher branca. O marido e cunhado dessa mulher o torturaram, mutilaram e mataram com um tiro na cabeça alguns dias depois. A mãe de Emmett, Mamie Till Mobley, decidiu, como uma forma de denunciar a violência racista, deixar o caixão de seu filho aberto no velório, expondo seu rosto desfigurado e destruído para que o mundo pudesse ver o que ela jamais conseguiria descrever. Os assassinos foram processados no mês seguinte e um júri de brancos os considerou não culpados. Meses depois, eles confessaram o crime em uma matéria de revista de grande circulação. A brutalidade do assassinato foi tanta e o gesto da mãe foi tão certeiro que essa morte foi creditada, como hoje a de George Floyd, como o início de uma nova fase da luta contra o racismo nos Estados Unidos. (N.T.)

[23] E. Scarry, *On Beauty and Being Just*, p. 14. [O texto discute como o olhar se altera com a percepção de beleza que antes não era vista ou com a perda da percepção de beleza em um objeto antes admirado. A "acuidade do olhar" é necessária para perceber essas alterações. (N.T.)]

[24] S. Hartman, *Lose Your Mother*, p. 17.

arriscar a contaminação envolvida na reafirmação das maldições, obscenidades, colunas de perdas e ganhos e medidas de valor pelas quais as vidas cativas eram inscritas e extintas? Por que sujeitar os mortos a novos perigos e a uma segunda ordem de violência? Ou são as palavras do mercador a ponte para os mortos ou os túmulos escriturários em que eles esperam por nós? Tais preocupações sobre a ética da representação histórica explicam, em parte, os "dois atos" do título. Preciso revisitar e revisar meu próprio relato anterior sobre a morte de Vênus em "The Dead Book".[25] Mas, além disso, os dois atos também anunciam o inevitável retorno de Vênus, tanto como "fantasma",[26] ou seja, a que assombra o presente, quanto como vida descartável. O relato do mercador sobre mortalidade evidencia a inevitabilidade da repetição: *Melancolia, disenteria, idem, idem.* Em vez do esforço desperdiçado de traçar uma linha através de "menina magra" ou "menino recusado", o livro de contabilidade introduz outra morte por meio dessa taquigrafia. E nos devolve os mortos "na própria forma segundo a qual os expulsaram do mundo".[27]

O caixão aberto, o escândalo do arquivo

Escândalo e excesso inundam o arquivo: os números brutos das contas de mortalidade, a sonegação estratégica e a desonestidade do registro do capitão, as cartas floridas e sentimentais despachadas de portos de escravos por mercadores com saudades de casa, as histórias encantatórias de violência *chocante* escritas por abolicionistas, os relatos fascinados de testemunhas oculares feitos por soldados mercenários ansiosos para divulgar "o que a decência os proíbe de revelar" e os rituais de tortura, os espancamentos, enforcamentos e amputações consagradas como lei. O investimento libidinal na violência é aparente em toda parte nos documentos, enunciados e instituições que de-

---

25 Ibid., 136-53.
26 A autora utiliza "*haint*", substantivo originado do verbo em inglês "*haunt*", um fantasma raivoso que assombra casas. A palavra provavelmente tem origem entre os Gullah Geechee, descendentes de escravizados que viviam na Carolina do Sul, nos Estados Unidos. (N.T.)
27 M. Foucault, op. cit., p. 284.

cidem nosso conhecimento do passado. O que foi dito e o que pode ser dito sobre Vênus *tem como certo* o tráfego entre fato, fantasia, desejo e violência.

Confirmações disso são abundantes. Vamos começar com James Barbot, o capitão da Albion Frigate, que atestou a coincidência dos prazeres proporcionados no espaço da morte. Era difícil praticar abstinência sexual no navio negreiro, confessou Barbot, porque as "jovens donzelas vivazes, cheias de alegria e bom humor, proporcionavam uma abundância de recreação".[28]

Falconbridge endossa isso, ampliando o deslizamento entre vítimas e namoradinhas, atos de amor e excessos brutais: "A bordo de alguns navios, os marinheiros comuns podem ter relações sexuais com as mulheres negras cujo consentimento podem obter. E sabe-se que alguns deles levaram a inconstância de suas amantes tão a sério a ponto de pularem ao mar e se afogarem."[29] Somente Olaudah Equiano[30] retrata a violência habitual do navio negreiro sem recorrer à linguagem do romance:

> Era quase uma prática comum entre nossos empregados e outros brancos cometer violentas depredações à castidade das escravas. (...) Eu tenho conhecimento de que nossos oficiais cometiam esses atos da maneira mais vergonhosa, para a desgraça não apenas de cristãos, mas também dos homens. Eu tenho conhecimento até mesmo de que eles satisfazem sua paixão brutal com meninas de menos de dez anos de idade; e alguns deles praticaram essas abominações com tal *escandaloso* excesso que um dos nossos capitães dispensou o oficial e outros por causa disso [ênfase minha].[31]

---

28 "A Voyage in the Albion Frigate", in Churchill's Voyages (1732). Republicado em Dow, *Slave Ships and Slaving*, p. 81.
29 A. Falconbridge, *An Account of the Slave Trade on the Coast of Africa*, p. 23-24. Alexander Falconbridge (1760-1791) foi um cirurgião britânico que participou de quatro viagens em navios negreiros entre 1780 e 1787. (N.T.)
30 Olaudah Equiano (1745-1797) foi um ex-escravizado, abolicionista, marinheiro e escritor igbo (uma das etnias da atual Nigéria e países vizinhos), que escreveu uma autobiografia intitulada *The Interesting Narrative of the Life of Olaudah Equiano*, publicada em 1789. (N.T.)
31 O. Equiano, *The Interesting Narrative of the Life of Olaudah Equiano*, p. 104.

A situação piora na *plantation*. Os estupros em série e as punições com excrementos perpetrados por Thomas Thistlewood[32] oferecem um relato vívido dos prazeres extorquidos pela destruição e pela degradação da vida e, ao mesmo tempo, iluminam a dificuldade de recuperar vidas escravizadas das forças aniquiladoras de uma descrição como essa: "Dei nele uma chicotada moderada, conservei ele bem em salmoura, suco de limão e pimenta, fiz Hector cagar em sua boca, colocar imediatamente uma mordaça nela enquanto estava cheia & o fiz usá-la por quatro ou cinco horas."[33] Enquanto o registro diário de tais abusos constitui, sem dúvidas, uma História da escravidão, a tarefa mais difícil é exumar as vidas enterradas sob essa prosa ou, em vez disso, aceitar que Phibba e Dido existem apenas dentro dos confins dessas palavras e que esta é a maneira como entram na História. O sonho é liberar essas vidas das obscenas descrições que primeiro as apresentaram para nós. É fácil demais odiar um homem como Thistlewood; o que é mais difícil é reconhecer as frases latinas brutais que se derramam nas páginas dos seus diários como nossa herança.

Ao entrar no arquivo da escravidão, o inimaginável assume a forma da prática cotidiana, que nunca deixamos de esquecer enquanto olhamos boquiabertas os rostos sombrios e torsos desnudos de Delia, Drana, Renty e Jack, ou nos horrorizamos diante do corpo mutilado de Anarcha, ou admiramos uma Diana nua, tão linda que até "o traje mais esplêndido não pode lhe acrescentar qualquer elegância".[34] Outras aparecem sob a pressão e a incitação do discurso: uma flagelada

---

[32] Thomas Thistlewood (1721-1786) foi um feitor e proprietário britânico de terras e de escravizados na Jamaica, que escreveu 37 diários sobre sua vida e a escravidão, detalhando o tratamento destinado aos cativos. Seus textos são considerados um importante documento histórico sobre o sistema escravista na Jamaica e o tráfico atlântico. (N.T.)
[33] D. Hall, *In Miserable Slavery: Thomas Thistlewood in Jamaica* 1750-1756, p. 72.
[34] J. G. Stedman, *Stedman's Surinam: Life in an Eighteenth-Century Slave Society*, p. 248. Delia, Drana, Renty e Jack eram sujeitos fotográficos do estudo de Louis Aggasiz sobre poligênese; Anarcha era uma das onze escravizadas usadas como experimentos por J. Marion Sims, fundador da ginecologia. Ver H. Washington, *Medical Apartheid: The Dark History of Medical Experimentation from Colonial Times to the Present*.

e uma hotentote.[35] Uma vadia carrancuda. Uma preta morta. Uma puta sifilítica.

Falas inapropriadas, expressões obscenas e comandos arriscados dão origem às personagens com as quais nos deparamos no arquivo. Dada a condição em que as encontramos, a única certeza é que as perderemos novamente, que elas irão expirar ou escapar da nossa compreensão ou desmoronar sob a pressão da investigação. Esse é o único fato sobre Vênus do qual podemos ter certeza. É possível, então, reiterar seu nome e contar uma história sobre *matéria degradada* e vida desonrada que não encanta e excita, mas, em vez disso, se aventura em direção a outro modo de escrita?

Se não é mais suficiente expor o escândalo, como seria possível gerar um conjunto diferente de descrições a partir desse arquivo? Imaginar o que poderia ter sido? Visualizar um *estado livre* a partir dessa ordem de enunciados? Os perigos envolvidos nessa tentativa não podem ser colocados entre parênteses ou evitados por causa da inevitabilidade da reprodução dessas cenas de violência, que definem o estado da negritude e a vida de ex-escrave. Pelo contrário, esses perigos estão situados no coração do meu trabalho, tanto nas histórias que escolhi contar como naquelas que evitei.

Aqui eu gostaria de retornar a uma história que preferi não contar ou não consegui contar em *Lose Your Mother*. É uma história sobre Vênus, a outra garota que morreu a bordo do Recovery e a quem fiz apenas uma breve referência.

O segundo ato

Duas garotas morreram a bordo do Recovery. O capitão, John Kimber, foi indiciado por ter "espancado e torturado uma escrava, de modo criminoso, cruel e com malícia premeditada,

---

35 O termo hotentote corresponde à designação colonial do povo khoisan, grupo étnico do Sudoeste africano. Entre 1810 e sua morte em 1815, Sara Baartman, frequentemente chamada pelo diminutivo em holandês Saartjie, foi uma das mulheres khoisan expostas em diversas cidades europeias, em casas de espetáculo de variedades e outros contextos metropolitanos, além de ter sido objeto de estudos pseudocientíficos racistas, em função das características de seu corpo. Ela se tornou conhecida como Vênus Hotentote. (N.T.)

de maneira a causar a morte dela: e ele foi novamente indiciado por ter causado a morte de outra escrava".[36]

Em 7 de junho de 1792, o Sr. Pigot, advogado do prisioneiro, berrou o nome Vênus ao interrogar o cirurgião Thomas Dowling, uma das duas testemunhas da tripulação do navio que atestaram ter visto o Capitão John Kimber assassinar uma garota negra. De acordo com o depoimento do cirurgião, o capitão a açoitou repetidamente e "sucessivamente por vários dias, muito severamente" com um chicote, causando sua morte.[37]

Vênus não era aquela garota negra, mas outra que tinha morrido nas mãos do capitão e que foi mencionada brevemente durante o julgamento. Pigot questionou o cirurgião sobre ela:

> Pergunta: Não havia uma menina comprada do [traficante]
> Jackamachree que estava no mesmo estado que a menina de que falamos?
> Resposta: Não sei.
> Pergunta: Não havia uma menina com o nome Vênus?
> Resposta: Havia.
> Pergunta: Ela não estava no mesmo estado?
> Resposta: Não que eu saiba.[38]
> "Havia uma outra menina a bordo do Recovery... a quem chamaram Vênus, e ela também tinha pústulas."[39]

Quando o capitão foi absolvido do assassinato da primeira garota, ele também foi considerado inocente da segunda acusação. "Como não havia [mais] evidência para sustentar o segundo indiciamento do que a que sustentava o primeiro, o júri também absolveu o prisioneiro em relação a ele."[40]

---

36 *The Trial of Captain John Kimber for the Murder of Two Female Negro Slaves, on Board the Recovery, African Slave Ship* (1792), p. 2.
37 *The Whole of the Proceedings and Trial of Captain John Kimber, for the Murder of a Negro Girl* (1792), p. 14-15.
38 Ibid., p. 25.
39 *Trial of Captain Kimber for the Murder of a Negro Girl* (1792), p. 19.
40 *Trial of Captain John Kimber for the Murder of Two Female Negro Slaves*, p. 36; *The Trial of Captain Kimber for the Supposed Murder of an African Girl, at the Admiralty Sessions* (1792), p. 43.

Essas foram as únicas palavras faladas sobre Vênus durante o julgamento.

Escrevi duas frases sobre Vênus em "The Dead Book", mascarando meu próprio silêncio atrás do de Wilberforce. Sobre ele, digo: "Ele escolheu não falar de Vênus, a outra garota morta. O apelido carinhoso autorizou a devassidão e a fez soar agradável."[41]

Decidi não escrever sobre Vênus por razões diferentes daquelas que atribuí a ele. Em vez disso, eu temia o que poderia inventar, e teria sido um romance.

Se eu pudesse ter invocado mais do que um nome em uma acusação, se eu pudesse ter imaginado Vênus falando com sua própria voz, se eu pudesse ter detalhado as pequenas memórias banidas do livro de contabilidade, então teria sido possível que eu representasse a amizade que poderia ter florescido entre duas garotas assustadas e solitárias. Companheiras de navio. Então Vênus poderia ter assistido sua amiga moribunda, sussurrado conforto em seu ouvido, a embalado com promessas, a acalmado com "logo, logo" e desejado a ela um bom regresso.

Imagine as duas: as relíquias de duas garotas, uma acalentando a outra, inocentes espoliadas; um marinheiro avistou as duas e mais tarde disse que eram amigas. Duas garotas sem mundo encontraram um país nos braços uma da outra. Ao lado da derrota e do terror, haveria isso também: o vislumbre de beleza, o instante de possibilidade.

A perda de histórias aguça a fome por elas. Então é tentador preencher as lacunas e oferecer fechamento onde não há nenhum. Criar um espaço para o luto onde ele é proibido. Fabricar uma testemunha para uma morte não muito notada.

Em um estado livre, teria sido possível, para as garotas, atentar para a morte de uma amiga e derramarem lágrimas pela perda, mas um navio negreiro não permitia o luto e, quando detectado, os instrumentos de tortura eram empregados para erradicá-lo. Mas o consolo dessa visão – uma vida reconhecida e lamentada no abraço de duas garotas – estava em desacordo

---

41 S. Hartman, op. cit., p. 143.

com a violência aniquiladora do navio negreiro e com praticamente tudo o que eu já tinha escrito. Inicialmente, pensei que queria representar as afiliações rompidas e refeitas no porão do navio negreiro, imaginando as duas garotas como amigas, dando-as uma à outra. Mas no final fui forçada a admitir que queria me consolar e escapar do porão dos escravos com uma visão de algo diferente dos corpos de duas garotas se assentando no fundo do Atlântico.

No fim, eu não poderia dizer mais sobre Vênus do que tinha dito sobre sua amiga: "Não tenho certeza se é possível resgatar uma existência a partir de um punhado de palavras: o suposto assassinato de uma garota negra."[42]

Eu não poderia mudar coisa alguma: "A garota 'nunca terá qualquer existência fora do domicílio precário das palavras' que permitiu que fosse assassinada."[43]

Eu não poderia ter chegado a outra conclusão.
Então foi melhor deixá-las como eu as tinha encontrado.
Duas garotas, sozinhas.

A reprise

Escolhi não contar uma história sobre Vênus porque fazer isso teria significado ultrapassar as fronteiras do arquivo. A História se compromete a ser fiel aos limites do fato, da evidência e do arquivo, ainda que tais certezas mortas sejam produzidas pelo terror. Eu queria escrever um romance que excedesse as ficções da História – os rumores, escândalos, mentiras, evidências inventadas, confissões fabricadas, fatos voláteis, metáforas impossíveis, eventos casuais e fantasias que constituem o arquivo e determinam o que pode ser dito sobre o passado. Eu desejava escrever uma nova história, livre das restrições dos documentos legais e que fosse além da reformulação e das transposições; que compreendesse minha estratégia para desordenar e transgredir os protocolos do arquivo e a autoridade de seus enunciados e me permitisse aumentar e intensificar suas ficções. Encontrar um modo estético apropriado ou adequado para

---

[42] S. Hartman, op. cit., p. 137.
[43] Ibid.

retratar as vidas dessas duas garotas, decidir como dispor as linhas na página, permitir que o rastro narrativo seja reencaminhado ou quebrado pelos sons da memória, os lamentos e prantos e cânticos fúnebres desatados no convés, e tentar perturbar as disposições do poder ao imaginar Vênus e sua amiga fora dos termos de declarações e julgamentos que as baniram da categoria do humano e decretaram que suas vidas eram descartáveis[44] – tudo isso estava além do que podia ser pensado dentro dos parâmetros da História.

  O romance de resistência que fracassei em narrar e o evento de amor que me recusei a descrever levantam questões importantes sobre o que significa pensar historicamente sobre assuntos ainda contestados no presente e sobre a vida erradicada pelos protocolos de disciplinas intelectuais. O que é necessário para imaginar um estado livre ou para contar uma história impossível? É preciso que a poética de um estado livre antecipe seu acontecimento e imagine a vida após o homem, em vez de esperar pelo momento sempre retrocedente do Jubileu? É preciso que o futuro da abolição seja performado primeiro na folha de papel? Ao me afastar da história dessas duas garotas, será que eu estava sustentando as regras da corporação histórica e as "certezas fabricadas" de seus assassinos e, ao fazê-lo, eu não tinha selado seu destino?[45] Não tinha também relegado as duas ao esquecimento? No final das contas, foi melhor deixá-las como as encontrei?

Uma história de fracasso

Se não é possível desfazer a violência que inaugura o escasso registro da vida de uma garota ou remediar seu anonimato com um nome ou traduzir a fala da mercadoria, então com que finalidade contamos tais histórias? Como e por que escrevemos uma História de violência? Por que revisitar o acontecimento ou o não acontecimento da morte de uma garota?

---

44 Ver S. Wynter, "Unsettling the Coloniality of Being/Power/Truth/Freedom", CR: *The New Centennial Review* 3, p. 257-337.
45 S. Palmié, *Wizards and Scientists: Explorations in Afro-Cuban Modernity and Tradition*. Ver também Trouillot, *Silencing the Past*.

O arquivo da escravidão repousa sobre uma violência fundadora. Essa violência determina, regula e organiza os tipos de enunciados que podem ser formulados sobre a escravidão e também cria sujeitos e objetos de poder.[46] O arquivo não fornece um relato exaustivo da vida da garota, mas cataloga os enunciados que autorizaram sua morte. Todo o resto é uma espécie de ficção: donzela vivaz, vadia carrancuda, Vênus, garota. A economia do roubo e o poder sobre a vida, que definiram o tráfico negreiro, fabricaram mercadorias e cadáveres. Mas carga, massas inertes e coisas não se prestam à representação, ao menos não facilmente?

Em *Lose Your Mother* tentei colocar em primeiro plano a experiência das pessoas escravizadas, traçando o itinerário de um desaparecimento e narrando histórias que são impossíveis de contar. O objetivo era expor e explorar a incomensurabilidade entre a experiência das pessoas escravizadas e as ficções da História, ou seja, as exigências da narrativa, a substância de temas e enredos e fins.

E como se contam histórias impossíveis? Histórias sobre garotas com nomes que deformam e desfiguram, sobre as *palavras trocadas* entre companheiras de navio que nunca adquiriram qualquer *reconhecimento* diante da lei e que não foram registradas no arquivo, sobre os apelos, preces e segredos nunca proferidos porque não havia ninguém para recebê-los? *A comunicação furtiva* que pode ter se passado entre duas garotas, mas que ninguém da tripulação observou ou relatou, afirma o que já sabemos ser verdade: o arquivo é inseparável do jogo de poder que assassinou Vênus e sua companheira de navio e que exonerou o capitão. E esse conhecimento não nos aproxima de uma compreensão das vidas de duas garotas cativas ou da violência que as destruiu e nomeou a ruína: Vênus. Nem pode explicar por que razão, tanto tempo depois, ainda queremos escrever histórias sobre elas.

É possível exceder ou negociar os limites constitutivos do arquivo? Ao propor uma série de argumentos especulativos e ao explorar as capacidades do subjuntivo (um modo gramatical que expressa dúvidas, desejos e possibilidades), ao

---

46 M. Foucault, *Archaeology of Knowledge*, p. 128-129.

moldar uma narrativa que se baseia na pesquisa de arquivo, e com isso quero dizer uma leitura crítica do arquivo que mimetiza as dimensões figurativas da História, eu pretendia tanto contar uma história impossível quanto amplificar a impossibilidade de que seja contada. A temporalidade condicional de "o que poderia ter sido", segundo Lisa Lowe, "simboliza adequadamente o espaço de um tipo diferente de pensamento, um espaço de atenção produtiva à cena da perda, um pensamento com atenção dupla, que procura abranger os objetos e métodos positivos da História e da ciência social e, simultaneamente, as questões ausentes, emaranhadas e indisponíveis pelos seus métodos".[47]

A intenção aqui não é tão milagrosa como recuperar as vidas das pessoas escravizadas ou redimir os mortos, mas em vez disso trabalhar para pintar o quadro mais completo possível das vidas de cativos e cativas. Este gesto duplo pode ser descrito como um esforço contra os limites do arquivo para escrever uma História cultural do cativeiro e, ao mesmo tempo, uma encenação da impossibilidade de representar as vidas de cativos e cativas precisamente por meio do processo de narração.

O método que guia essa prática de escrita é mais bem descrito como fabulação crítica. "Fábula" denota os elementos básicos da história, os blocos de construção da narrativa. Uma fábula, de acordo com Mieke Bal, é "uma série de acontecimentos relacionados lógica e cronologicamente que são causados e experimentados por atores. Um acontecimento é uma transição de um estado a outro. Atores são agentes que realizam ações. (Não são necessariamente humanos.) Agir é causar ou vivenciar um acontecimento".[48]

Jogando com os elementos básicos da história e rearranjando-os, re(a)presentando a sequência de acontecimentos em histórias divergentes e de pontos de vista em disputa, tentei comprometer o status do acontecimento, deslocar o relato preestabelecido ou autorizado e imaginar o que poderia ter

---

[47] L. Lowe, "The Intimacies of Four Continents," in Stoler, *Haunted by Empire: Geographies of Intimacy in North American History*, p. 208.
[48] M. Bal, *Narratology: Introduction to the Theory of Narrative*, p. 7.

acontecido, o que poderia ter sido dito ou poderia ter sido feito. Lançando em crise "o que aconteceu quando" e explorando a "transparência das fontes" como ficções da História, eu queria tornar visível a produção de vidas descartáveis (no tráfico atlântico de escravos e na disciplina da História), descrever "a resistência do objeto",[49] mesmo que por apenas imaginá-la primeiro, e escutar os murmúrios, profanações e gritos da mercadoria. Aplainando os níveis do discurso narrativo e confundindo narradora e falantes, esperava iluminar o caráter contestado de História, narrativa, acontecimento e fato, derrubar a hierarquia do discurso e submergir a fala autorizada no choque de vozes. O resultado desse método é uma "narrativa recombinante", que "enlaça os fios" de relatos incomensuráveis e que tece presente, passado e futuro, recontando a história da garota e narrando o tempo da escravidão como o nosso presente.[50]

A contenção narrativa, a recusa em preencher as lacunas e dar fechamento é uma exigência desse método, assim como o imperativo de respeitar o ruído negro – os berros, os gemidos, o sem sentido e a opacidade, que sempre excedem a legibilidade e a lei e que insinuam e encarnam aspirações que são desvairadamente utópicas, abandonadas pelo capitalismo e antitéticas ao seu concomitante discurso do Homem.[51]

A intenção dessa prática não é *dar voz* ao escravo, mas antes imaginar o que não pode ser verificado, um domínio de experiência que está situado entre duas zonas de morte – morte social e corporal – e considerar as vidas precárias que são visíveis apenas no momento de seu desaparecimento. É uma escrita impossível que tenta dizer o que resiste a ser dito (uma vez que garotas mortas são incapazes de falar). É uma História de um passado irrecuperável; é uma narrativa do que talvez tivesse sido ou poderia ter sido; é uma História escrita com e contra o arquivo.

---

49 F. Moten, *In the Break*, p. 14.
50 Tomo emprestada a noção de narrativa recombinante de Stan Douglass, mas a ideia me foi apresentada pelo ensaio não publicado de NourbeSe Philip.
51 Ver S. Best e S. Hartman, "Fugitive Justice", *Representations*, p. 9.

Reconhecidamente, a minha própria escrita é incapaz de ultrapassar os limites do dizível ditados pelo arquivo. Ela depende dos registros legais, dos diários dos cirurgiões, dos livros de contabilidade, dos manifestos de carga dos navios e dos diários de bordo, e nesse aspecto vacila diante do silêncio do arquivo e reproduz as suas omissões. A violência irreparável do tráfico atlântico de escravos reside precisamente em todas as histórias que não podemos conhecer e que nunca serão recuperadas. Esse obstáculo formidável ou impossibilidade constitutiva define os parâmetros do meu trabalho.

A necessidade de recontar a morte de Vênus é ofuscada pelo fracasso inevitável de qualquer tentativa de representá-la. Acredito que esta é uma tensão produtiva que é inevitável ao narrar as vidas das pessoas subalternas, desapossadas e escravizadas. Ao recontar a história do que aconteceu a bordo do Recovery, enfatizei a incomensurabilidade entre os discursos prevalentes e o acontecimento, amplifiquei a instabilidade e a discrepância do arquivo, desprezei a ilusão realista usual na escrita da História e produzi uma contra-História na intersecção do fictício e do histórico. A contra-História, de acordo com Gallagher e Greenblatt, "opõe-se não apenas às narrativas dominantes, mas também aos modos de pensamento histórico e métodos de pesquisa prevalentes".[52] Entretanto a *História* dos projetos contra-Históricos negros é uma história de fracasso, precisamente porque tais relatos nunca foram capazes de se instalarem como História, mas como narrativas insurgentes, perturbadoras, que são marginalizadas e descarrilhadas antes de sequer tomar pé.

Se essa *história de Vênus* tem algum valor, ele consiste em iluminar o modo como nossa era está presa à dela. Uma relação que outros podem descrever como um tipo de melancolia, mas que prefiro descrever como a sobrevida da propriedade, quero dizer: o detrito de vidas às quais ainda precisamos atentar, um passado que ainda não passou e um estado de emergência contínuo no qual a vida negra permanece em perigo.

---

[52] Gallagher e Greenblatt, "Counter-History and the Anecdote", in *Practicing New Historicism*, p. 52.

Por essas razões, escolhi me engajar com um conjunto de dilemas sobre a representação, a violência e a morte social, sem usar a forma de um discurso meta-histórico, mas performando os limites de escrever a História por meio do ato de narração. Fiz isso principalmente porque (1) minha própria narrativa não opera fora da economia de enunciados que ela submete à crítica; e (2) aquelas existências relegadas ao não histórico ou consideradas descartáveis exercem uma reivindicação sobre o presente e exigem que imaginemos um futuro no qual a sobre-vida da escravidão tenha terminado. A necessidade de tentar representar o que não podemos, em vez de conduzir ao pessimismo ou desespero, deve ser acolhida como a impossibilidade que condiciona nosso conhecimento do passado e anima nosso desejo por um futuro liberto.

  Meu esforço para reconstruir o passado é também uma tentativa de descrever indiretamente as formas de violência autorizadas no presente, isto é, as formas de morte desencadeadas em nome de liberdade, segurança, civilização e Deus/o bem. A narrativa é central para esse esforço por causa da "relação explícita ou implicada que ela estabelece entre passado, presentes e futuros".[53] Lutar com a reivindicação da garota sobre o presente é uma forma de nomear nosso tempo, pensar nosso presente e visualizar o passado que o criou.

  Infelizmente, não descobri uma forma de perturbar o arquivo de modo que possa recordar o conteúdo da vida de uma garota ou revelar uma imagem mais verdadeira, tampouco consegui arrombar o livro morto, que selou o estatuto dela como mercadoria. A coleção aleatória de detalhes dos quais fiz uso são as mesmas descrições, citações literais e transcrições de julgamentos que a destinaram à morte e tornaram o assassinato "não muito notado", ao menos de acordo com o cirurgião.[54] A promiscuidade do arquivo gera uma ampla variedade de leituras, mas nenhuma que seja capaz de ressuscitar a garota.

---

53 D. Scott, *Conscripts of Modernity: The Tragedy of Colonial Enlightenment*, p. 7.
54 *Trial of Captain John Kimber, for the Murder of a Negro Girl*, p. 14; *Trial of Captain John Kimber for the Supposed Murder of an African Girl*, p. 20. O cirurgião testemunhou que castigos brutais a bordo dos navios de escravos eram usuais.

Meu relato replica a própria ordem de violência contra a qual ele escreve, colocando ainda mais uma demanda sobre a garota, exigindo que sua vida se torne útil ou instrutiva, ao encontrar nela uma lição para nosso futuro ou uma esperança para a História. Nós sabemos muito bem. É tarde demais para que os relatos de morte previnam outras mortes; e é cedo demais para tais cenas de morte interromperem outros crimes. Mas, enquanto isso, no espaço do intervalo entre tarde demais e cedo demais, entre o não mais e o ainda não, nossas vidas são contemporâneas com a da garota no projeto ainda incompleto da liberdade. Enquanto isso, é claro que a vida dela e as nossas estão em jogo.

    Então o que se faz enquanto isso? Quais são as histórias que se contam em tempos sombrios? Como uma narrativa de derrota pode possibilitar um lugar para os vivos ou imaginar um futuro alternativo? Michel de Certeau nota que há pelo menos dois modos pelos quais a operação historiográfica pode fabricar um lugar para os vivos: um é atentar para o passado e recrutá-lo em nome dos vivos, estabelecendo quem somos em relação a quem fomos; o segundo envolve interrogar a produção do nosso conhecimento sobre o passado.[55] Nas linhas esboçadas por de Certeau, *Kindred*, de Octavia Butler, oferece um modelo para uma prática.[56] Quando Dana, a protagonista da ficção especulativa de Butler, viaja do século XX para os anos 1820 para encontrar sua ancestral escravizada, ela descobre, para sua surpresa, que não é capaz de resgatar sua família ou escapar das relações emaranhadas de violência e dominação; em vez disso, acaba aceitando que elas tornaram sua própria existência possível. Com isso em mente, devemos suportar o que não pode ser suportado: a imagem de Vênus acorrentada.

    Começamos a história de novo, como sempre, na esteira de seu desaparecimento e com a esperança desvairada de que nossos esforços possam devolvê-la ao mundo. A conjunção de esperança e derrota define esse trabalho e deixa em aberto seu resultado. A tarefa de escrever o impossível (não o fantasio-

---

55 M. de Certeau, *The Writing of History*.
56 O. Butler, *Kindred*.

so ou o utópico, mas "histórias tornadas irreais e fantásticas")[57] tem como pré-requisitos o acolhimento ao provável fracasso e a prontidão para aceitar o caráter contínuo, inacabado e provisório desse esforço, particularmente quando as disposições do poder ocluem o próprio objeto que desejamos resgatar.[58] Como Dana, nós também emergimos do encontro com um sentido de incompletude e com o reconhecimento de que alguma parte do eu [self] está faltando como consequência desse engajamento.

---

57 S. Palmié, *Wizards and Scientists*, p. 97.
58 Slavoj Žižek descreveu isso como uma prática da resignação entusiasmada. "Entusiasmo ao indicar a experiência do objeto por meio do próprio fracasso de sua representação adequada. Entusiasmo e resignação não são assim dois momentos opostos: é a própria 'resignação', isto é, a experiência de uma certa impossibilidade, que incita o entusiasmo." S. Žižek, "Beyond Discourse-Analysis", in *New Reflections on the Revolution of Our Time*, p. 259-260.

Bibliografia

BAL, Mieke. *Narratology: Introduction to the Theory of Narrative*. Toronto: University of Toronto Press, 1997.

BEST, Stephen; HARTMAN, Saidiya. "Fugitive Justice", *Representations*, nº 92, Fall 2005, p. 9.

BUTLER, Octavia. *Kindred*. Boston: Beacon Press, 2002. [Ed. bras.: Kindred – *Laços de Sangue*. Trad. Carolina Caires Coelho. São Paulo: Editora Morro Branco, 2017.]

DAS, Veena. *Life and Words: Violence and the Descent into the Ordinary*. Berkeley: University of California Press, 2007, p. 39, 47. [Ed. bras.: DAS, Veena. *Vida e palavras: a violência e sua descida ao ordinário*. São Paulo: Unifesp, 2020.]

DE CERTEAU, Michel. *The Writing of History*. Nova York: Columbia University Press, 1992. [Ed. bras.: *A escrita da História*. Trad. Maria de Lourdes Menezes. Rio de Janeiro: Forense Universitária, 1982.]

DERRICK, Samuel. *Harris's List of Covent-Garden Ladies, or Man of Pleasure's Kalendar for the Year 1793*. Edinburgh: Paul Harris Publishing, 1982.

DJEBAR, Assia. *Fantasia: an Algerian Cavalcade*. Trad. de Dorothy S. Blair. Portsmouth: Heinemann, 1993.

DOW, George Francis Dow. *Slave Ships and Slaving*. Nova York: Dow, 2002.

EQUIANO, Olaudah. *The Interesting Narrative* (1789). Republicado, Nova York: Penguin, 1995.

FALCONBRIDGE, Alexander. *An Account of the Slave Trade on the Coast of Africa*. Londres: J. Phillips, 1780.

FOUCAULT, Michel. "Lives of Infamous Men", in *The Essential Foucault*, ed. Paul Rabinow and Nikolas Rose. Nova York: New Press, 2003. [Ed. Bras.: "A vida dos homens infames", in *Estratégia, poder-saber*. Ditos e escritos IV. Trad. Vera Lucia Avellar Ribeiro. Rio de Janeiro: Forense Universitária, 2003.]

FOUCAULT, Michel. *Archaeology of Knowledge*. Nova York: Pantheon, 1972. [Ed. bras.: A arqueologia do saber. Trad. Luiz Felipe Baeta Neves. 7. ed. Rio de Janeiro: Forense Universitária, 2008.]

GALLAGHER, Catherine e GREENBLATT, Stephen. "Counter-History and the Anecdote", in *Practicing New Historicism*. Chicago: University of Chicago, 2001.

HALL, Douglas (ed.). *In Miserable Slavery: Thomas Thistlewood in Jamaica 1750–1756*. Kingston: The Press University of the West Indies, 1998.

HARTMAN, Saidiya. *Lose your Mother*. Nova York: Farrar, Straus, and Giroux, 2007.

HOBSON, Janelle. *Venus in the Dark: Blackness and Beauty in Popular Culture*. New York: Routledge, 2005.

LOWE, Lisa. "The Intimacies of Four Continents", in STOLER, Ann Laura (ed.). *Haunted by Empire: Geographies of Intimacy in North American History*. Durham: Duke University Press, 2006.

MBEMBE, Achille. *On the Postcolony*. Berkeley: University of California Press, 2001.

PALMIÉ, Stephan. *Wizards and Scientists: Explorations in Afro-Cuban Modernity and Tradition*. Durham: Duke University Press, 2002, p. 94.

PHILIP, M. NourbeSe. *Zong!*. Middletown: Wesleyan University Press, 2008.

PHILIP, M. NourbeSe. *She Tries Her Tongue, Her Silence Softly Breaks*. Londres: The Women's Press, 1993.

SCARRY, Elaine. *On Beauty and Being Just*. Princeton: Princeton University Press, 2001.

SCOTT, David. *Conscripts of Modernity: The Tragedy of Colonial Enlightenment*. Durham: Duke University Press, 2004.

SMALLWOOD, Stephanie. *Saltwater Slavery*. Cambridge: Harvard University Press, 2007.

STEDMAN, John Gabriel et al. (org.). *Stedman's Surinam: Life in an Eighteenth-Century Slave Society*. Baltimore: Johns Hopkins University Press, 1992.

TROUILLOT, Michel-Rolph. *Silencing the Past*. Boston: Beacon Press, 1997.

WASHINGTON, Harriet. *Medical Apartheid: The Dark History of Medical Experimentation from Colonial Times to the Present*. Nova York: Harlem Moon, 2006.

WYNTER, Sylvia. "Unsettling the Coloniality of Being/Power/Truth/Freedom", CR: *The New Centennial Review 3*, nº 3, 2003, p. 257-337.

ŽIŽEK, Slavoj. "Beyond Discourse-Analysis", in LACLAU, Ernesto (ed.). *New Reflections on the Revolution of Our Time*. Nova York: Verso, 1990.

Ser prete e ser nada[1] (misticismo na carne)[2]

Fred Moten

Tradução
Clara Barzaghi e
André Arias

Apenas amigues

Na última década, o avanço mais animador e fértil na teoria crítica preta, que é o mesmo que dizer teoria crítica, foi o anúncio e a validação do afropessimismo no trabalho de Frank B. Wilderson III e Jared Sexton. Estudos Pretos tais como os seus atualizam linhas de uma in(ter)venção antidisciplinar rigorosa, provocando uma renovação intelectual contra a esterilidade acadêmica. Quando os vigias das disciplinas estabelecidas e os advogados da reforma interdisciplinar brigam para garantir a soberania exaurida no e sobre o mesmo lote exaurido – cujo valor aumenta à medida que sua desertificação progride; cujo valor é estabelecido pelos novos senhores de outra forma daquilo que Thomas Jefferson chamou de lucro silencioso – e quando essa falsa alternativa é levada em conta por quem não oferece nada além de uma crítica da própria ideia de uma alter-

---

1 Fred Moten, "Blackness and Nothingness (Mysticism in the Flesh),"in South Atlantic Quarterly, Volume 112:4, pp. 737-780. (c) 2013, Duke University Press. All rights reserved. Republished by permission of the copyright holder, Duke University Press. www.dukeupress.edu.
2 Este ensaio tem sua gênese em um mini-seminário de três partes proferido na University of California Irvine, com amparo do *Critical Theory Institute*. Eu gostaria de agradecer a todos os membros do instituto e às pessoas que participaram do seminário. Como uma invocação de abertura, eu pus para tocar uma versão da música "Just Friends", gravada por Coleman Hawkins e Sonny Rollins em 1963 (Sonny *meets Hawk!*, BMG France 74321748002, 2000).

nativa verdadeira, Wilderson e Sexton, levados por um ímpeto visionário, seguem ultrapassando as fronteiras da recusa, nos exigindo e nos permitindo tentar ver, escutar e sentir. Este ensaio é dedicado aos trabalhos de Wilderson e Sexton, por amor a esse projeto comum, por amor a tamanha devoção a esse projeto comum, por amor ao povo preto, por amor à pretitude. Na esteira do trabalho deles, ecoando a pergunta de Bob Marley, pensei muito e por muito tempo sobre a possibilidade de a pretitude poder ser amada. Parece existir um consenso crescente de que a precisão analítica não permite tal fuga à imaginação, tal romance, mas permaneço com a impressão, e devotado a essa impressão, de que a precisão analítica é, na verdade, uma função dessa imaginação. E talvez seja aí que essa tensão aparece, onde ela está e permanecerá, não a despeito do amor, mas no amor, cravada em sua dificuldade e em sua violência, não na impossibilidade de ser performado ou declarado, mas no esgotamento que é sua condição de possibilidade. Indo mais ao ponto, se o afropessimismo é o estudo dessa impossibilidade, o pensamento que ofereço (e acho que sou tão reticente com o termo *otimismo preto* como Wilderson e Sexton são em relação ao Afropessimismo, apesar de recorrermos a eles) não se move na transcendência dessa impossibilidade, mas em seu esgotamento. Mais ainda, quero considerar esgotamento como um modo ou uma forma ou maneira de vida, ou seja, de socialidade, consequentemente marcando uma relação cujas implicações constituem, a meu ver, uma razão teórica fundamental para não acreditar, por assim dizer, na morte social. De todo modo, como Curtis Mayfield, eu pretendo continuar andando com fé.[3] Isso quer dizer, de novo como Mayfield, que eu pretendo permanecer um preto filho da puta.

 Ao longo deste ensaio, teremos a oportunidade de considerar o que isso significa, através de uma discussão sobre a minha preferência pelos termos *vida* e *otimismo* em vez de *morte* e *pessimismo* e conforme a insistência brilhante de Wilderson e Sexton não apenas em relação à opção preferencial pela pretitude, mas também em relação à mais laboriosa e dolorosa atenção a nossa condenação, um termo que eu prefiro

---

[3] Referência à canção "I Plan to Stay a Believer", de Curtis Mayfield. (N.T.)

à *miséria* [*wretchedness*], seguindo o exemplo de Miguel Mellino, não apenas porque é uma tradução mais literal de Fanon (ainda que, em relação a Fanon, eu muitas vezes prefira os tipos particulares de precisão que resultam do que alguns poderiam descartar como imprecisão de tradução), mas também porque miséria emerge de um posicionamento que não apenas não é nosso, que não é apenas um posicionamento que não podemos ter e não devemos querer, mas que em geral é mantido dentro da lógica de im/possibilidade que delineia aquilo que sujeitos e cidadãos chamam de mundo real.[4] Mas isso não quer dizer, desde o princípio, que eu vá advogar pela construção de um posicionamento necessariamente fictício que seja nosso, mas sim que eu tentarei começar a explorar não só a ausência, mas a recusa do posicionamento, a realmente explorar e habitar e pensar o que Bryan Wagner[5] chama de "existência sem posição" em nenhum posicionamento, porque isso é o que seria verdadeiramente permanecer no porão do navio (quando o porão é pensado com uma nitidez apropriadamente crítica e inapropriadamente celebratória). O que seria, ou mais a fundo, o que é pensar a partir de nenhum posicionamento, pensar fora do desejo por um posicionamento? O que emerge no desejo que constitui alguma proximidade com aquele pensamento não é (apenas) que a pretitude é ontologicamente anterior ao poder logístico e regulador que supostamente a fez existir, mas que a pretitude precede a ontologia; ou, em uma pequena variação do que Chandler diria, que a pretitude é o deslocamento *anoriginal* da ontologia, que ela é a *anti-* e a *ante-*fundação da ontologia, o subterrâneo da ontologia, a perturbação irreparável no tempo e no espaço da ontologia. Isso quer dizer que o que estou afirmando, creio que não em oposição, mas certamente em aposição ao afropessimismo, tal como está, pelo menos em algum ponto, vertido no trabalho de Sexton, não é o que ele considera ser uma das mais polêmicas dimensões do projeto, "a saber, que a vida preta não é social, ou ainda que a vida preta é vivida na morte

---

[4] M. Mellino, "*The Langue* of the Damned: Fanon and the Remnants of Europe", *South Atlantic Quarterly*, p. 79-89.
[5] B. Wagner, *Disturbing the Peace: Black Culture and the Police Power after Slavery*.

social".⁶ Estou afirmando o seguinte: que a vida preta – o que certamente quer dizer *vida*, assim como pensamento preto quer dizer *pensamento* – é irredutivelmente social; que, mais ainda, a vida preta é vivida na morte *política* ou que ela é vivida, se vocês quiserem, na vala comum do sujeito por aquelas pessoas que, na medida em que não são sujeitos, também não são, na interminável (enquanto oposta à última) análise, "presas à morte", como diria Abdul JanMohamed.⁷ De todo modo, nisso também concordo com Sexton, considerando que estou inclinado a chamar de vala comum "o mundo" e a concebê-la, bem como o desejo por ela, como patogênica. O que estará em jogo, agora, é saber qual é a diferença entre o patogênico e o patológico, uma diferença que terá sido fundamentada pelo que poderíamos pensar como a visão, bem como o ponto de vista, do patologista. Creio nunca ter reivindicado, ou almejado reivindicar, que o afropessimismo veja a pretitude como um tipo de patógeno. Eu acho que *eu* provavelmente a vejo assim, ou pelo menos espero que ela o seja, na medida em que carrego a esperança de que a pretitude carregue ou seja o potencial para o fim do mundo.

A questão referente ao ponto de vista ou posicionamento do patologista é crucial, bem como a questão sobre o que examina o patologista. O que é, precisamente, o corpo mórbido sobre o qual Fanon, o patologista, treina seu olhar? Qual é o objeto de sua "dissolução total"?⁸ E se for mais apropriado, por ser mais literal, falar de uma lise do universo mais do que do corpo, como nós pensamos a relação entre o enquadramento transcendental e o corpo, ou o sem corpo [*nobody*], que o ocupa ou é banido de seus limites e poderes de orientação? O que ofereço aqui para esclarecer o entendimento de Sexton sobre minha relação com o afropessimismo surge do meu senso de uma espécie de deiscência terminológica no trabalho de Orlan-

---

6   J. Sexton, "The Social Life of Social Death: On Afro-Pessimism and Black Optimism", *InTensions*.
7   A. R. Janmohamed, The Death-bound Subject: *Richard Wright's Archaeology of Death*.
8   F. Fanon. *Pele negra, máscaras brancas*, p. 27. [Em francês, Fanon utiliza o termo "lyse", que remete ao processo de dissolução de uma célula. As duas traduções para o inglês referenciadas por Moten utilizam "lysis", termo que, ao longo do texto, foi traduzido como "lise", salvo em citações da tradução brasileira do livro de Fanon. (N.T.)]

do Patterson[9] que emerge naquilo que tomo como sua profunda mas não reconhecida afinidade, e dívida, com o trabalho de Hannah Arendt, ou seja, com uma distinção crucial ao trabalho dela entre o social e o político. A "excomunhão secular"[10] que descreve a escravização para Patterson é mais precisamente entendida como a exclusão radical de uma ordem política, o que é equivalente, na formulação de Arendt, a algo da ordem de um rebaixamento radical *ao* social. O problema com a escravização, para Patterson, é que se trata de morte política, não morte social; o problema é que a escravização atribui o status paradoxalmente sem Estado de mera, nua vida; ela delineia o inumano como *bios* não adaptado. O que está em jogo é a transvaloração ou, melhor ainda, a *invaloração* ou antivaloração, a *extração* das ciências do valor (e da própria possibilidade desse posicionamento necessariamente ficcional, mas materialmente brutal, que Wagner chama "ser uma parte para câmbio").[11] Tal extração, por sua vez, será tanto a marca como a inscrição (mais do que a ausência ou erradicação) da socialidade de uma vida, dada em comum, fundamentada no câmbio. Por meio desse deslize terminológico em Patterson, quero chegar à consideração de uma disjunção radical entre socialidade e o terror sancionado e patrocinado pelo Estado da intersubjetividade carregada de poder, que é ou seria o fundamento da epifenomenologia de espírito de Patterson. Ser honrado, isto é, ser necessariamente um *homem* honrado, para Patterson, é se tornar um soldado na guerra civil perpétua da subjetividade transcendental. Recusar a indução que Patterson deseja é encenar ou performar o reconhecimento da constituição da sociedade civil enquanto inimizade, hostilidade e carnificina civil. Ademais, é considerar que a violência não dita da amizade política constitui uma capacidade para alinhamento e coalizão que é aperfeiçoada pela violência indizível que é perpetrada a aquilo e a quem o político exclui. Isso quer dizer que, sim, eu concordo totalmente com o entendimento do afropessimismo de que a pretitude é exterior à sociedade civil e, mais ainda, que ela não é mapeável na trama

---

9 O. Patterson, *Slavery and Social Death: A Comparative Study*.
10 O. Patterson, op. cit., p. 5.
11 B. Wagner, op. cit., p. 1.

cosmológica do sujeito transcendental. Entretanto entendo a sociedade civil e as coordenadas da estética transcendental – relacionadas não com o fracasso, mas com o sucesso do Estado e seus cidadãos correlatos abstratos – como o berço essencial e fundamentalmente antissocial de uma imitação necropolítica da vida. De modo que, se afropessimistas estão dizendo que a vida social não é condição da vida preta, mas o campo político que a cerca, essa é uma formulação com a qual eu concordaria. A morte social não é imposta à pretitude desde ou pelo posicionameno ou posicionalidade do político; antes, ela é o *campo do político*, do qual a pretitude está relegada à massa ou mancha supostamente indiferenciada do social, que é, em todo caso, o que a pretitude escolhe e onde ela escolhe ficar.

  A questão da localização e da posição da morte social é crucial, como Sexton demonstrou muito mais rigorosamente do que eu jamais conseguiria. Ela relança aquela problemática monumental de dentro e fora que anima o pensamento desde antes de seu início como o fim infindável ao qual o pensamento sempre tenta retornar. Tal mapeabilidade do espaço-tempo ou do estado da morte social, por sua vez, nos ajudaria a entender melhor as posicionalidades que, figurativamente, costuma-se dizer que a habitam. Essa massa é entendida como indiferenciada precisamente porque, da perspectiva imaginária do sujeito político – que é também o sujeito transcendental do conhecimento, da apreensão, da propriedade, da autopossessão –, a diferença só pode se manifestar como individualidade discreta que sustenta ou ocupa um posicionamento. Desde tal posicionamento, desde a posição artificial que é oficialmente assumida, a pretitude é nada, ou seja, a condição de ser nada relativa do sujeito impossível e patológico e seus camaradas. É desse posicionamento, creio eu, que o afropessimismo identifica e articula o imperativo de abarcar esse ser nada como necessariamente relativo. É desse posicionamento, definido por Wilderson precisamente por sua incapacidade de ocupá-lo, que ele, no *tour de force* lírico, doloroso e meticuloso de sua escrita autobiográfica, se declara como nada e anuncia sua decisão – que, em todo caso, ele não pode tomar – de permanecer sendo nada, em isolamento genealógico e sociológico até mesmo de todos os outros nadas.

> Agora, tudo o que resta são fragmentos não ditos espalhados no chão como o luto de Lisa. Eu sou nada, Naima, você é nada: a resposta indizível para sua pergunta dentro da sua pergunta. É por isso que eu não consegui – nem conseguiria – responder à sua pergunta naquela noite. Eu voltaria a estar com uma mulher preta? Foi sincera, não acusatória – eu sei. E nada me aterroriza mais do que aquela pergunta feita sinceramente. É uma pergunta que vai ao cerne do desejo, ao cerne da nossa *capacidade preta de desejar*. Mas se retirássemos os substantivos que você usou (os substantivos habituais que nos fazem aguentar firme), sua pergunta para mim soa assim: o nada poderia voltar a estar com o nada?[12]

Ao ler a severidade e a intensidade das palavras de Wilderson – a afirmação da própria condição de ser nada e as implicações desse ser nada para quem o lê –, fica-se arrebatado pela necessidade de uma negação afirmativa de sua formulação. Não é que se queira dizer: não, Professor Wilderson, você é, ou eu sou, alguém; no lugar, quer-se fazer valer a presença de algo entre a subjetividade que é recusada a alguém e que esse alguém recusa e o nada, seja lá o que isso signifique. Mas é a beleza – a força fantástica, celebratória, dos trabalhos de Wilderson e de Sexton, dos quais o estudo me aproximou – do afropessimismo que nos permite e nos compele a ultrapassar esse impulso contraditório de afirmar em nome da negação e começar a considerar *o que é o nada*, não a partir de seu próprio ou de qualquer posicionamento, mas desde a incondicionalidade de sua dispersão generativa de um antagonismo geral carregado e protegido pela pretitude em uma celebração crítica e preservação degenerativa e regenerativa. É essa mobilidade de lugar, o campo fugitivo de não possuir, do e no qual perguntamos, paraontologicamente, por meio dos termos ontológicos à nossa disposição, mas também contra e por debaixo deles: o que é a condição de ser nada? O que é a condição de ser coisa [*thingliness*]? O que é a pretitude? Qual a relação entre as condições de ser prete, coisa e nada e as

---

12 F. B. Wilderson III, *Incognegro: A Memoir of Exile and Apartheid*, p. 265.

operações (de/re)generativas daquilo que Deleuze chamaria de *uma vida* em comum? Aonde vamos e por quais meios começar com os estudos da pretitude? É possível existir uma sociologia estética ou uma poética social do nada? Podemos performar uma anatomia da coisa ou produzir uma teoria da máquina universal? Mesmo frente às dificuldades brutalmente impostas à vida preta, nossa aspiração é motivo de celebração. Não porque celebrações supostamente nos façam sentir bem ou nos deixem melhor, ainda que não houvesse nada de errado se fosse esse o caso. É, em vez disso, porque o motivo para celebração se revela a condição de possibilidade do pensamento preto que anima as operações pretas que produzirão a reviravolta definitiva, a virada definitiva desse filho da puta. A celebração é a essência do pensamento preto, é o que anima as operações pretas, que são, em primeira instância, nossa socialidade subcomum, subterrânea, submarina.

No fim, apesar de falar sob os termos *vida* e *otimismo*, eu concordo com Sexton – por meio de uma sutilíssima mas imensurável reversão de ênfase – que afropessimismo e otimismo preto não são nada além do que um o outro. Eu continuarei preferindo o otimismo preto de seu trabalho, assim como, tenho certeza, ele continuará preferindo o afropessimismo do meu. Creio que teremos sido interarticulados no campo no qual a visão aniquiladora, o som generativo, o toque e os sentires rigorosos requerem um improviso na amizade, uma socialidade da amizade que terá sido, ao mesmo tempo, intramural e evangélica. Eu tentarei abordar esse campo, sua concentração expansiva, por meio da extensa meditação de Don Cherry e Ed Blackwell[13] sobre a condição de ser nada; por meio das descrições de Fanon e Peter Linebaugh da linguagem na e como veicularidade; por meio das reflexões de Foucault sobre a nau dos loucos e da consideração de Deleuze do navio como interior do exterior quando os dois são meticulosamente solicitados pelas vozes desconhecidas que carregamos; por meio até de Lísis e Sócrates; mas também, e em primeira instância, por meio de Hawk e Newk, apenas amigos, improvisando quatro compassos. Talvez eu esteja apenas me iludindo, mas tal per-

---

13 D. Cherry e E. Blackwell, *El Corazón*. ECM 1 1230. LP, 1982.

formance celebratória do pensamento, no pensamento, se trata tanto da insurgência da imanência como daquilo que Wagner chama de "consolo da transcendência".[14] Mas, como eu disse antes, pretendo continuar botando fé na pretitude, mesmo enquanto condição de coisa, mesmo enquanto condição de ser nada (absoluto), mesmo enquanto encarceramento na passagem da mais vasta das estradas, mesmo enquanto – para usar e abusar de uma frase de beleza assombrosa de Wilderson – fantasia no porão.

Mu primeira parte/*Mu* segunda parte

> Permanecer no porão do navio, apesar das minhas fantasias de fuga.
> —Frank B. Wilderson, *Red, White, and Black*

> Onde nós estávamos, não
> obstante, não era lá . . .
> Onde nós
> estávamos era o porão de um navio nós estávamos
> preses
> As madeiras encharcadas nos faziam flutuar. . . . Ali
> não era o Limbo onde estávamos, embora
> tenhamos esquecido nosso caminho até lá. Onde nós
> estávamos era o que chamamos de "mu".
> Nathaniel Mackey, "On Antiphon Island –'mu' twenty-eight part–"

Há fugas à imaginação no porão do navio: a fuga ordinária e a corrida fugitiva do laboratório de linguagens – palco de experimentos brutais das fonografias pretas. A totalidade paraontológica ainda está se fazendo. Presente e desfeita na presença, a pretitude é um instrumento em construção. A imaginação, essa trança bagunçada, *quasi una fantasia* em sua esquiva paralegal, não produz nada além de ex-senso no porão. Você se lembra dos dias de escravidão? Mackey é certeiro em dizer: "O mundo esteve sempre depois,/ em outro lugar./ ... não,/ onde nós estávamos/ não era lá".[15] Você se lembra de onde estamos? Não há como estarmos aqui. Onde estivemos, onde estamos é o que queremos dizer com *mu*, que Wilderson[16] chama, com razão,

---

14 B. Wagner, op. cit., p. 2.
15 N. Mackey, *Splay Anthem*, p. 65.
16 F. B. Wilderson III, *Red, White, and Black: Cinema and Structure of U.S Antagonisms*, p. 11.

de o vazio da nossa subjetividade, e que acrescentamos, em consentimento além de qualquer voluntariedade, ser a evasão da subjetividade. E, então, permanecemos no porão, na quebra [*in the break*], como se entrássemos uma vez mais no mundo quebrado, para traçar e acompanhar essa companhia visionária. Essa ilha contrapontista, na qual somos quilombolas à procura de quilombos,[17] onde permanecemos em emergência sem Estado, é nosso estudo constante, movente, nossa célula dissolvida e nosso deslocamento suspenso, nosso posicionamento explodido e nossa capela lirada. Estudamos nossa variação oceânica, levada por sua pré-história a uma *chegança* sem chegada, enquanto uma poética das *sabenças*, da articulação anômala, na qual a relação entre as juntas e a carne é a distância plissada de um momento musical que é incisivo e palpavelmente imperceptível, e que, portanto, esgota a descrição. Por afrontar a degradação, o momento se torna uma teoria do momento, uma teoria do que é sentir uma presença inapreensível em sua maneira de tocar. Tais momentos musicais – do advento, da natividade com toda a sua terrível beleza, da alienação que já nasceu na e como parúsia, da disrupção em duração da própria ideia do momento – são performances rigorosas da teoria da vida social da pessoa embarcada, que se dão no terror do gozo e das suas dobras incessantemente reduplicadas. Se você retomar as ferramentas irremediavelmente imprecisas da navegação padrão, o cálculo mortal da diferença dos motores, os relógios marítimos e as malditas tabelas de seguro, quando se der conta deste momento, você estará no minuto dois e meio de "Mutron", um dueto de Blackwell e Cherry, gravado em 1982. Você saberá o momento pelo modo como ele exige que você pense sobre a relação entre fantasia e a condição de ser nada: o que é confundido com silêncio é, subitamente, transubstancial. É terrível ter vindo de nada que não o mar, que é lugar nenhum, navegável apenas em seu constante autodeslocamento. A ausência de solidez parece exigir alguma outra cerimônia de saudação que terá sido levada a cabo em uma frequência um tanto mais elevada. Isso é exacerbado pela recusa venal a um reconhecimento geral do crime, o que, em todo caso, é impossível, e coloca em questão se a única

---

[17] Em inglês, *Marooned* e *maroonage*. (N.T.)

maneira adequada de responder pelos horrores da escravização e pela brutalidade do escravizador, se a única maneira de ser (nas palavras de Sexton) testemunha e não espectador é começar postulando a degradação absoluta das pessoas escravizadas. Isso não é uma pergunta capciosa; não é meramente retórica. Se escraves são, afinal e em essência, nada, o que resta é a necessidade de investigar esse ser nada. O que é a condição de ser nada, que é o mesmo que dizer a pretitude, des escraves que não é redutível ao que fizeram, embora o que fizeram seja irredutível em si? Essa é uma questão que diz respeito à herança subcomum de outro mundo, que é cedido e dado como fantasia no porão. Es chamades à existência pelo desejo por outra chamada renunciam ao fantástico quando fazem a escolha de abandonar o porão. Resistindo a essa partida, nós permanecemos no advento, na inter-relação brutal entre chegada e clausura. Marcus Rediker nos oferece uma cena da inter-relação:

> Voltaram a remar e logo começaram a cantar. Depois de algum tempo ela conseguia ouvir, no começo vagamente e depois com crescente clareza, outros sons – as ondas estapeando o casco da grande nau, cujas madeiras rangiam. Então vieram gritos abafados em uma língua estranha.
>
> O navio se tornava maior e mais aterrorizante a cada remada vigorosa. Os cheiros ficavam mais fortes e os sons mais altos – choro e lamentações de um lado e do outro cantoria grave e tristonha; o som anárquico de crianças devido ao ritmo estrepitoso de mãos tamborilando na madeira; uma palavra estranhamente compreensível ou duas flutuantes: alguém pedindo *meney*, água, outra pessoa praguejando, evocando *myabeca*, espíritos. Enquanto os canoeiros manobravam e endireitavam sua embarcação, ela viu, enquadradas por pequenos buracos ao lado do navio logo acima da água, faces escuras que a encaravam atentamente. Acima dela, dezenas de mulheres e crianças pretas e alguns homens de cara vermelha espiavam

sobre o costado do navio. Haviam visto a tentativa de fuga no banco de areia. Os homens tinham cutelos e ladravam ordens com vozes severas e ríspidas. Ela havia chegado ao navio negreiro.[18]

Seu nome é Hortense. Seu nome é NourbeSe. Seu nome é B. O canto preto que ela ouve é antigo e novo para ela. Ela está desancorada. Ela é desgenerificada. Sua mãe se perdeu. A maternidade esgotada e exaustiva é seu imperativo pedagógico: "consentir em não ser um singular".[19]

O que se exige é algum esforço para se pensar a relação entre fantasia e condição de ser nada: vacuidade, despossessão no porão; consentimento (em não ser um singular) no; uma intimidade dada mais enfática e eroticamente no momento de algo que, por falta de palavra melhor, chamamos "silêncio", um sentir suboceânico de preterição – suportado por uma partícula comum na dupla extensão – que faz embarcações atropelarem ou virarem. As coordenadas temporais 2'29" e 2'30" marcam o entremeio e a localização móvel do intervalo, de modo que podemos considerar que aquilo confundido com silêncio também é cedido e dado como ser nada em sua completa transubstancialidade, mas também a compressão e a dispersão, a condensação e o deslocamento, da duração em acordes, a marcação mais enfática de seu começo e de seu fim e, especialmente, o ar concentrado de sua propulsão que aparece como espera. *Erwartung*, constrangimento em nossa expectativa, a batida antecipatória e excêntrica de Blackwell. O momento da condição de ser nada. "Vácuo não habitado",[20] meteco vernacular, a rica materialidade dos vazios do porão e do garrafão, seus conteúdos fugidos em seus restantes, fugidos como o excedente, o perigo, o suplemento, o votivo, o não eleito. Blackwell oferece o que é retido em *mu* como o impossível para entender a coisa preta, o lance de

---

18 M. Rediker, *The Slave Ship: A Human History*, p. 2. [Existe uma tradução em português que não foi utilizada. Cf. REDIKER, Marcus. *O Navio Negreiro. Uma história humana*. São Paulo: Companhia das Letras, 2011. (N.T.)]
19 E. Glissant, "One World in Relation: Édouard Glissant in Conversation with Manthia Diawara", Nka: *Journal of Contemporary African Art*.
20 N. Mackey, *Atet A. D.*, p. 118.

Cherry como uma *serialidade* de aberturas, uma cadeia vestibular, uma espécie de sangrador, como diria Hortense Spillers.

Mu é o que me interessa em "Mutron" – por meio de uma aproximação a Rediker que descreve sua tentativa de descrever o que poderia ser chamado de um nascimento na morte, ou de uma entrada na vida nua ou vida crua, mas que, eu insisto, não apesar de, mas precisamente por ser um portão manchado de sangue pelo qual o radicalmente não análogo entra, é a imanência impura do ritornelo (*an*)originário do subcomum – porque a tarefa de instigar continuamente essa imaginação recursiva, preenchida, exige habitar uma arquitetura e sua acústica, uma forma de habitar como se se aproximando do fora. O que é requerido, e isso é recitado com beleza assombrosa nos trabalhos de Wilderson e Sexton, fazendo eco com Lewis Gordon, não é apenas *residir* em uma inviabilidade, em um esgotamento que é sempre já dado como vida após a morte anunciada, como uma vida que está a uma distância completamente próxima e intransponível da vida-morte da sujeição, mas também para *descobri-la* e *adentrá-la*. Mackey, em sua fantástica escuta acelerada, crestada e queimada de seu prefácio para *Splay Anthem*, destacando a origem e a relação entre as metades seriais do livro ("Cada uma recebeu seu ímpeto de uma faixa musical da qual vêm os títulos, a música dogon 'Song of the Andoumboulou', em um caso, e '*Mu' First Part*/'*Mu' Second Part*, de Don Cherry, no outro"),[21] fala de *mu* em relação a um círculo, espiral ou anel, essa circularidade ou rondó conectando começo e fim; a lamentação que acompanha a entrada na e a expulsão da socialidade; que nos faz imaginar se música, que não é apenas música, é mobilizada a serviço de uma força centrífuga, uma excentricidade, cuja insinuação Mackey também aborda, que marca a existência extática da socialidade além de começo e fim, finais e meios. Perdoem as longas citações deste prefácio, de passagens das quais eu permaneço prisioneiro na medida em que o alcance da ressonância fonêmica, histórica e parageográfica em *mu* me leva a outro lugar e outro tempo que já habito, mas sigo tendo que aprender a desejar. Na verdade, se vocês me perdoarem, não precisarão me agradecer.

---

21 N. Mackey, *Splay Anthem*, p. ix.

Don Cherry, multi-instrumentista mais conhecido por tocar trompete, inclui voz entre os instrumentos usados nos discos "*Mu*" e recorre a um arrulhar infantil em uma faixa, "Teo-teo-can", emitindo sons que poderiam imitar cócegas no queixo de um bebê ou mesmo terem sido feitos pelo próprio bebê. Lembra o que Amiri Baraka comenta ao escutar um solo de John Coltrane que consistia em tocar o tema de "Confirmation"[22] de novo e de novo, vinte vezes ou mais: "como ver um adulto aprendendo a falar". Nos dois casos, como com o estouro do trompete dogon e como é posto na "Song of the Andoumboulou: 58", nós "voltamos/ a/ algum começo", alguma extremidade nos jogando de volta a um controle animador. O trompete de corno de antílope explode e esperneia, o arrulhar lúdico de Cherry e o dilema recursivo de Trane são variações da música como anunciação gnóstica, rima ancestral do fim e do início, acentuação ou nota gnóstica de dois gumes.

Mas não só música. "Mu" (entre aspas para destacar sua qualidade de algo que foi dito) também é efeito e afeto lingual e imaginal, mito e boca na forma grega *muthos/mythos*, que Jane Harrison, como Charles Olson costumava notar, chama de "um re-enunciado ou pré-enunciado, [...] um foco de emoção", supondo que o primeiro *muthos* tenha sido "simplesmente o enunciado interjecional *mu*". "Mu" também é encanto linguístico e erótico, boca e inspiração, boca não é apenas substantivo mas verbo e o mesmo ocorre com a inspiração, processo lingual e imaginal, batida e processo. Promete aprimoramentos verbais e românticos, gradações a um estado alterado, aprisionamento momentâneo traduzido em mito. Proferida do tempo imemorial, dádiva perene da poesia, prospera em insistência quixotesca o incremento ou capacitação oferecidos pela fala, promessa e impossibilidade enroladas em uma só (*Anuncia/Nunca*). "Mu" carrega um tema de devaneios utópicos, um tema

---

22 "Confirmation" é uma composição do saxofonista Charlie "The Bird" Parker. (N.T.)

de solo perdido e encanto elegíaco rememorando o
continente à la Atlantis Mu, que, durante o final do
século XIX e começo do século XX, se acreditava há
muito ter existido no Pacífico. Os lugares na música de
Andoumboulou, por onde pessoas mortas passaram quando vivas, mas perdidas ou levadas
pela morte, poderiam ser chamados "Mu".
Qualquer lugar, tempo, espaço ou condição imaginados, pranteados ou lembrados podem ser
chamados "Mu".
[...]
A forma serial se presta à liminaridade
andoumboulousiana, ao esboço que a extensão incerta
sabe que é. Provisório, contínuo, o poema serial se
move para frente e para trás simultaneamente, repetidamente "voltando/ a/ algum começo", repetidamente
circulando e em círculos de volta, fazendo-o com
tamanha obstinação a ponto de colocar idas e vindas
em questão e indicar uma passada excêntrica para o
lado – como se distraído por opções em curto circuito,
só pudesse ser a si mesmo ao seu próprio lado. Então
"*Mu*" também é "Song of the Andoumboulou", e "Song
of the Andoumboulou" é também "Mu". Vêm à mente
os gansos loucos de H.D., em círculos sobre o ponto
que costumava ser Atlantis ou as Hespérides ou as Ilhas
Afortunadas, como fazem as sequências circulares ou
espiraladas de John Coltrane, como se perseguissem
uma nota perdida ou final, uma amenidade perdida ou
final: um movimento forasteiro-tangencial, nos limites
do fora [*outlantish*]. Vem à mente a *ring shout*,[23] como
também os anéis de Saturno, planeta que Sun Ra adota
em um de seus discos, *Atlantis*, cuja peça de abertura
se chama "Mu".[24]

Agora gostaria que tentássemos pensar a respeito da relação
entre a dialética da fantasia retida de Mackey e de Wilderson. O
registro de Wilderson é mais explicitamente filosófico, e, assim,
nossos registros terão que mudar também. Entrar na filosofia

---

23 Tipo de dança também referida como *plantation dance*. (N.T.)
24 N. Mackey, op. cit., p. ix-xii.

do sujeito também é perigoso, mas é como se nosso atraso tornasse esse perigo necessário caso o objetivo seja abordar o navio e seu porão. Wilderson escreve:

> Em poucas palavras, o trabalho imaginativo do cinema, da ação política, e dos estudos culturais estão todos afetados pela mesma afasia teórica. Eles perdem a fala diante da violência gratuita.
>
> Essa afasia teórica é sintomática de um debilitado conjunto de questões acerca da ontologia política. No seu cerne, encontram-se dois registros de trabalho imaginativo. O primeiro registro é o da descrição, o trabalho retórico que tem por fim explicar o modo pelo qual as relações de poder são nomeadas, categorizadas e exploradas. O segundo registro pode ser caracterizado como uma prescrição, o trabalho retórico predicado na noção de que todo o mundo pode ser emancipado por meio de alguma forma de intervenção, discursiva ou simbólica.
>
> Mas a emancipação por meio de alguma forma de intervenção discursiva ou simbólica é insuficiente frente a uma posição de sujeito que não é uma posição de sujeito – é o que Marx chama de "instrumento falante" ou o que Ronald Judy chama de "interdição contra a subjetividade". Dito de outro modo, pretes têm capacidade senciente, mas nenhuma capacidade relacional. Enquanto um objeto acumulável e fungível, em vez de um sujeito explorado e alienado, pretes, bem como sua "produção" cultural, estão vulneráveis aos caprichos do mundo. O que significa – o que está em jogo – quando o mundo pode caprichosamente transpor os gestos culturais de alguém, os materiais da intervenção simbólica, para outro bem material, uma *commodity* do estilo?[25]

Ele continua:

> Afropessimistas são teóriques da posicionalidade preta que compartilham a insistência de Fanon no fato que, embora pretes sejam (...) seres sensíveis, a estrutura do

---

[25] F. B. Wilderson III, *Red, White, and Black: Cinema and Structure of U.S Antagonisms*, p. 56.

> campo semântico do mundo inteiro (...) é suturada pela solidariedade antipreta. (...) Afropessimistas exploram o significado da pretitude não – em primeira instância – enquanto uma identidade interpelada inconsciente e variavelmente ou enquanto um ator social consciente, mas como uma posição estrutural de não comunicabilidade diante de todas as outras posições; esse significado é não comunicável porque, de novo, sendo uma posição, a pretitude está predicada em modalidades de acumulação e de fungibilidade, e não de exploração e alienação.[26]

Esse enunciado anuncia certo desejo sociológico que ecoa não só Fanon, não só Patterson, mas também um *contra-enunciado* antecipado por Du Bois. Qual deve ser nosso comportamento metodológico diante da pergunta relativa ao estranho significado de ser prete quando a postura ontológica já está sob um tipo de interdição relativa a tal ser? Uma sociologia das relações que de algum jeito daria conta do radicalmente não relacional – mas isso somente se a relacionalidade for entendida como sendo uma expressão do poder, estruturada pela predeterminação de uma subjetividade transcendental que a pessoa preta não possui, mas pela qual ela pode ser possuída; uma posição estrutural que ela não pode tomar, mas pela qual ela pode ser tomada. A determinação e a substancialidade da subjetividade transcendental são asseguradas por uma condição de nada relativa. Numa relacionalidade que só pode se manifestar como ausência geral de relações, por meio de uma não comunicabilidade teoricamente estabelecida que é, ela mesma, dada ao pensamento por meio de algum tipo de ação sinistra à distância (De que outra forma conheceríamos essa não comunicabilidade? De que forma a não comunicabilidade se mostraria enquanto a não relacionalidade estruturadora de toda relacionalidade?).

    Dentro desse quadro, a pretitude e a antipretitude continuam a ser o apoio estrutural brutalmente antissocial uma da outra como as escoras de uma ponte ausente, de desejo perdido, sobre a qual passa o comércio e sob a qual circulam a moeda, a logística e a energia de exclusão e incorporação que carac-

---

[26] Ibid., p. 58-59.

terizam o mundo político. Embora pareça paradoxal, a ponte entre pretitude e antipretitude *é* "a lacuna intransponível entre o ser Preto e a vida Humana".[27] O que resta é a necessidade de tentar inscrever a existência preta por meio do que Chandler[28] chamaria de meios *para*ontológicos, em vez de meios político-ontológicos. A condição de ser nada relativa da vida preta, que aparece para a ontologia política como uma relação de não relação ou contrarrelação – precisamente na impossibilidade da intersubjetividade política –, ao mesmo tempo obscurece e indica a animação social da parte de baixo da ponte, onde levam-se ao esgotamento as im/possibilidades da intersubjetividade política. A ontologia política se afasta da declividade experimental na qual Fanon e Du Bois foram capazes de atear fogo, cada um à sua maneira, forjando uma seara sociológica que se move contra a força limitadora do positivismo, retida nos traços ontológicos, por um lado, e, por outro lado, da fenomenologia, cada qual servindo de fundação de uma teoria das relações que postula a condição de nada da pretitude em sua relação (negativa) com a substância da subjetividade-enquanto-não-preta (efetuada na antipretitude). De um lado, pretitude e ontologia estão indisponíveis uma à outra; de outro, a pretitude deve se libertar da expectativa ontológica, deve recusar a sujeição à sanção da ontologia contra a própria ideia de subjetividade preta. Esse imperativo não é uma meta à qual a pretitude aspira; ele é o trabalho, que não deve ser confundido com o de Sísifo, com o qual a pretitude se compromete seriamente. A distinção paraontológica entre pretitude e pretes nos possibilita não ser mais capturades pela ideia de que a pretitude é propriedade das pessoas pretas (colocando assim certas formulações acerca da não/relacionalidade e da não/comunicabilidade em uma base diferente e sobre uma certa pressão), mas também porque nos permite, no fim das contas, desamarrar a pretitude da questão do (significado do) ser. A diferença infinitesimal entre pessimismo e otimismo não reside em crer ou não crer nas descrições das relações de poder ou nos projetos de emancipação; essa

---

27 Ibid., p. 57.
28 N. D. Chandler, *The Problem of the Centuries: A Contemporary Elaboration of 'The Present Outlook for the Dark Races of Mankind' circa the 27th of December, 1899*, manuscrito não publicado, p. 41.

diferença se dá no espaço entre uma afirmação da relativa condição de nada da pretitude e do povo preto diante, literalmente, da subjetividade substantiva (antipreta) e uma ocupação da *aposicionalidade*, de suas relações sociais internas, que os protocolos da subjetividade mantêm desestruturadas na mesma medida em que *mu* – que foi traduzido de várias maneiras a partir da tradução japonesa da palavra chinesa *wu* como não, nulo, não ser, vacuidade, condição de ser nada, nada, nenhuma coisa, mas que também carrega o traço semântico da dança, portanto da medida que se dá ao caminhar/cair, essa sustentação da assimetria, a mobilidade aposicional da diferença – também significa um ser nada absoluto, cujo conteúdo filosófico antirrelativo e antitético Kitaro Nishida aborda ao encenar as afinidades entre as estruturas e os afetos do misticismo que fortalecem e que perturbam a metafísica no "Oriente" e no "Ocidente". Na realidade, o conteúdo abordado é a própria abordagem, e para a pessoa principiante absoluta, que é ao mesmo tempo peregrina e penitente, *mu* sinaliza o que está mais lírica e enfaticamente marcado na frase de Édouard Glissant "consentir em não ser um singular", e o que está indicado nos gestos de Wilderson e Mackey em busca da "fantasia no porão", a desestabilização radical que é onde estamos e o que somos. Desestabilização é o deslocamento da soberania pela iniciação, de modo que o que está em jogo – aqui, se deslocando – é certa incapacidade preta de desejar a soberania e a relacionalidade ontológica, estando elas reformuladas dentro dos termos e formas da ética de Lévinas, da política de Arendt, da resistência de Fanon, ou do teste de honra de Patterson.

    Impossibilitada por ou nessa incapacidade, a filosofia de Nishida dobra a soberania no atraso que sempre lhe deu significado, colocando-a em espera, mas não no porão, onde estar em espera é se comprometer com um tipo de encenação, um encontro do e para o eu [*self*] no qual a negação supostamente nutre uma verdadeira emersão em "uma autodeterminação desse lugar concreto da identidade contraditória da objetividade e da subjetividade". O que defino aqui como um *atraso* é entendido por Nishida como "o momento [que] pode ser considerado eterno [...] [no qual] indivíduos conscientemente ativos encontram o absoluto como sua polaridade invertida, seu oposto espelhado, em cada passo de nossas vidas".[29] É por ecoar um ensinamento budista tradicional, que afirma o *não eu* [*nonself*] mesmo contra o que são consideradas as mais tolas das declarações da *não existência do eu*, que Nishida re-encena um esquete ontoteológico padrão no qual a soberania – seja na forma do indivíduo conscientemente ativo ou na abstrata e equivalente dispersão desse indivíduo na nação, "a imagem espelhada da Terra Pura neste mundo"[30] – toma e retém o tempo-espaço, a base paradoxalmente transcendental, da irrealidade cotidiana do "mundo real", em que o show interminável da soberania carrega uma imposição brutalmente material. O que resta ver é o que (pensar e estudar) a pretitude é capaz de trazer para a relação entre o mundo ir/real e seu(s) outro(s). E se a pretitude for a recusa em se submeter à soberania, que se dá na batida em retirada do atraso eterno da soberania? E se esse portal preparatório de Nishida para uma autodeterminação geral e infinita, em vez de ser estruturalmente sustentado pelo não lugar, for trespassado pelo (pela própria insinuação do) não lugar ao qual seu trabalho se opõe? Quando Nishida argumenta que "o mundo volitivo humano, conscientemente ativo, faz sua aparição desde o posicionamento da lógica paradoxal da literatura do *Prajnaparamita Sutra*", que nos oferece a frase: "Sem ter Lugar dentro de onde pertença, esta Mente surge", ele quer afirmar a legitimidade de uma ideia ou imagem do todo que toma "a forma da identidade contraditória do eu conscientemente ativo e do mundo, do indivíduo volitivo e do absoluto".[31] E se (pensar e estudar) a pretitude for uma ocupação do porão que perturba o todo sobre o qual o absoluto, ou o ser nada absoluto, está estruturado pela relação com seu outro relativo? E se o nada que está em questão aqui se mover para o outro lado da negação, na "presença real" da pretitude, em e como uma outra ideia sobre a condição de ser nada, que se dá nas e como e para as coisas?

---

29 K. Nishida, "The Logic of the Place of Nothingness and the Religious Worldview", in *Last Writings: Nothingness and the Religious Worldview*, p. 96.
30 Ibid, p. 123.
31 Ibid, p. 95-96.

Ao mesmo tempo contra e por meio da negação de Fanon da condição de ser nada relativa, instanciada naquilo que ele toma por ser a fabricação de prete pelo homem branco, o estudo preto é uma afinação da pretitude, em direção à pretitude, enquanto o lugar onde convergem algo relacionado ao nada absoluto que Nishida elabora e uma imanência radical das coisas que é inimaginada, mais do que rejeitada, por essa mesma elaboração. Isso significa que o que permanece não imaginado por Nishida – não apenas a radical condição de ser coisa, mas sua convergência com a condição de ser nada –, no entanto, é aberto para nós no e pelo seu pensamento. Nishida, mesmo na divisão nacionalista de seu próprio engajamento com um ensino sem centro, ajuda a nos preparar para considerar que a pretitude é o lugar que não tem lugar. "Sem ter lugar ao qual pertencer, esta Mente [do Pequeno Ferreiro Negro] surge".[32] As coisas estão em um mundo, em um lugar, mas não os têm; no entanto o que se quer explorar no nexo da abertura e do confinamento, da internação e da fuga, é precisamente esta especificidade de não ter nem mundo nem lugar e esta generalidade de não ter. Sem ter lugar para pertencer, no não lugar radicalmente despossessivo do porão, em "Mutron", Cherry e Blackwell tocam a intimidade dos muros. Nessa quebra, o propósito arquitetônico do porão enquanto expressão soberana e recuperação vem abaixo. Sente a lise completa desse corpo/universo mórbido. O toque não é o lugar onde subjetividade e objetividade se combinam em um tipo de realidade dialética autodeterminante; além disso, no porão, no *basho* (o lugar do ser nada, esse recesso subterrâneo e subcomum), está a vida social das coisas pretas, que ultrapassa (o) entendimento. No porão, pretitude e imaginação, no e como consentimento em não ser um singular, são (mais e menos que) um.

---

[32] Esta frase é um gesto em direção a uma convergência que eu fico imaginando entre a análise de Fanon acerca de *le Petit Nègre* e a escultura de Thornton Dial chamada *Monument to the Minds of the Little Negro Steelworkers*. Está em jogo a possibilidade de uma reinicialização outra da interrelação entre a crítica e a celebração expressas no pensamento e na vida pretos.

O trabalho de Wilderson nos prepara para essa incapacidade generativa; trabalho esse no qual aquilo que distingue o soberano, o colonizador – e até o selvagem – de escrave é precisamente que eles compartilham

> uma capacidade de coerência entre tempo e espaço. Em todas as escalas – a alma, o corpo, os grupos, a terra e o universo – eles podem praticar a cartografia e, ainda que seus mapas sejam incompatíveis em todas as escalas, suas respectivas "*mapabilidades*" jamais estão em questão. Essa capacidade para coerência cartográfica é a coisa em si que garante a subjetividade tanto para o Colonizador quanto para o "Selvagem" e que os articula em uma rede de conexões, transferências e deslocamentos.[33]

Na ausência da "coerência cartográfica [que] é a coisa em si" nós nos interessamos pelas coisas, por uma relação entre as condições de ser coisa, ser nada e ser prete, que se manifesta – fora e contra a corrente da própria ideia de autodeterminação – na imanência não mapeada e não mapeável da socialidade subcomum. Isso é a fantasia no porão, e a maneira como Wilderson a acessa se dá tanto no conhecimento de que ele não pode ter nada quanto na incapacidade específica de certo desejo que esse conhecimento organiza. Nos resta estruturar uma definição acurada do que é o nada e o que ele constitui no esgotamento do lar, da intersubjetividade e daquilo que Sexton chama de "alcance ontológico".[34] A verdade da formulação que diz que a pessoa preta é incapaz de *ser/estar* em comunidade ou em relação com seus pares decorre de uma falha terminológica. O que está em jogo é como improvisar a declinação daquilo que é percebido como fracasso em estar junto para a zona não mapeável do consentimento paraontológico. A promessa de um outro mundo, ou do fim deste, está em uma crítica geral de mundo. Enquanto isso, o que resta a ser habitado é o próprio nada em sua plenitude, o que é, na ausência da relacionalidade

---

[33] F. B Wilderson III, op. cit., p. 181.
[34] J. Sexton, "People-of-Color-Blindness", disponível em <www.youtube.com/watch?v=q NVMI3oiDaI>.

intersubjetiva, uma alta fantasia, ou, mais precisamente, é dado no entrelaçamento fugal e contrapontista que agora, seguindo Mackey e Wilderson, podemos chamar de fantasia no porão, na qual a inter-relação entre ser prete e ser nada acontece num drama contínuo entre força e ingresso.

Seguindo uma tradição do ensinamento budista que retoma a abertura de *O Portal sem porta*, uma coletânea do século XIII de kōans (estudos de caso em forma de histórias, diálogos e/ou questões destinados a induzir às intensidades duais iniciadas da dúvida e da concentração), este drama emerge como uma questão desconstrutiva e desconstruída, tal qual exemplificada em apresentações e interpretações convencionais de "O Cão de Jōshū". Nesses kōans se lê: "um monge perguntou ao (mestre zen) Jōshū com toda sinceridade: 'Um cachorro tem a natureza de Buda ou não?', Jōshū disse: 'Mu!'".[35] Mesmo se levarmos em conta as advertências de Steven Heine[36] acerca da legitimidade das atribuições e interpretações tradicionais do *Mu Kōan* – o que requer que consideremos que não foi Jōshū quem respondeu à questão ou que sua resposta foi o oposto de *mu* e que, portanto, o caminho negativo que se entende aberto pela resposta deve agora ser fechado – nos sobra essa possibilidade ontoteológica que a pretitude pode muito bem esgotar. Há uma resposta aposicional que não é propriamente suscitada por essa indagação fantasma e que persiste (em e) como uma epistemologia do eco da passagem [*echoepistemology of passage*], uma socioteologia do *aneschaton*, a interrupção instrumental do télos pela máquina (percussiva) universal, o impulso de Blackwell ao estudo das coisas últimas, o estudo levado a cabo pelas coisas que estão por último, menores, cujo movimento constitui uma crítica da relação geral e necessária entre política e morte, uma crítica da crítica do juízo, uma desconstrução da oposição entre céu e inferno. Cherry traz o ruído do fim do mundo na invenção da terra. Ainda que a escatologia seja compreendida como um ramo, por assim dizer, da teologia, ela foi deslocada por um desejo administrativo pelo teleológico e apropriada por um desejo punitivo por uma finalidade do e no sentenciamento,

---

35 K. Yamada, *The Gateless Gate: The Classic Book of Zen Kōans*, p. 11.
36 S. Heine, "Four Myths about Zen Buddhism's *Mu Kōan*".

cada qual em seu comprometimento com a soberania e com as estruturas existentes das quais depende a própria ideia. Mas não é que eu queira enclausurar as coisas no movimento dialético entre começo e fim. Invenção e passagem denotam uma alternativa já existente, pela qual não somos obrigades a esperar. Já estamos aqui embaixo, no solo, sob o solo, e a água, como a condição de ser nada em estado bruto, trabalhando uma liberação carnal numa privação de celebração, uma fragilidade de cura. *Mu* é uma prática de misticismo na carne; "Mutron", o ritual performado por Blackwell e Cherry, é sua meditação de concentração. Situa a história específica e material das pessoas afogadas, incendiadas, embarcadas e retidas como a condição para a libertação não apenas da visão de mundo dominante, mas também da própria ideia de visão de mundo, de posicionamento transcendente e de Terra Pura. Cherry e Blackwell são iniciados – e, por sua vez, nos iniciam – naquilo que é habitar a materialidade social do não lugar – de Não Ter um Lugar – enquanto um lugar de estudo. Isso aparece como um deslocamento radical da lógica binária, que se move pela negação, tendo em vista que a via do porão não é *via negativa*. Ao contrário, o porão é um circuito perturbado, uma impedância ou impedimento de corrente, é a moeda diádica do eu [*self*], do colonizador, do soberano colocada em abandono kenótico. "Mutron" é a saída do beco sem saída que ocorre no e como esgotamento do que é pertencer, na qual es primeires e es últimes não serão nem primeire nem último.

Permanecer no porão é permanecer naquele conjunto de práticas de convivência em que a teorização *anticinética* é simultaneamente agrupada e mobilizada por uma contemplação performativa, como a socialidade monástica do Minton,[37] na qual a ausência hermética (advinda) do lar surge em e como uma casa de shows, um picadeiro, um manicômio. A boate, nossa coisa subcenobítica, a capela da nossa quebrada, é uma carne de pescoço de constante contato improvisado, uma intimidade despossessiva, cujo ensaio místico se opõe às regras ou, mais precisamente, está em aposição à regra e é, portanto, uma lógica social concreta muitas vezes (mal)entendida como uma

---

[37] Minton's Playhouse é um clube de jazz no Harlem, Nova York. (N.T.)

bobagem completa, o que não deixa de ser, por outro lado, exata e absolutamente correto. As reflexões de Foucault apontam precisamente nessa direção:

> Compreende-se melhor agora a curiosa sobrecarga que afeta a navegação dos loucos e que lhe dá sem dúvida seu prestígio. (...) é do outro mundo que ele chega quando desembarca. (...) Num certo sentido, ela não faz mais que desenvolver, ao longo de uma geografia semirreal, semi-imaginária, a situação liminar do louco no horizonte das preocupações do homem medieval— situação simbólica e realizada ao mesmo tempo pelo privilégio que se dá ao louco de ser fechado às portas da cidade: sua exclusão deve encerrá-lo; se ele não pode e não deve ter outra prisão que o próprio limiar, seguram-no no lugar de passagem (...).
> (...) É um prisioneiro no meio da mais livre, da mais aberta das estradas: solidamente acorrentado à infinita encruzilhada. É o Passageiro por excelência, isto é, o prisioneiro da passagem. E a terra à qual aportará não é conhecida, assim como não se sabe, quando desembarca, de que terra vem. Sua única verdade e sua única pátria são essa extensão estéril entre duas terras que não lhe podem pertencer (...). Uma coisa pelo menos é certa: a água e a loucura estarão ligadas por muito tempo nos sonhos do homem europeu.[38]

Deleuze se agarrou a essa dimensão do pensamento de Foucault para sondar como o "dentro [funciona] como operação do fora". Ele diz que, de fato,

> em toda a sua obra, um tema parece perseguir Foucault — o tema de um dentro que seria apenas a prega do fora, como se o navio fosse uma dobra do mar. (...) O pensamento não tem outro ser além desse mesmo louco. "Encerrar o lado de fora, isto é, constituí-lo como interioridade de espera ou de exceção", diz Blanchot a respeito de Foucault.[39]

---

38 M. Foucault, *História da Loucura*, p. 16-17.
39 G. Deleuze, *Foucault*, p. 104-105.

Deleuze continua:

> As forças vêm sempre de fora, de um fora mais longínquo que toda forma de exterioridade. Por isso não há apenas singularidades presas em relações de forças, mas singularidades de resistência, capazes de modificar essas relações, de invertê-las, de mudar o diagrama instável (...) [é] lá onde é possível viver, ou, mesmo, onde está, por excelência, a Vida (...) [é] *a vida nas dobras*. É a câmara central, que não tememos mais que esteja vazia, pois o si nela está situado. Aqui, é tornar-se senhor de sua velocidade, relativamente senhor de suas moléculas e de suas singularidades, nessa zona de subjetivação: a embarcação como interior do exterior.[40]

A passagem, esta passagem, as passagens entre as passagens de Foucault e Deleuze, a passagem entre essas passagens e aquelas de Wilderson e Mackey se desenrolam no porão que Cherry e Blackwell reconstroem desconstrutivamente apenas para que saibamos que a música e sua performance não têm nada a ver com transcendência, a menos que transcendência seja compreendida como a impureza fugitiva da imanência. Como reconhecer o acompanhamento antifônico da violência gratuita – o som que é possível escutar como se fosse resposta a essa violência, o som que deve ser escutado como aquilo a que essa violência responde? Wilderson faz novamente essa pergunta para que ela possa ser desperguntada; para que a escutemos ser desperguntada por Cherry e Blackwell na e como a intimidade em deslocamento. Desperguntar tem a forma de uma cesura, uma arritmia do sistema de aço, que Blackwell pressiona no *continuum* interruptivo de Nova Orleans, já interrompido de sua rotação cuja rearticulação distendida se estica para que se possa mergulhar nela o suficiente para pensar o que significa algum lugar pelo qual supostamente só se deveria estar de passagem, supostamente contido na atemporalidade atópica que te propele, como a imanência do corredor transcendental de nossa preparação interminável, nosso processo experimental, dado como estudo contínuo de como se falar, a beleza terrível

---

[40] G. Deleuze, op. cit., p. 129-130.

de nosso aprisionamento na passagem, nossa vida nas dobras. Blackwell faz uma pergunta que Cherry antecipa, mas pela qual Cherry é levado e à qual Cherry responde na reflexão dobrada e aposicional que a despergunta. Esse drama é revivido no questionamento de Wilderson; a questão é uma virada que nos move a desperguntá-la. Esse desperguntar é *mu* não porque os termos e suposições da questão sejam incorrectos; não porque a oposição implícita entre nada e algo – na qual a condição de ser nada é muito facilmente entendida como encobrindo (como se fosse uma libré epidérmica) um ser (maior) e é, no entanto, relativa enquanto oposta ao absoluto – não signifique; mas porque o nada (essa inter-relação paraontológica entre a condição de ser prete e ser nada, essa socialidade estética) ainda está para ser explorado; porque nós não sabemos o que quer dizer mesmo quando recitamos ou gravamos sua ginga multifônica; porque a pretitude não é uma categoria para a ontologia ou para análises fenomenológicas. A questão de Wilderson – "o nada poderia voltar a estar com o nada?" –, precisamente em sua necessidade irredutível, não pode ser respondida, pode apenas ser desperguntada no lirismo daquela lógica doente que monges[41] pretos performam, *theloniamente*, incessantemente, como diferença sem oposição, em "um buraco negro", conforme Jay Wright "germinal e terminal, expansivo/ em sua condição de nada".[42]

    O que seria, para esse drama, ser entendido em seus próprios termos, do seu próprio posicionamento, em sua própria base? Isso não é uma simples questão de perspectiva esperando seu desperguntar, já que estamos falando dessa revolta radical da pretitude, de sua aposicionalidade. O posicionamento, o território do lar [*home territory*], *chez lui* – a imprecisão de tradução perspicaz que Charles Lam Markmann fez de Fanon ilumina algo que Richard Philcox ofusca na correção,[43] *Entre es sues* significa uma relacionalidade que desloca a já deslocada impossibilidade do lar e os modos de relacionalidade que o lar deve oferecer.[44] Esse compartilhamento de uma vida sem

---

41 Em inglês, "monks", referência a Thelonious Monk. (N.T.)
42 J. Wright, *Disorientations: Groundings*, p. 56.
43 A tradução de *chez lui* por "at home" de Charles Lam Markmann foi alterada por "home territory" na tradução de Richard Philcox. (N.T.)
44 F. Fanon. *Black Skin, White Masks*. Trad. Charles Lam Markmann.

teto, essa inter-relação da recusa do que foi recusado e do que foi consentido, essa aposicionalidade subcomum podem ser um lugar de onde saber, um lugar do qual não emergem nem autoconsciência nem conhecimento de outrem, mas uma improvisação que procede de algum lugar do outro lado de uma questão desperguntada? Mas não simplesmente estar entre es sues ; e sim, também, viver entre si em despossessão, viver entre as pessoas que não podem possuir, aquelas que não têm nada e que, não tendo nada, têm tudo. Em outras palavras, viver entre o comum e a abertura de *uma vida*, no sentido deleuziano (daí a necessidade de uma filosofia da vida; daí a necessidade, mas também o rigor, de uma descrença na morte social, *na qual a morte social é precisamente entendida como a imposição da necessidade do sujeito mais do que como a recusa da possibilidade do sujeito, a qual, em todo caso, a impossibilidade funda e impõe*). O que está em jogo é a curva, a maleabilidade e a sutileza não apenas da contemplação da vida social, mas da vida social contemplativa; o que está em jogo é a força de uma poética extrafenomenológica da vida social. E chegamos uma vez mais a um profundo impulso de Fanon que – como Chandler indica em sua leitura, que é a leitura inicial, de Du Bois – constitui o horizonte de Du Bois e que aparece nas várias formas daquela questão cuja necessidade é tão fundamental que ela deve ser desperguntada – a questão do significado do ser (preto), a questão do significado das coisas (pretas). Nós estudamos ao som de uma questão desperguntada. Nosso estudo é o som de uma questão desperguntada. Nós estudamos o som de uma questão desperguntada. Na ausência de amenidade (alguma simpatia ou gentileza de boas vindas ou conforto material), o que nasce na vacuidade ou condição de nada da amenidade (da qual o amor ou a alma nascem, em esgotamento, como uma sociedade de amigues), quais são os outros elementos de *mu*? Canto e *kōan* e lamento e *Sprechgesang* e balbucio e algaraviada, *le petit nègre*, o pequeno crioulo [*nigger*], pidgin, fala de bebê, de bem-te-vi, de Bird,[45] de bardo, de bar, nossa caminhada locomotiva por bares

---

45 Em inglês *Bird's Talk* é uma referência a Charlie Parker e remete também à "Bird Song", de Bartók ("Madárdal", nos *27 Coros de duas e três partes*, Sz. 103, BB 111). (N.T.)

e nosso canto preto, nossos gritos de palete e sussurros embarcados, nossas notas e dialetos pretos, a ocupação irruptiva de tenor do veículo, a preparação monástica de um transcrito mais que tridimensional, um manuscrito *imaginal* pelo qual tocamos os muros e umes nes outres, para que possamos entrar no porão em que estamos, onde de maneira alguma fomos ou somos.

Lísis[46] e Le Petit Nègre

Tentemos chegar à câmara central, centrífuga, do ato de abrir [*open/ing*] de novo, dessa vez por meio de Linebaugh e Fanon.

> "O drama mais magnífico dos últimos milhares de anos da história humana" não foi encenado com suas estrofes e prosódia pré-fabricadas. Ele criou uma nova fala. Uma combinação, primeiro, de inglês náutico; segundo, de "sabir" do mediterrâneo; terceiro, o jargão hermético do "submundo" e quarto, a construção gramatical do Oeste africano, produziram o "inglês pidgin" que, nos anos tumultuosos do tráfico de pessoas escravizadas, se tornou a linguagem da costa africana.
>
> Linguistas descrevem pidgin como uma linguagem "intermediária", produto de uma "situação de linguagem múltipla", caracterizada por "simplificação radical". Calvet escreveu: "*Il est même né pour permettre une communication jusque-là impossible.*" (...) Onde as pessoas tinham que se entender, pidgin foi a *lingua franca* do mar e da fronteira. Na medida em que todos que vieram para o Novo Mundo o fizeram depois de meses no mar, pidgin ou suas cognatas marítimas e populares se tornaram meio de transmissão para expressar as novas realidades sociais. (...) O pidgin se tornou, como o tambor ou a rabeca, um instrumento de comunicação entre pessoas oprimidas: desprezado e não muito facilmente entendido pela sociedade educada.[47]

---

46 Moten faz um jogo de palavras ao usar Lysis que, em inglês, é grafada da mesma forma para o processo de dissolução celular (lise), o sufixo de "análise" e Lísis, de Platão. (N.T.)
47 P. Linebaugh, "All the Atlantic Mountains Shook", *Labour / Le Travail*, p. 110-11.

Para alcançar uma reencenação radical daquilo que Linebaugh chama, a partir de Du Bois, de "drama magnífico", Fanon inicia uma complexa negação *crítica* da "nova fala" que ele produz, começando – mas não paradoxalmente – com uma afirmação do caráter irredutivelmente dramático da linguagem. Fanon escreve: "Atribuímos uma importância fundamental ao fenômeno da linguagem. É por esta razão que julgamos necessário este estudo, que pode nos fornecer um dos elementos de compreensão da dimensão para-o-outro do homem de cor. Uma vez que falar é existir absolutamente para o outro."[48] Em um registro filosófico cognato ao de Nishida, Fanon postula uma existência "absolutamente para o outro" na linguagem, que é admitida como "absolutamente nada".

> Só haverá uma saída na condição expressa de que o problema seja bem colocado, pois todas essas descobertas, todas essas pesquisas só contribuem para uma coisa: admitir que o homem não é nada, absolutamente nada, e que é preciso acabar com o narcisismo segundo o qual ele se imagina diferente dos outros "animais".
>
> Neste caso o que fica é, nem mais nem menos, *a capitulação do homem*.
>
> No fim das contas assumo plenamente meu narcisismo e rejeito a estupidez daqueles que querem fazer do homem um mero mecanismo. Se o debate não pode ser aberto no plano filosófico, isto é, no da exigência fundamental da realidade humana, consinto conduzi-lo no plano da psicanálise, ou seja, no plano da existência dos "derrotados".[49]

Mas e se a situação da qual devemos ter esperança de sair é a da "autodeterminação desse lugar concreto da identidade contraditória da objetividade e da subjetividade"[50] de que falam Nishida e Fanon? E se o surgimento do homem for entendido melhor como a reencenação obsessiva não do drama magnífico

---

48 F. Fanon, *Pele negra, máscaras brancas*, p. 33.
49 Ibid., p. 37-38.
50 K. Nishida, op. cit., p. 96.

colocado por Linebaugh, mas de um burlesco epifenomenal no qual a autodeterminação é proferida com uma indireção assassina? Nossa abordagem é preparada de um jeito que é, de novo, parecido com o gesto de Nishida e Fanon em direção à condição de ser nada. Pode ser dito, então, que Fanon se move para distinguir a linguagem da farsa da linguagem da tragédia; fica para nós tanto aprender a partir de sua análise como ampliá-la, que continua por meio do comentário informal e desinformado do homem sobre a situação social da nova fala:

> Dizem que o negro gosta da palabre, ou seja, de parlamentar; contudo, quando pronuncio palabre, o termo faz pensar em um grupo de crianças divertindo-se, lançando para o mundo apelos irresponsáveis, quase rugidos; crianças em pleno jogo, na medida em que o jogo pode ser concebido como uma iniciação à vida. Assim, a idéia de que o negro gosta de resolver seus problemas pela palabre é rapidamente associada a esta outra proposição: o negro não passa de uma criança. Aqui os psicanalistas estão em seu ambiente e o termo oralidade é logo convocado. (...) O que nos interessa aqui é o homem negro diante da língua francesa. Queremos compreender por que o antilhano gosta de falar o francês.[51]

Quando Fanon avança para isolar a nova fala de sua rejeição [*disavowal*], é porque é na renegação que ele está interessado. Isso quer dizer que a nova fala ainda não aparece para Fanon como objeto de análise; mais precisamente, a nova fala não aparece como fala. No fim das contas, "falar é estar em condições de empregar uma certa sintaxe, possuir a morfologia de tal ou qual língua, mas é sobretudo assumir uma cultura, suportar o peso de uma civilização".[52] O que está em jogo, na novidade do pidgin, é precisamente a recusa improvisatória, em vez do uso, de "uma certa sintaxe", para que o dado dê lugar à sua alternativa poética; a construção, em vez da assunção, de uma cultura; seu enterro sob o peso da civilização e o esgotamento impro-

---

51 F. Fanon, op. cit., p. 41.
52 F. Fanon, op. cit., p. 33.

vável, e paradoxalmente animador, de seu enterro/cativeiro [*inter(n)ment*]. No entanto, enquanto é dito que Fanon, neste ponto de seu texto, negligencia a nova fala, ele oferece um profundo entendimento de (da proveniência de) certo desejo pela norma.

> M. Achille, professor negro do ginásio do Parc, em Lyon, em uma conferência, citou uma aventura pessoal, universalmente conhecida. Raros são os negros residentes na França que não a viveram. Sendo católico, ele participou de uma peregrinação de estudantes. Um padre, percebendo este bronzeado no seu grupo, disse-lhe: "Você porque deixar grande savana e vir com gente?". O interpelado respondeu muito corretamente (...). Riu-se muito desse quiproquó (...). Mas se parássemos pra pensar, veríamos que o fato do padre falar em *petit-nègre* exige diversas observações.
>
> 1. (...) um branco, dirigindo-se a um negro, comporta-se exatamente como um adulto com um menino, usa a mímica, fala sussurrando (...). Falar aos negros dessa maneira é ir até eles, tentar deixá-los à vontade, querer ser compreendido por eles, dar-lhes segurança (...).
>
> 2. Falar *petit-nègre* [algaraviada] a um preto é afligi-lo, pois ele fica estigmatizado como "aquele-que-fala-*petit-nègre* [algaraviada]". (...) Se aquele que se dirige em *petit-nègre* [pidgin][53] a um homem de cor ou a um árabe não reconhece no próprio comportamento uma tara, um vício, é porque nunca parou pra pensar.[54]

A violência dessa imitação desonesta e pouco lisonjeira que materializa a ausência de pensamento é vividamente retratada no texto de Fanon. Entretanto a infantilização de quem enuncia a fala que, segundo Fanon, não pode ser falada não significa que a nova fala é meramente infantil. Aqui, a implicação de que a nova

---

[53] Onde Fanon usa "petit-nègre" indicamos a forma que aparece na tradução para o inglês referenciada por Moten, na qual "petit-nègre" foi traduzido como "gobbledygook" [algaraviada] e "pidgin". (N.T.)
Cf. F. Fanon, *Black Skin, White Masks*, Trad. Richard Philxon, p. 14-15.
[54] F. Fanon, *Pele negra, máscaras brancas*, p. 43-44.

fala seja também velha não é uma função de nada que ela retém exceto uma veicularidade essencial e irredutível. A preocupação de Fanon com o desejo patológico de falar bom francês, combinado com o desejo normal de que as pessoas se dirijam a você de boa-fé, compreende a existência absolutamente para o outro da pessoa que fala como algo que implica reciprocidade na posse compartilhada da linguagem. Falar de má-fé vai de par com a não escuta, sem admitir e sem reconhecer a capacidade de quem fala de ser para – ou de ser com – a pessoa com quem fala. Tal existência para alguém pode ser falada em termos de contemporaneidade – o que implica não apenas a propriedade conjunta de uma linguagem, mas também uma estrutura espaço-temporal, uma estética transcendental, um esquema corporal ou lar compartilhados –, mas pode ser elaborada melhor nos termos da diferenciação de qualquer estrutura espaço-temporal preestabelecida, de construção social e compartilhada de uma estética imanente, dentro dos constantes esquemas de contraponto alternados de uma historicidade carnal, nos quais a linguagem se movimenta para conectar uma gama vasta e diferenciante de desapossamento desancorado.

(Por isso é importante notar que Fanon aborda esse trágico [ou tragicômico] desalojamento da nova fala em sua análise de um esgotamento do retorno na poesia de Aimé Césaire – o retorno é levado ao esgotamento em declínio, mergulho, queda; um transporte propulsivo através do esmagamento e da densidade de uma singularidade absoluta, interessado em fugir "deste drama absurdo que os outros montaram ao redor de mim".[55] O que Fanon celebra em Césaire, entretanto, são instâncias da linguagem cujas ênfases na ascensão são vistas por Fanon implicitamente para afirmar a necessidade de uma saída da socialidade linguística subcomum que atravessa a distância entre pidgin e poesia. "*Césaire desceu*. Ele foi ver o que se passava bem no fundo, e agora ele pode se elevar. Está maduro para a aurora. Mas ele não deixa o negro lá em baixo. Ele o põe nos seus ombros e o eleva até as nuvens."[56] Retorno, que foi reconfigurado como descida, é agora substituto para

---

55 Ibid., p. 166.
56 Ibid., p. 164-165.

uma elevação na e da linguagem que encena a redescoberta da identidade do poeta.[57] Mas há uma profunda ambivalência de Fanon em relação aos mecanismos de elevação que ele lê em Césaire. A lise tem como objetivo evitar a inter-relação – que a lírica frequentemente induz – entre narcisismo e alienação que produz o homem preto, e no qual ela é grotescamente reproduzida. Fanon nos alerta para um *quebrantamento* de ruptura no trabalho de Césaire que vai contra a maré da autodeterminação lírica que se move ascendentemente e o carrega. Essas são a ordenação e a desordem que a nova fala sustenta. Uma socialidade paralírica não tem lugar ao sol. A noite retém fantasia, não identidade. É na nova fala, que anima tanto a poesia de Césaire como a invocação que Fanon faz de Césaire interessado em rejeitar a nova fala, que descobrimos mais uma vez a natalidade diversa e irrecuperável que compartilhamos. Fanon reconhece que aquilo que não pode ser recuperado se torna (sur)real em não ser si mesmo. Essa insistência corrosiva no novo é onde lírica e lise convergem em submersão mútua, mas Fanon é obrigado a declarar a rejeição encriptada no desejo de se falar bom francês. Retornarei depois à poética caída do retorno, sua alta e dissidente fidelidade; por ora, é necessário se concentrar na analítica de Fanon da fala de má-fé, que começa com sua preocupação com o uso branco do pidgin, seus efeitos em pessoas pretas "privilegiadas" que são interpeladas por essa fala e, então, o consequente comprometimento dessas pessoas pretas a "falar bom francês".)

Fanon toma muito cuidado em enfatizar não apenas o fato de que haver brancos que não falam com ar de superioridade com pretes é irrelevante para o estudo dos efeitos produzidos pelos brancos que o fazem, mas também que o propósito de seu estudo da pessoa Negra e da linguagem é "liquidar certo número de realidades"[58] que ocorrem em função do comportamento patológico organizado por uma psicologia inumana. Ele está interessado, afinal, em como o comportamento patológico branco reproduz ou fabrica certo comportamento patológico preto. Fanon está interessado em reconhecer, isolar, estudar e erradi-

---

57 Ibid., p. 167.
58 Ibid., p. 45.

car o que Frederick Douglass chamou de nossas "peculiaridades da plantação".[59] Além disso, enquanto esse processo pode ser iniciado por meio de um discurso psicológico ou psicanalítico predicado na noção de complexo de inferioridade, discurso esse que também pode ser discutido como uma espécie de falha de ignição, numa linguagem que antecipa aquela de J. L. Austin – um ato de fala infeliz, que falha, em última instância, em alcançar uma intenção – por fim, Fanon recorre a uma metafórica diferente, uma linguagem diferente, a linguagem da bioquímica e da alquimia da condição de ser nada, uma linguagem dos e nos dois gumes do experimento. E se nós concebermos a criança vendida e de alma velha que profere a nova fala como tendo sido submetida às mais brutais formas de investigação violenta: situada em uma espécie de processo sem fim, entregue a testes intermináveis, à brutalidade do mercado biológico no qual a autopossessão de um corpo é interditada pela despossessão carnal, marcando aquela condição na qual ser capturada/detida/pertencente é também ser estudada? Mas e se ao mesmo tempo concebermos a criança como cientista envolvida em experimentos e em um compromisso metaexperimental da e na pesquisa predicada precisamente na abrangência dessa carnalidade despossessiva que corresponde à *compreensão mais completa possível* daquilo que Fanon chama "absolutamente nada" – um ser nada sem reserva, independente do desejo de aparecer na e para a ótica convencional dentro da qual alguém é delineado e identificado? Então palabre seria entendida melhor como a linguagem do parquinho, se o parquinho for mais precisamente entendido como um laboratório. Isso significa não considerar "palabre" ou "algaraviada" como formas degradadas da norma, mas considerá-las formas de experimentação linguística, modos de teoria linguística que se dão na prática linguística experimental e que têm pelo menos dois efeitos possíveis: chamar à existência um tipo de norma carcerária que terá sido fabricada no âmbito de toda uma gama de modos e desejos administrativos, normativos e regulatórios; e, igualmente problemático, suscitar certos atos de imitação insensível, partes iguais de con-

---

59 F. Douglass, "To Thomas Auld, September 3, 1848", in *Frederick Douglass: Selected Writings and Speeches*, p.115.

descendência e brutalidade, a produção de um som destinado a acompanhar uma imagem/libré de subordinação ao interesse do jogo tolo da autodeterminação.

  O que está em jogo, aqui, é a prioridade de uma experimentação linguística *anoriginalmente* insubordinada e jurisgenerativa, em oposição à juridicamente sistêmica. Falar "algaraviada" a um homem preto é ofensivo se tomamos pidgin por algaraviada, se tal entendimento esclerosado, e a imprecisão que o segue, imagina que o pidgin seja alguma outra coisa que não uma linguagem de estudo. Fanon se irrita com a casualidade de tal forma de falar, a maneira fácil com que o informal é entendido como a ocasião para certa informalidade brutal da parte de quem arrogantemente se digna a entendê-la. A ausência de qualquer intenção em ofender não é defesa, em sua opinião, para a ausência de intenção em não ofender. Não se importa em evitar o sofrimento incidental ou acidental da coisa. E isso é, afinal, evidência da falha, um defeito moral; tal falta de preocupação é corretamente entendida como patológica. Mas o que deve ser entendido nitidamente é que não é o pidgin ou *le petit nègre* que determina o aprisionamento num patamar incivilizado e primitivo; é, em vez disso, a inacurada, imprecisa e, para todos os efeitos, ausente reflexão – inteiramente fora de qualquer protocolo de estudo, inteiramente fora das modalidades experimentais sociais, estéticas e intelectuais que determinam a construção da linguagem em primeiro lugar – do pidgin que constitui essa prisão específica da linguagem. Isso significa que nós precisamos, então, discutir os efeitos não menos carcerários que estão presentes na rejeição do pidgin, que frequentemente acompanha uma recusa justificada de sua imitação menos que vulgar. Algumas pessoas poderiam dizer que tal imitação é meramente uma extensão da força experimental do pidgin, mas eu argumentaria que ela é melhor entendida como estando sempre a serviço da norma, sempre efetivando sua exaltação. Nesse caso, a imitação é a forma mais sincera de brutalidade. O que nos resta é considerar o que é para Fanon ter se sentido em um lapso.

> Encontro um alemão ou um russo falando mal o francês. Tento, através de gestos, dar-lhe as informações que ele pede, mas não esqueço que ele possui uma língua própria, um país, e que talvez seja advogado ou engenheiro na sua cultura. Em todo caso, ele é estranho a meu grupo, e suas normas devem ser diferentes.
>
> No caso do negro, nada é parecido. Ele não tem cultura, não tem civilização, nem "um longo passado histórico". (...)
>
> Queira ou não queira, o negro deve vestir a libré que lhe o branco lhe impôs.[60]

Fanon segue:

> O que afirmamos é que o europeu tem uma idéia definida do negro, e não há nada de mais exasperante do que ouvir dizer: "Desde quando você está na França? Você fala bem o francês?".
>
> Poderiam me responder que isto se deve ao fato de que muitos negros se exprimem em *petit-nègre* [*pidgin*]. Mas seria uma resposta demasiadamente fácil. (...)
>
> Compreende-se, depois de tudo o que foi dito, que a primeira reação do negro seja a de dizer não àqueles que tentam defini-lo. Compreende-se que a primeira ação do negro seja uma *reação*, e, uma vez que é avaliado segundo seu grau de assimilação, compreende-se também que o recém-retornado à Martinica só se exprima em francês. É que ele tende a salientar a ruptura que está se produzindo. Ele concretiza um novo tipo de homem que se impõe diante dos amigos, dos pais. E à sua velha mãe, que não o compreende mais, ele fala de suas camisas novas, de sua cabana em desordem, de seu barraco... Tudo isso temperado com o sotaque conveniente.[61]

O que é problemático em Fanon é a crença na prioridade da norma, exceto no caso das pessoas pretas para quem não há norma, onde a norma, em sua prioridade, corresponde a *pátria*

---

60 F. Fanon, *Pele negra, máscaras brancas*, p. 46-47.
61 F. Fanon, *Pele negra, máscaras brancas*, p. 48-49. [Moten muda, nessa passagem, a tradução utilizada. Cf. F. Fanon, *Black Skin, White Masks*, trad. Charles Lam Markmann, p. 18-19. (N.T.)]

e patrimônio. Isso reemergirá no discurso de Patterson como a afirmação de uma alienação natal e da ausência de uma herança (na qual um passado é desconectado ou privado da longa duração histórica). O que está em jogo é a relação ou, na formulação mais precisa de Wilderson, o antagonismo entre pretitude e civilização, de uma maneira que essa relação deve ser entendida com mais precisão do que a frase "civilização preta" e o que quer que sua impossibilidade possa significar. A famosa imprecisão na tradução do título de *Histoire de la folie à l'âge classique*[62] de Foucault tem certa relevância aqui, em parte porque o acontecimento contínuo e irreprimível do não normal, antenormal, dado agora na linguagem do normal como loucura [*madness*], como psicose social, tem por outro nome, também, a pretitude. Nós poderíamos considerar, aqui, a relação estrutural entre nome e libré, designação e uniforme, precisamente para pensar sobre que tarefa histórica sua imposição inter-inanimadora, que toma a forma de uma lei suntuária, confere às pessoas que carregam tamanho fardo. O que está em jogo é a qualidade de dado da constante perturbação do que está dado, que precede sua denominação; a dádiva de um projeto cuja delegação é anterior a sua imposição venal. Essa é uma problemática imensa e imensurável de responsabilidade.

Por outro lado, a fônica do pidgin é um epifenômeno, não apenas na medida em que é um efeito de, mas também na medida em que indica fabricação. Mais ainda, arma uma cilada para aquilo que indica. Essa visão não é apenas que pidgin é uma linguagem prisão, mas que a obrigação de falá-la aprisiona. O aprisionamento no pidgin, o aprisionamento efetivado na obrigação de falar pidgin, é ele mesmo um epifenômeno de epidermização, nada mais que seu acompanhamento verbal. Aqui está implícita mais uma vez a prioridade pressuposta da norma. Uma pessoa é obrigada a falar pidgin em resposta a uma imposição, em resposta à fala proferida de má-fé. A norma surge como uma espécie de pano de fundo que o pidgin, de forma lamentável e digna de pena, falha em representar. Essa representação falha é então burlescada e parodiada pelos brancos

---

[62] O livro foi traduzido para o inglês, em 1967, com o título *Madness and Civilization*. (N.T.)

cujo enunciado – seja ele condescendente ou mais diretamente cruel – não está destinado a nada além de impor a subordinação e encarceramento que é instanciado na fala da pessoa preta-enquanto-boa-crioula.

Delineando certa problemática do retorno, o problema do motivo pelo qual a pessoa privilegiada deseja falar bom francês após seu retorno às Antilhas, Fanon descreve alguém que vê a si mesmo se movendo dentro de uma condição na qual a desconfiança a respeito da fala erudita e padrão de estudante prete está confinada apenas à periferia da universidade onde reside "um exército de imbecis".[63] Mas o ponto não é que a vida na universidade mine qualquer fé na sabedoria de seus habitantes; o ponto é que um conjunto de suposições sobre classe agora vem à tona. Que a capacidade para a norma culta, seja em outra língua ou em nossa língua materna, esteja alinhada com a conquista de certa interconexão de status de classe e realização educacional. Alguém que reconhece esse arranjo, após conhecer o alemão que fala francês mal, presume de forma cortês que ele seja um engenheiro ou advogado, que possui uma língua, que tem critérios, que possui um lar. O homem preto é a encarnação viva e a visualização da ausência de norma, entretanto, e nenhuma suposição pode ser feita sobre ele. Mas essa experiência viva do não normal, da ausência de norma, não significa que ele não seja apto a ver ou reverenciar a norma e sua localidade idealizada. O exército de imbecis, em oposição à nau dos loucos, que cerca e protege o santuário interno da metrópole, o mais sagrado entre os sagrados, não precisa nem saber nem incorporar as normas que ele protege. Isso é mais próximo e mais nítido para quem o reconhece como o lugar onde se está "perfeitamente adaptado",[64] onde a fraca afirmação de sua capacidade para sentir e para a razão é substituída por uma enfática e correta performance linguística.

Fanon está preocupado, de novo, com o narcisismo da pessoa que retorna, alpinista social, conforme ele ou ela se conectam com a rigorosa análise de Arendt sobre o *parvenu*. Tal narcisismo impede uma rigorosa e necessária ocupação

---

63 F. Fanon, op. cit., p. 47.
64 Ibid., p. 48.

completa da zona do não ser, "uma região extraordinariamente estéril e árida, uma rampa essencialmente despojada, onde um autêntico ressurgimento pode acontecer".[65] Essa inclinação, declividade ou rampa sinaliza, de novo, o laboratório bio(al) químico no qual a pessoa preta é fabricada. O que permanece em questão é se ela está presente ou não em sua própria criação. Como nós falamos desta presença, de uma presença real transubstancial, com o mesmo fôlego que descrevemos esterilidade e aridez? E se a gente escolher o campo paraôntico – escolhendo ao mesmo tempo não assumir sua inospitalidade? Essa inclinação, em que a garantia do normal se baseia em uma experimentação que requer a produção e a imposição do patológico, em que a investigação a serviço da liberdade exige encarceramento, é, deve ser, um local de estudo. Falar de pidgin, então, como a linguagem do ser nada ou do não ser, a linguagem cuja sombra delineia o território da inexistência, não é proclamar um decreto que legitima ignorar a questão relativa à constituição dessa linguagem ou paralinguagem e passar direto para sua redução à subordinação que ela supostamente indica. Quatro perguntas emergem: o que é o pidgin? Quem o faz? Que pressão ele exerce na própria ideia da norma? Tal pressão não é, na verdade, a produção da norma? Tais perguntas nos abrem para outro entendimento do experimento, que Fanon menciona literal e figurativamente: "Há pouco utilizamos o termo narcisismo. Na verdade, pensamos que só uma interpretação psicanalítica do problema negro pode revelar as anomalias afetivas responsáveis pela estrutura dos complexos. Trabalhamos para a dissolução total desse universo mórbido".[66]

    Em um parágrafo que começa afirmando a necessidade da interpretação psicanalítica para revelar as desordens/anomalias afetivas do homem preto, notamos esse movimento entre conscientização e o inconsciente, cortado e aumentado pelo comprometimento com a trajetória da autoconsciência, na qual "o indivíduo deve tender ao universalismo inerente à condição humana".[67] Husserl, Hegel e Freud estão presentes – mas numa

---

65 Ibid., p. 26.
66 Ibid., p. 27.
67 Ibid., p. 28.

espécie de luz ou moldura sartreana – começando com aquela interrelação fatídica e fatal entre o indivíduo milagrosamente autoafirmativo e a pressuposição sem cortes da norma. Mas a análise, então, é cortada por algo, por um processo, ou uma atitude, natural: corrosão, comprometimento da integridade celular. *"Nous travaillons à une lyse totale de cet univers morbide."*[68] *"We are aiming for a complete lysis of this morbid universe."*[69] "Trabalhamos para a dissolução total desse universo mórbido."[70] *"I shall attempt a complete lysis of this morbid body."*[71] Trabalhamos para uma lise completa desse corpo mórbido. As duas traduções, uma em sua literalidade e a outra em sua esquiva do literal em nome de maior precisão idiomática, nos permitem considerar e nos alongar sobre a relação entre o universo e o corpo, entre a estética transcendental e o corpo que ela torna possível e que a torna possível. É como se, em sua morbidez, ambos estivessem prestes a ser submetidos a um colapso radical.

A linguagem da bioquímica impregna o texto de Fanon, como deveria. A linguagem da bioquímica está de mãos dadas com a linguagem da amizade, com a problemática corolária imensa da semelhança e da diferença, rompendo a distinção entre amigo e inimigo à qual Platão chega em *Lísis*. Lise é separar, derrubar muros, recusar, mas também é redimir. A busca pelo significado da amizade se move por meio dos laços: "pelo lado de fora e bem aos pés do muro da cidade", pensando sobre os limites da cidade, há "um ginásio construído recentemente".[72] Nós criamos um espaço, formamos um fosso, "aqui, onde", "ali onde", no próprio lugar da resistência, diria Derrida.[73] Há todo um ruído lunático que Hipotalés emite constantemente; lise é seu fim e seu meio, que é interminável. *Lise* desafia *ana*, segundo Derrida.[74] A loucura é condição para que a questão da amizade surja. A loucura terá sido o método – uma resistência sem significado, lise sem origem ou fim – sem amizade, nem

---

68   F. Fanon, *Peau noire, masques blancs*, p. 8.
69   F. Fanon, *Black Skin, White Masks*, trad. Richard Philxon, 2008a, p. xiv.
70   F. Fanon, *Pele negra, máscaras brancas*, p. 28.
71   F. Fanon, *Black Skin, White Masks*, trad. Charles Lam Markmann, p. 10.
72   Platão, *Lísis*, p. 56.
73   J. Derrida, *Resistances of Psychoanalysis*, p. 24.
74   Ibid., p. 19-20.

primeiro nem último. Será *Lísis* a ponte invisível entre *Políticas da Amizade* e *Resistências da psicanálise*? Entre *Pele negra, máscaras brancas* e *Os condenados da terra*? O corpo que questiona, por ser um corpo que está em questão, é um experimento. Essa materialidade de/generativa, essa diferenciação sem fim, carrega o lamento autorreferente de Hipotalés. Sócrates se afina a isso sozinho, mas sempre interessado na interrelação entre questionar e desperguntar que é seu método sociodramático. A matéria para o pensamento é, aqui, a matéria do pensamento, que é a loucura do pensamento, fantasia no porão para Wilderson, a fuga da bruxa oferecida por Deleuze e Guattari[75] para a rematerialização rigorosa de Kara Keeling.

> Ademais, eu também me deleitava, como um caçador, por alcançar satisfatoriamente o que eu caçava. Em seguida, não sei de onde, sobreveio-me uma estranhíssima suspeita (...).
>
> Acaso não é necessário que renunciemos a esse caminho e encontremos algum princípio que não mais recaia sobre algum outro amigo, mas remeta àquilo que é o primeiro amigo em vista do qual, afirmamos nós, todas as outras coisas são amigas?[76]

Trane diz que toca múltiplas linhas no mesmo tema, toca o mesmo tema múltiplas vezes, porque ele não conhece o caminho único para o essencial. O questionar e desperguntar de Trane, seu método experimental – é também o método de Sócrates? A fantasia de Trane. Ele sonhou seu tesouro. Talvez soubesse que não há via única. Talvez não quisesse que houvesse uma única maneira. Ele não queria que fosse uma via única; havia as outras maneiras. O misticismo de Trane, a coletividade polivalente de sua preocupação constante com o começo, manifesta o problema da *aná-lise*, da improvisação como *auto-aná-lise*. Derrida[77] fala dessa não presença que, na medida em que é copresença, é a presença real, interditada e interpenetrante, do retorno arqueotrópico e da não chegada filolítica, onde meios e fins, objeto e

---

75 G. Deleuze; F. Guattari, *O que é a filosofia?*.
76 Platão, op. cit., p. 80-82.
77 J. Derrida, op. cit., p. 19-20.

objetivo, convergem, como no Tao, em suas incompletudes no interior de um campo social, como consentimento relativo ao conjunto, no qual quem vem primeiro é deslocado por quem vem por último, por aquilo que se supõe ter sido relegado ao pressuposto, já postulado vazio de uma embarcação preenchida com nada. Uma jarra ou caneca de cerâmica ou meu filho, suas intervenções de outro mundo, as intervenções de outro mundo de pessoas servidoras ou portadoras, seu pensamento do fora, sua disrupção do encerramento, sua suspensão da procura, são ignoradas, em comum, como a já (des)valorizada face inferior do que há de comum, que é animada por aquilo de que toma forma: "mera conversa fiada, reunida à maneira de um poema longamente composto."[78] As dívidas variavelmente públicas e privadas da fenomenologia com o sujeito transcendental e com a intersubjetividade transcendental são frequentemente manifestas como impaciência com a conversa fiada, com o papo furado, mesmo quando tal tagarelice é entendida como a insignificância sub-humana daquelas pessoas que são relegadas ao mais completo emprego possível, o que evoca não apenas a falta de palavra da música de trabalho como também o subtrabalho linguístico expropriado, expropriado dentro do projeto de subjetivação excludente e auto-possessiva, que se dá na forma da fala de má-fé da antipretitude. Isso quer dizer, e acho que é com isso que o Fanon está mais puto, e com todo direito, que as perguntas impertinentes do médico a pacientes pretes implicam de antemão uma resposta que seria dada nos gestos que acompanham a posicionalidade muda e impossível. Então, Fanon performa no pensamento o desperguntar aposicional de tal questionamento. Esse é o caráter de sua lise completa. Ela é completa, mas é uma finalização inexplicada, como diria Wallace Stevens. Essa é a análise interminável, oposta àquela que seria a última; a análise interminável de quem está no final, a sonoridade anaescatológica da alternativa inconcebível. Nós ainda temos que descobrir, temos que seguir descobrindo, como esse som soa, na contínua recusa de um posicionamento ou de uma jurisdição para tal escuta, na contínua crítica da

---

[78] Nessa passagem a tradução disponível em português não foi utilizada. (N.T.) Platão, *Lysis*, p. 166.

crítica de uma certa noção de juízo. A ausência e a recusa do posicionamento são dadas no som dessa ressonância, pelo qual Fanon nos leva, mas ao qual ele nem sempre escuta. Aqui é onde a problemática da lírica perturba e amplia a *lise*. Aqui é onde o que quer que seja que o patologista pretenda examinar, em sua própria diferenciação degenerativa e regenerativa, se move perturbando o posicionamento do patologista. Isso quer dizer que as ferramentas e protocolos e métodos do patologista, independentemente do quanto eles tenham possibilitado a abordagem, não podem, por assim dizer, dar um jeito de entrar na zona do não ser. De fora dessa zona, das ruínas do posicionamento, de uma das inumeráveis cascas de uma possibilidade inabitável, lise se transforma em autópsia, de forma que a generatividade do não ser – tal como é manifesta em ruído, tagarelice, algaraviada, pidgin e sua recusa à intersubjetividade imposta e impossível – é tida por esterilidade, sua fluidez tida por aridez. Mas nós notamos a beleza e insistência da afirmação animadora de Fanon, seu *clameur* animado. "Há uma zona de não-ser, uma região extraordinariamente estéril e árida, uma rampa essencialmente despojada, onde um autêntico ressurgimento pode acontecer. A maioria dos negros não desfruta do benefício de realizar esta descida aos verdadeiros Infernos."[79]

Declividade nua? Centrifugação gradiente, como diria Mackey. A zona do não ser é experimental, é um tipo de experimento, esse fio duplo do experimento, esse teatro da semelhança e da diferença no qual a socialidade da amizade transborda sua regulação política. Destino abaixo e afora, daí surge a diferença que a beleza terrena traz. Lísis, lise, liceu – Sócrates e Lísis, Césaire e Fanon, em algum lugar entre o Liceu e a Academia, o recital de um amor não correspondido.

> A Sociedade, ao contrário dos processos bioquímicos, não escapa à influência humana. É pelo homem que a Sociedade chega ao ser. O prognóstico está nas mãos daqueles que quiserem sacudir as raízes contaminadas do edifício.
> (...)

---

[79] F. Fanon, *Pele negra, máscaras brancas*, p. 26.

> É de bom tom preceder uma obra de psicologia por uma tomada de posição metodológica. Fugiremos à regra. Deixaremos os métodos para os botânicos e os matemáticos. Existe um ponto em que os métodos se dissolvem.[80]

Absorver de novo, dissolver e assimilar. "Gostaríamos de tomar posição sobre este ponto."[81] Esse apelo à reabsorção, outro termo/processo bioquímico que está livre de influência humana. Fanon utiliza metáforas bioquímicas para a aná/lise dos produtos sociogênicos através de meios sociogênicos. E aqui está o ponto crucial, que torna explícito o que iria emergir dessa sobreposição entre processos sociais e bioquímicos, práticas sociopsicanalíticas e experimentais. O laboratório – o encontro, a zona experimental do não ser – é a zona paraôntica ou anôntica? A qualidade-de-outra-forma-que-ser do experimento, que se revela ser ante-ética caso se entenda ética como Emmanuel Levinas a entende, nem doença nem morte. Essa socialidade interna do experimento, uma socialidade e uma sociologia do anôntico, uma biopoética do e no experimento, é dada na constante perturbação da linguagem que é a condição não original da linguagem. O experimento é poético; pidgin é uma poética.

Considere as restrições da poesia preta – da fantasia no buraco, ou no todo ou no porão ou no través. Se é uma restrição, como é a restrição? É, antes de tudo, como Spillers nos ensina, um campo conceitual. É um campo em que, mais precisamente, o conceito do objeto é como um imperativo tanto no âmbito do estudo quanto da performance, zonas nas quais nem a presunção nem a negação de si – cada qual com sua própria autorreferência obsessiva – são os limites da possibilidade poética, ela mesma animada pela lírica e pela lise, continuamente impulsionada para novos campos de esgotamento. Temos que trabalhar insistentemente – onde aridez é inseparável de uma hiper-hidratação; onde sede e submersão convergem; no porão em mar aberto – nessa inter-relação do estabelecimento ou do colapso da célula se quisermos algum dia participar do nasci-

---

80 Ibid., p. 28-29.
81 Ibid., p. 29.

mento da insurgência que Fanon profetiza e coloca em prática. A clivagem da célula é inseparável da cisão do eu, da qual se pode dizer que impõe o narcisismo e ao mesmo tempo constitui o seu desfecho. Há uma fono-óptica hidróptica do bálsamo geral e é a bomba geral!

    É como se Fanon estivesse comentando o diário inédito do seu próprio retorno, tendo em vista, precisamente, narrar obliquamente o desvio experimental. Essa poderosa autoanálise sociolinguística é uma espécie de ponto de partida, mas o que quero fazer é diminuir a velocidade e me demorar um pouco na questão do pequeno *Negro*, que é um monumento para o pensamento des *Negres* estivadores, des trabalhadores do campo, des vadies... O rebaixamento do homem preto ao pidgin entendido enquanto cárcere, enquanto encarceramento na passagem, uma inclinação experimental e nua, ou ambas as coisas, clama pela questão da relação entre a pretitude e o homem preto, a distinção paraontológica que está implícita por todo o texto de Fanon, precisamente no ou como o ponto em que a autoanálise passa a ser possível, aquele espaço do qual fala Sexton, onde discernimos a distinção entre perspectiva de comando e de visão. Mas nem em Fanon, nem em Sexton, nem em Wilderson, mesmo nos textos que somos forçades a chamar de autobiográficos, e, além deles, em nenhum lugar do não lugar estreito e extenso, do vasto campo ante e antiautobiográfico desde o qual e no qual o pensamento e a literatura pretas tramam o escape e fantasiam a fuga, pode ser dito que e autore brutalmente desautorizade está simplesmente falando de si. Es autores estão falando sobre *o* eu tendo em vista, especificamente, uma lise completa do corpo mórbido e/m seu universo mórbido. Fanon afirma, "Pretendemos, nada mais nada menos, liberar o homem de cor de si próprio",[82] o que remete ao um eu que ele não pode ter, ou ser, mas contra o qual é colocado sendo o ocupante de nenhuma posição. Essa liberação se completa em Fanon? A autoanálise, que é o nome que Cecil Taylor dá à improvisação, pode nos liberar do eu ou apenas garantir mais ainda nosso encarceramento? De novo, essa questão não aparece só em relação a Fanon, mas também em relação a Olaudah Equiano e Mary Prince, Douglass

---

[82] Ibid., p. 26.

e Harriet Jacobs, Du Bois e Anna Julia Cooper, Wilderson e Hartman, impregnando através do e no traço autobiográfico que continua a animar a tradição radical preta. Por outro lado, a nova música preta é toda assim: encontre o eu, depois o mate, como o trabalho de Philip demonstra. No entanto, para ecoar Ralph Ellison mais uma vez, poucas pessoas realmente escutam essa música. Aliás, é igualmente raro que quem produz essa música realmente a escute, daí o desafio contínuo, a construção contínua, do intramural.

    Não estou certo que Fanon realmente escute ou que, mais genericamente, realmente apreenda o simpósio que nos prepara. É possível que se diga que essa preparação ganha a forma de um sacrifício no qual Fanon assume a tarefa desagradável de descrever rigorosamente o que existe de odioso no jeito que a antipretitude ouve mal o *ouvir-dizer*. Os discos riscados nada ajudam, exceto a disparar uma renegação violenta. A distância entre "eu não soo assim" e "eu não sou assim", na sua vastidão incomensurável, é infinitesimal. A fala preta, o pequeno *Negro*, assumem uma cultura ou suportam uma civilização? Do contrário, então como poderia ser uma fala? O que significa considerar que a fala preta é o som da alienação natal, o som da existência sem herança, sem patrimônio? Significa, em primeiro lugar, que todos esses termos devem ser reavaliados, especificamente a partir da perspectiva esgotada de quem é ao mesmo tempo (des)valorizade e inestimável. Quando Fanon fala da "originalidade cultural local"[83] quem ou o que está falando? Quem fala da possessão de uma linguagem, de uma cultura, de (uma) civilização? Quem fala *da necessidade* de uma herança cuja ausência é entendida como um ser nada relativo? Fanon se movimenta por meio de um modelo de sujeito que evacua enquanto escreve. Em certo sentido, é a formulação de James Snead; em outro, uma formulação de Gordon. Derrida também fala, no contexto da Argélia, de uma problemática do sotaque que corresponde a seu modo ao *r* engolido pelas pessoas da Martinica do qual fala Fanon. A força de despossessão da fala preta, em um sentido confirma, e em outro oblitera "o monolinguismo do Outro".[84]

---

83 Ibid., p. 34.
84 J. Derrida, *Monolingualism of the Other; or The Prosthesis of Origin*.

Minha linguagem não é minha, também, porque o que há nela de subcomum corta a mim e a quem está comigo. O problema é que Fanon salta de uma análise da situação social do pidgin na França, da sua força de adjunto verbal, para uma imposição visual, sem investigar a situação social da produção do pidgin e sem levantar a questão da sua estrutura, da sua sintaxe, da sua lógica. Ele presume, simplesmente, que seja tanto posterior quanto subordinado à inquestionabilidade da norma. É realmente possível que a pessoa recém-retornada pense sobre o pidgin? Colocado de outro modo, Fanon nos prepara para Glissant com a sua lise do corpo mórbido, que começa com uma atenção à linguagem e que é levada adiante na sua investigação da estrutura da epidermização, na qual a suposta imposição do pidgin e a imposição do desejo pelo Francês, em sua *interinanimação*, formam um tipo de suplemento e servidor verbal.

> "Preto sujo!" Ou simplesmente: "Olhe, um preto!"
>
> Cheguei ao mundo pretendendo descobrir um sentido nas coisas, minha alma cheia do desejo de estar na origem do mundo, e eis que me descubro objeto em meio a outros objetos.
>
> Enclausurado nesta objetividade esmagadora, implorei ao outro. Seu olhar libertador (...) me devolveu uma leveza que eu pensava perdida (...) Não adiantou nada. Explodi. Aqui estão os farelos reunidos por um outro eu. (...)
>
> Depois tivemos de enfrentar o olhar branco. Um peso inusitado nos oprimiu. O mundo verdadeiro invadia o nosso pedaço. No mundo branco, o homem de cor encontra dificuldades na elaboração de seu esquema corporal. O conhecimento do corpo é unicamente uma atividade de negação (...)
>
> "Olhe, um preto!" (...)
>
> "Olhe, um preto!" (...)
>
> "Olhe, um preto!" (...)
>
> "Mamãe, olhe o preto, estou com medo!" Medo! Medo! E começavam a me temer. Quis gargalhar até sufocar, mas isso tornou-se impossível.[85]

---

[85] F. Fanon, *Pele negra, máscaras brancas*, p. 103-104.

Fanon investiga o que é estar ávide para compreender e descobrir ao passo que se é usurpade de sua capacidade de ter uma participação. Sem passado, sem futuro, sem existência, "Minha originalidade me foi extorquida".[86] A natalidade fracassada da pessoa fabricada explode de tal modo que o mecanismo (o instrumento, o brinquedo) pode, pelo menos, se recompor. Essa é a trajetória da desconstrução preta de Fanon, que termina numa imagem de uma reconstituição inquisitiva, *como se* o projeto futurista de pretitude que ele rechaça estivesse para sempre destinado a ser vivido somente nele e através dele. A reificação que ele decretou é sufocada na ausência de outra aspiração. Isso atrela o colapso do esquema corporal a um esquema epidérmico-racial. Como consequência da interrelação entre implosão e explosão, a lição de Fanon toma a forma de uma reconstrução *post mortem*. É uma fenomenologia forense: autópsia, testemunha ocular, determinação inabalável da causa de nossa socialidade, que é tomada como nossa morte, dada em ou iniciada por metáforas da bioquímica e suplementada por figuras textuais e têxteis. A pigmentação a que se fez alusão no início será agora aplicada a fios recém-tecidos para que a libré se faça em nome de uma determinação visual estrita. Fanon vê tudo tão nitidamente agora, e a ironia, claro, é que os olhos com os quais ele vê não são seus. Vê-se somente pela perspectiva do Outro, com os instrumentos de outrem, que são fabricados por outrem. Como explicamos esse empréstimo forçado do senso normativo, dos sentidos normativos, e das formas que isso toma? Ademais, o que resta em silêncio nesse campo ocular? Fanon consegue sair do acerto estrutural bruto que esse regime de crédito impõe? O saber forense que sustenta essa reconstrução *post mortem* é uma imposição/dádiva que o fato de "enfrentar o olhar branco" atribui. E se a consciência da dupla consciência for um efeito de considerações paraontológicas? E se o começo auspicioso de Du Bois tiver sido deixado para fora da faixa em Fanon, mas precisamente para ser colocado ao longo de múltiplas faixas? Aqui, creio eu, é onde a distinção entre sociologia e sociogenia se volta para um conhecimento sociopoético da presença real das pessoas em sua formação e no seu fazer, na qual a atribuição

---

86 Ibid., p. 118.

retrospectiva da ausência, que faz Fanon habitar a problemática da condenação, ativada em seu retorno a sua terra natal, se dá em e para uma poética lírica e analítica do processo de transubstanciação revolucionária que se inicia com a experiência do não retorno do não nativo para a cidade e para o ex-senso consensual de sua fala social, na qual e por meio da qual nós estudamos o que é viver no que é chamado de despossessão. Essa é uma problemática que aparece em relação a *mu*, à condição de ser nada, bem como em relação à questão do ser e seu desperguntar (e o desmascaramento de quem a enquadra).

John Donne diz:[87] "Se eu fosse um nada comum, como uma sombra/ Uma luz e um corpo em algum lugar haveriam de estar// Mas eu não sou Nada disso/ e nem o meu sol se renovará". Diante da ausência do que é entendido por luz, na ausência do pensamento e do esquema, que é chamado corpo, como nós descrevemos o nada extraordinário ou absoluto? É tal incerteza certa, uma inabilidade de distinguir a si-mesmo [*oneself*] da coisa de alguém [*one's thing*] que implica, mais precisa e urgentemente, essa disrupção da distinção entre si e coisa que torna a possessão possível? O esquema corporal se manifesta como (um colapso na) implicação entre (conhecer) a necessidade de apreensão e a capacidade de apreender, na qual necessidade e capacidade denotam, por sua vez, uma implicação entre saber e agir. Sem alcance ontológico, sem apreensão epistemológica. Entretanto é precisamente esse saber implícito (da diferença entre si e coisa) que encarna questões. Linebaugh fala desse disparate, a afirmação extrasensorial, que deve ter surgido no porão do navio, que foi um laboratório de linguagem, uma zona de entonação experimental e audiovisual, mas também – e é Omise'eke Natasha Tinsley[88] que acessa essa quase completa inacessibilidade – uma cena, um vestíbulo erótico, uma prisão de prazer violento, onde a carne é extraída na exposição absoluta de um terrível segredo aberto. As críticas a Linebaugh, algumas no melhor velho estilo marxista, antecipatórias de Patterson e sua rejeição do senso comum em

---

[87] J. Donne, *Um noturno sobre o dia de Santa Lúcia, sendo o dia mais curto*. Trad. Sonia Moreira. Disponível em <http://teologiaeliturgialuterana.blogspot.com/2013/12/john-donne-e-o-dia-de-santa-luzia.html>. Acesso em 21 dez 2020.
[88] O. N. Tinsley, "Black Atlantic, Queer Atlantic: Queer Imaginings of the Middle Passage", p. 191-215.

nome dos fatos, dizem que não, que nada poderia surgir de tamanha privação social (a não ser a pobreza do informal, que es crítiques não têm nem a capacidade nem o desejo de pensar em seu ritmo incalculável). Ao que eu responderia sim. Apenas nada. Apenas aquele menos ou mais do que a socialidade subjetiva e sujeitada. Fantasia no porão. Basicamente, isso quer dizer, no âmbito dos reais objetivos intelectuais e sociais de Sexton, isso se não no âmbito dos objetos críticos específicos de seu trabalho, eu fecho com ele ao localizar meu otimismo em proximidade aposicional a seu pessimismo, mesmo que minha tendência seja não falar sobre a relacionalidade dentro/fora da morte social e da vida social quando falo em termos de aposição e impregnação, e não em termos de oposição e cercamentos. Talvez essa diferença acabe suportando e fazendo mais diferença se for acompanhada de outro tipo de afinação com algumas outras e mais amplas noções de gozo e abandono; talvez a diferença possa ser esclarecida por meio do brilho da interpelação de Sexton do brilho de Gordon.

> É precisamente isso que Gordon afirma serem o valor e a perspicácia de Fanon: ele [Fanon] aceita completamente a definição de si mesmo como patológico, à medida que ela é imposta por um mundo que reconhece a *si mesmo* através dessa imposição, em vez de permanecer numa atitude reativa que insiste na (...) heterogeneidade [ou diferença] entre um si e uma *imago* que se originam na cultura. Ainda que possa parecer contraintuitiva, ou talvez por ser contraintuitiva, essa (...) afirmação [do patológico] é ativa; é uma disposição ou, em outras palavras, disponibilidade a pagar quaisquer custos sociais que se herde por ser prete, por habitar a pretitude, por viver uma vida social preta à sombra da morte social. Essa não é uma acomodação aos ditames do mundo antipretes. A afirmação da pretitude, que é o mesmo que dizer uma afirmação do ser patológico, é uma recusa em distanciar a si mesmo da pretitude em uma valorização das diferenças menores que nos aproximam da saúde, da vida ou da socialidade.[89]

---

[89] J. Sexton, "The Social Life of Social Death: On Afro-Pessimism and Black Optimism", p. 27.

Uma lise completa, ou seja, lírica, de nossa socialidade terrena e em carne viva, que é frequentemente tomada por corpo ou universo mórbido, nos requer reconhecer que a pretitude não é redutível a seus custos sociais; ela também é manifestada em um conjunto de benefícios e responsabilidades. E se eu disse que a postulação serialmente epigráfica de nossa condição de miséria não chega perto de entender quão terrível ela foi e quão terrível ela é, estendendo, assim, mais do que forcluindo, a vigilância e as vistas grossas que se faz da escravização e de sua sobrevida, eu o faria enumerando não apenas a imposição do custo, mas a interdição do benefício. Pagar implica capacidades de ter e de abrir mão que são irredutíveis à expropriação. Escolher ser prete implica pagar o preço; é uma espécie de gesto ético que reivindica essa despossessão, essa condição de ser nada, essa pobreza-no-espírito radical. É isso que o afropessimismo performa, na e como teoria – um gesto afirmativo em direção ao ser nada, uma afirmação da negação e de sua força destrutiva. Implica e demanda uma ontologia política negativa que se manifesta como um tipo de niilismo afirmativo.

De todo modo, meu primeiro impulso ao ler a longa declamação, à moda de Trane, da passagem de Wilderson em *Incognegro* sobre sua troca com sua amiga e colega Naima foi perguntar, em certa refutação quineana, por que somos alguma coisa além de nada? Mas a real tarefa, e eu sigo as pegadas de Sexton ao assumi-la, é pensar sobre a relação entre algo e nada ou, se preferirmos, entre vida e morte. A vida está cercada pela morte ou cada uma delas se move para e na impregnação constante da outra? Mas isso não é sequer preciso o suficiente. A questão é: por onde e como alguém seguiria estudando a presença real do nada, a presença material, a qualidade de fato, do nada que é? Qual postura, qual atitude, qual comportamento? Se o pessimismo nos possibilita discernir que somos nada, então o otimismo é a condição de possibilidade de estudo do nada, bem como o que deriva desse estudo. Quem se envolve nesse estudo e quem deriva dele somos nós: pretitude como estudo preto e como radicalismo preto. No fim, precisamente como no fim de uma análise, o pagamento de um conjunto de custos sociais terá se aglutinado na inabilidade de calcular corretamente a condição de ser nada que se reivindica. A pretitude é mais do que o preço a pagar. O nada não é ausência. A pretitude é mais e menos do que um no nada. Essa insoberania informal, informante, insolvente é a real presença do nada do qual viemos, que carregamos e que produzimos.

  Consideremos a relação entre condição de ser nada e esgotamento tal qual Deleuze[90] a descreve por meio de Samuel Beckett: a real presença, a presença da coisa esgotada, sua ecologia diferencial, sua "ecologia inspirada do eco" [*echo-muse-ecology*],[91] para citar Stephen Feld, seu clamor, seu *clameur*, sua clamação, sua demanda, seu reclamo, sua reclamação, seu trabalho e sobreposições e dobras, como na inclinação an(a)temática de Jacques Coursil, que também trompeta um movimento do sujeito político para o sujeito da vida.[92] Estar sujeito à vida pode ser entendido como certa existência encantada pela generatividade. O que o *continuum* biopolítico (a trajetória da disseminação ilegítima e especulativa da soberania) tenta regular, suprimir e consumir é a poética social, a socialidade estética dessa generatividade. O cuidado de si, que pode ser tomado como um tipo de membro dissidente do conjunto das várias tecnologias de si, é parte da história da soberania tanto quanto a desconstrução biopolítica da soberania é uma continuação dessa história. Outra forma de dizer isso é que a biopolítica já está dada na figura do animal político; que o movimento da história natural para a biologia é uma trajetória suspensa; que a regulação da generatividade já está pressuposta na ideia de uma espécie natural. O princípio teleológico, que pretende interromper e inutilizar a catalogologia[93] [*catology*] que acompanha a biopolítica, restabelece seu fundamento e ímpeto, que é a soberania. Isso afirma algo com o qual se deve trabalhar: a relação entre princípio teleológico e soberania, que

---

90 G. Deleuze, *Sobre teatro: um manifesto de menos / O esgotado*.
91 S. Feld, "From Ethnomusicology to Echo-Muse-Ecology: Reading R. Murray Schafer in the Papua New Guinea Rainforest".
92 Eu tenho pensado nos *Clameurs* de Jacques Coursil (2007), nos quais seu "solo" de trompete é acompanhado pela perturbação percussiva de Fanon da própria lógica da pergunta, de um modo que pode ser ouvido em sua proximidade ao dueto de Cherry e Blackwell.
93 Em inglês, *catology*. Em consulta ao autor, Moten explicou que a palavra remete ao uso do princípio teleológico por Kant como uma forma de recusar o impulso de meramente catalogar e enumerar a organização teleológica da diferença na natureza ao invés de entende-la. (N.T.)

se estabelecerá não ao recorrer a Deus como soberano criador mas pela apelação à subjetividade transcendental como um tipo de gerente (da criatividade ou da generatividade anoriginal). O que é interessante e está implícito aqui, aquilo sobre o que Kant se debruça e com o que está incessantemente lidando, é o sujeito político como espécie natural, o sujeito político como sujeito da história natural. A suspensão móvel e a capela da quebrada do pidgin, a igreja, logos e encontros do pequeno Negro, esses encontros no e contra o mundo, e do mundo como porão, manjedoura, deserto, tumba, cenáculo e célula: há fantasia em todos eles, o que nos faz imaginar o que acontece quando colocamos nossa fantasia em espera, quando o que é visto e cantado sobre ser-libertade é, de uma só vez, não retido e não transmitido.

Apenas amigues, ainda

No que me diz respeito, por meio de um exemplo ao qual Sexton recorre para explicar (e afastar) a diferença que reside entre nós, com o que nos cerca, com o que é a natureza do cercamento e da clausura, eu também estou preocupado, por necessidade, com a relação entre o dentro e o fora, o intramuro e o mundo. A diferença, que não é uma só, é para Sexton uma questão de "alcance ontológico". Talvez ele pense que essa diferença é teórica, matéria de cálculo sobre infinitos, entendendo que o infinito da morte social é maior, por assim dizer, do que o da vida social; que o mundo é maior que o outro mundo, o submundo, o mundo exterior da música interior, a extensão e a exterioridade radicais que animam o mundo interno enclausurado e aprisionado de quem, poderíamos dizer, não é pobre de mundo, mas é, para ser mais preciso, pobre-no-mundo. As pessoas pretas são pobres no mundo. Somos desprovides no mundo, e, de certa maneira, mais e menos desprovides de mundo. A questão é como participar dessa pobreza, dessa condenação, dessa miséria. Invoco a formulação de Heidegger a respeito do animal, que é pobre de mundo, contra o contorno enterrado de sua pergunta sobre como a tecnologia tende a deslocar o mundo com uma imagem do mundo, para fazer a distinção entre o estatuto do animal e o nosso, o que algumas pessoas podem achar ainda mais perturbador. O que significa ser pobre no mundo? O que é essa pobreza mundana, e qual sua relação com essa outra mundanidade que desejamos e colocamos em prática, na exata medida em que ela está presente para nós e presente em nós? Sexton caracteriza essa pobreza mundana como alcance ontológico atenuado, mas dizer isso é arriscado e requer cuidado. A pobreza neste mundo se manifesta em um tipo de acesso poético àquilo que do outro mundo permanece inaudito, não notado, não reconhecido neste mundo. Se essas fontes são chamadas de vida magnânima, vida social na morte social, vida mortal ou vida bruta, fica por considerar exatamente aquilo que possui quem não possui nada. O que é o nada que essas pessoas possuem ou ao qual têm acesso? O que surge daí? E como possuir isso opera em relação à pobreza?

Ao mesmo tempo, para Sexton, o reconhecimento dessa atenuação (que marca o fato de que o mundo tonal é, por assim dizer, cercado pelo mundo surdo) é compreendido como indicação da posse do, por assim dizer, alcance ontológico. Talvez haja uma outra distinção entre a extensão ôntica e a apreensão ontológica. No entanto quem, senão o sujeito transcendental, pode ter essa apreensão ou conquistar a posição ou a perspectiva correspondente? Husserl, no fim de sua carreira, quando a própria conquista dela foi radicalmente questionada, fala sobre a exaltada coordenação olho-mão como a atitude fenomenológica; poucos anos antes, quando sua carreira estava bem próxima do ápice, e ele poderia afirmar ser o mestre de tudo que pesquisou – modestamente, nas extremidades de seu trabalho, sob o sopro do seu trabalho a exigir uma sintonização mais geral com sussurro fenomenológico –, Husserl fala nestes termos: "vejo espalharem-se diante de mim as planícies infinitamente abertas da verdadeira filosofia, a 'terra prometida', ainda que seu cultivo completo venha depois de mim".[94] Marianne Sawicki é especialmente útil neste caso, uma vez que ela é capaz de provocar as implicações das imagens de Husserl de forma precisa.

---

94 E. Husserl, *Ideas Pertaining to a Pure Phenomenology and to a Phenomenological Phylosophy - First Book: General Introduction to a Pure Phenomenology*, p. 429.

> Por meio desta metáfora espacial e geográfica da travessia para a "nova terra", Husserl transmite algo da aventura e da coragem pioneira que deve acompanhar o trabalho fenomenológico. Esta ciência está relacionada a um novo campo de experiência, exclusivamente seu, o campo da "subjetividade transcendental", e oferece "um método de acesso à esfera transcendental-fenomenológica". Husserl é o "primeiro explorador" deste maravilhoso lugar.[95]

Devemos ser franques em reconhecer que esta posicionalidade é o desejo que Fanon admite – apenas, talvez, para renegá-lo na sequência – quando conduz suas investigações filosóficas acerca da experiência vivida da pessoa preta. Surgem duas questões: Ele o renega? Ou seria isso, necessariamente, a essência mesma do que Wilderson chama de "nossa capacidade preta de desejar"? Alguns pontos dos primeiros parágrafos da análise fenomenológica de Fanon parecem mais nítidos para mim agora do que no momento em que eu compunha "The Case of Blackness".[96] O desejo de conquistar a autoestima da subjetividade transcendental é enfático mesmo estando presente para marcar primeiramente uma interdição, um antagonismo, um declive, uma queda no experimento mortal que terá produzido "um autêntico ressurgimento",[97] o fim do mundo e o começo da despossessão geral que terá sido entendida em uma relação de custo e benefício. Mas o desejo retorna como uma espécie de autoimagem residual do fenomenologista que ele quer – mas não pode – ser, para enunciar a ontologia (política) que ele diz ser proibida, naquilo que caracterizaria como a linguagem neurótica da exigência, convocada, como ele também foi, a ser testemunha num tribunal no qual não tem posição, o que requer que reconsideremos, por meio de e para além de certa virada à la Boal, o que é ser espectador/atore [*specta(c)tor*]. Em outro trabalho, afirmei equivocadamente que Fanon estava dizendo que não há nem poderia haver vida social preta.[98] Agora acredito que o que ele diz é que a vida social preta

---

95 M. Sawicki. "Edmund Husserl (1859-1938)".
96 F. Moten, "The Case of Blackness", p.177-218.
97 F. Fanon, *Pele negra, máscaras brancas*, p. 26.
98 F. Moten, op. cit, p. 177.

é tudo o que pode haver. A antefenomenologia do espírito que constitui *Pele negra, máscaras brancas* prepara nossa abordagem do fundamento sociológico, ou, mais precisamente, sociopoético, como diria Du Bois e posteriormente Walter Rodney, por meio da descrição da impossibilidade de uma vida *política*, que era, neste momento e em grande parte da sua trajetória, a principal preocupação de Fanon. A vida social da pessoa preta ou colonizada certamente nos é oferecida em ou através de Fanon, frequentemente em seus estudos de caso, às vezes em verso, outras em sua narrativa do percurso da esquadra revolucionária. É como se Fanon quisesse nos lembrar que as pessoas lunáticas, as amantes (revolucionárias) e as poetas são compostas tão somente de imaginação. Essas pessoas ocupam e estão preocupadas com uma zona alternativa, a zona do não ser (a tendência da disposição extravagante para cortar e deslocar a posição orgânica) que nos pede e requer que consideremos se é possível diferenciar um lugar ao sol, uma terra prometida, um lar – ou simplesmente um tempo e um espaço – neste mundo, da posição do colonizador. É possível desejar algo que não seja a subjetividade transcendental que é chamada de nada? E se a pretitude for o nome dado ao campo social e à vida social de uma capacidade alternativa e ilícita de desejar? Sendo direto, penso que a pretitude é exatamente essa capacidade. Quero que ela seja meu estudo constante. Eu a escuto em toda parte. Ou, pelo menos, eu tento escutar. Se leio corretamente Sexton, depois de tentar superar a severidade generosa de sua lição, ele se opõe, correta e legitimamente, ao fato de que, nos textos que ele cita, eu não tenha procurado essa capacidade o suficiente nos textos afropessimistas para os quais me dirigi algumas vezes. Nos gestos que fiz aqui, espero ter demonstrado o que fiquei tão feliz de encontrar, esta projeção, ou revezamento, ou amplificação praticada pela imaginação paraontológica que anima e agita a força antirregulatória do afropessimismo.

O otimismo preto e o afropessimismo são assintóticos. Qual é a curva e qual é a linha? Qual é o *kernel* e qual é o *shell*? Qual é o racional, qual é o místico? Pouco importa. Digamos apenas que esse não encontro é parte de um episódio maníaco-depressivo contínuo chamado radicalismo preto/ vida social preta. Este não encontro íntimo, esta impossibilidade de toque em radiação e permeação mútuas, são só um conflito interno menor? Pessimistas e otimistas podem ser amigues? Espero que sim. Talvez a amizade seja isso, essa bipolaridade ou, para ser mais preciso, o compromisso com ela. Dizer que somos amigues é dizer que queremos ser amigues. Quero tentar falar da natureza e da importância da amizade que eu quero, que gostaria que tivéssemos, que estamos prestes a ter, e que, no sentido mais profundo, já temos algo além; amizade essa fundamentada e possibilitada por tal compromisso ao mesmo tempo que é continuamente pensada e tocada de novo por meio de nossas diferenças, que é mantida no que temos em comum e que sustenta esse comum. A diferença tem a ver com uma calibragem adequada dessa bipolaridade. Sexton tem razão ao sugerir que a oposição, demasiado simplista, entre pessimismo e otimismo é uma bobagem, e que eu estava errado em lhe dar prosseguimento, ou estava errado em ir adiante com uma imprecisão que fez parecer como se eu, tendo sido seduzido por uma certa heurística e sua sonoridade, estivesse seduzindo, inadvertidamente, outras pessoas a confundirem uma corrente alternada por uma corrente contínua. Essa bipolaridade é, toda ela, demasiadamente complexa para tal movimento; e quero realmente que vocês escutem o nosso trabalho, esse *sub-riff* que temos tentado tocar, estudar, improvisar e compor no tempo hiperreal do nosso pensamento e do desejo desse pensamento. Há uma ética do corte, da contestação, que procurei honrar e iluminar porque ela demonstra e articula um jeito outro de viver no mundo, um jeito preto de viver juntes no outro mundo que estamos constantemente produzindo neste e a partir deste mundo, na planetaridade alternativa que a presença intramural e de diferenciação interna – a presença (sur)real – da pretitude alinha serialmente como um arejamento persistente, como uma reviravolta insistente do solo sob nossos pés que é a preparação indispensável para a derrubada radical do solo em qual nos encontramos.

Bibliografia

DELEUZE, Gilles. *Foucault*. Trad. Claudia Sant'Anna Martins. São Paulo: Brasiliense, 2013.

DELEUZE, Gilles. *Sobre teatro: um manifesto de menos / O esgotado*. Trad. Fatima Saadi, Roberto Machado, Ovidio de Abreu. Rio de Janeiro: Zahar, 2010.

DELEUZE, Gilles; GUATTARI, Félix. *O que é a filosofia?* Trad. Bento Prado Jr. e Alberto Alonso Muñoz. São Paulo: Editora 34, 1996.

DERRIDA, Jacques. *Monolingualism of the Other; or The Prosthesis of Origin*. Trad. de Patrick Mensah. Stanford, CA: Stanford University Praess, 1998.

DERRIDA, Jacques. *Resistances of Psychoanalysis*. Trad. Peggy Kamuf, Pascale-Anne Brault e Michael Naas. Stanford, CA: Stanford University Press, 1998.

DONNE, John. "A Nocturnal upon S. Lucy's Day", in SMITH, A. J. (ed.). *The Complete English Poems*. Nova York: Penguin, 1977.

DOUGLASS, Frederick. "To Thomas Auld, September 3, 1848", in FONER, Philip S. (Ed.). *Frederick Douglass: Selected Writings and Speeches*. Chicago: Chicago Review Press, 2000.

FANON, Frantz. *Black Skin, White Masks*. Trad. Charles Lam Markmann. Nova York: Grove, 1967.

FANON, Frantz. Black Skin, White Masks. Trad. Richard Philcox. Nova York: Grove, 2008.

FANON, Franz. *Peau noire, masques blancs*. Paris: Éditions du Seuil, 1952.

FANON, Franz. *Pele negra, máscaras brancas*. Trad. Renato da Silveira. Salvador: EdUFBA, 2008.

FELD, Stephen. "From Ethnomusicology to Echo-Muse-Ecology: Reading R. Murray Schafer in the Papua New Guinea Rainforest". *Soundscape Newsletter*, nº 8, 1994.

FOUCAULT, Michel. *História da Loucura*. Trad. José Teixeira Coelho Netto. São Paulo: Perspectiva, 1978.

GLISSANT, Édouard. "One World in Relation: Édouard Glissant in Conversation with Manthia Diawara", Nka: *Journal of Contemporary African Art*, nº 28, p. 4-19, 2011.

HEINE, Steven. "Four Myths about Zen Buddhism's *Mu Kōan*", 2012. Disponível em <www.blog.oup.com/2012/04/four-myths-about-zen-buddhisms-mu-koan/> Acesso em 10 jan 2020

HUSSERL, Edmund. *Ideas Pertaining to a Pure Phenomenology and to a Phenomenological Phylosophy - First Book: General Introduction to a Pure Phenomenology*. Trad. Fred Kersten. The Hague: Martinus Nijhoff, 1982.

JANMOHAMED, Abdul R. *The Death-bound Subject: Richard Wright's Archaeology of Death*. Durham, NC: Duke University Press, 2005.

LINEBAUGH, Peter. "All the Atlantic Mountains Shook", *Labour / Le Travail*, vol. 10, p. 87–121, 1982.

MACKEY, Nathaniel. *Atet A. D.* San Francisco: City Lights Books, 2001.

MACKEY, Nathaniel. *Splay Anthem.* Nova York: New Directions, 2006.

MELLINO, Miguel. "The *Langue* of the Damned: Fanon and the Remnants of Europe", *South Atlantic Quarterly*, vol. 112, nº 1 p. 79–89, 2013.

MOTEN, Fred. "The Case of Blackness". *Criticism 50*, nº. 2, p. 177–218, 2008.

NISHIDA, Kitaro. "The Logic of the Place of Nothingness and the Religious Worldview", in *Last Writings: Nothingness and the Religious Worldview.* Trad. David W. Dilworth. Honolulu: University of Hawaii Press, 1987.

PATTERSON, Orlando. *Slavery and Social Death: A Comparative Study.* Cambridge, MA: Harvard University Press, 1982.

PLATÃO. "Lísis". Trad. Helena Maronna, in MARONNA, Helena. *Lísis de Platão: tradução, estudo introdutório e notas.* Dissertação de Mestrado, Faculdade de Filosofia, Letras e Ciências Humanas, São Paulo, USP, 2014.

PLATÃO. "Lysis". Trad. J. Wright., in HAMILTON, Edith; CAIRNS, Huntington (eds.). *The Collected Dialogues.* Princeton, NJ: Princeton University Press, 1961.

REDIKER, Marcus. *The Slave Ship: A Human History.* New York: Viking, 2007.

SAWICKI, Marianne. "Edmund Husserl (1859–1938)", in: *Internet Encyclopedia of Philosophy: A Peer-Reviewed Academic Resource*, s/d.

SEXTON, Jared. "People-of-Color-Blindness." *YouTube*, 2011. Disponível em <www.youtube.com/watch?v=q NVMI3oiDaI>. Acesso em 20 mai 2013.

SEXTON, Jared. "The Social Life of Social Death: On Afro-Pessimism and Black Optimism", *InTensions*, nº 5, p. 28, 2011. Disponível em <www.yorku.ca/intent/issue5/articles/jaredsexton.php>. Acesso em 30 abr. 2021.

TINSLEY, Omise'eke Natasha. "Black Atlantic, Queer Atlantic: Queer Imaginings of the Middle Passage", *GLQ: A Journal of Gay and Lesbian Studies*, vol. 14, nº 2-3, p. 191-215, 2008.

WAGNER, Bryan. *Disturbing the Peace: Black Culture and the Police Power after Slavery.* Cambridge, MA: Harvard University Press, 2009.

WILDERSON, Frank B., III. *Incognegro*: A Memoir of Exile and Apartheid. Cambridge, MA: South End, 2008.

WILDERSON, Frank B., III. *Red, White, and Black: Cinema and Structure of U.S Antagonisms.* Durham, NC: Duke University Press, 2010.

WRIGHT, Jay. *Disorientations: Groundings.* Chicago: Flood Editions, 2013.

YAMADA, Koun. *The Gateless Gate: The Classic Book of Zen Kōans.* Somerville, MA: Wisdom Publications, 2004.

Hackeando o Sujeito: feminismo negro e recusa além dos limites da crítica)[1]

Denise Ferreira da Silva

Tradução
Fernanda Silva e Sousa

> O que isso significa, quando as ferramentas de um patriarcado racista são usadas para examinar os frutos desse mesmo patriarcado? Significa que há limites restritos para as mudanças possíveis e admissíveis. (...) Aquelas entre nós que estão fora do círculo do que a sociedade julga como mulheres aceitáveis; aquelas de nós forjadas nos cadinhos da diferença – aquelas de nós que são pobres, que são lésbicas, que são negras, que são mais velhas – sabem que a sobrevivência não é uma habilidade acadêmica. (...)

Audre Lorde, *Irmã Outsider*[2]

> Olha pra mim! Olha pro meu braço! Eu arei e plantei e recolhi a colheita em celeiros e homem nenhum podia estar à minha frente! E eu não sou uma mulher? Eu podia trabalhar e comer tanto quanto um homem –

---

[1] Denise Ferreira da Silva, "Hacking the Subject: Black Feminism and Refusal beyond the Limits of Critique" in *philoSOPHIA*, Volume #8, Issue #1. "Reprinted by permission from philoSOPHIA Volume #8, Issue #1 - Biannual edited by Lynne Huffer and Shannon Winnubst, the State University of New York Press ©2018, State University of New York. All rights reserved.

[2] A. Lorde, *Irmã Outsider*, trad. Stephanie Borges. Belo Horizonte: Autêntica, 2019.

> quando eu podia – e suportar o chicote também! E eu não sou uma mulher? Eu tive treze filhos e vi a maioria deles ser vendida para a escravidão e, quando gritei chorando meu luto de mãe, ninguém além de Jesus me escutou. E eu não sou uma mulher?

Sojourner Truth, *E eu não sou uma mulher?*

> Entretanto deveria ser notado que Du Bois se aproxima da linhagem materna e paterna sob o escopo do patriarcado. Por um lado, nós reconhecemos a replicação de um velho e persistente discurso sexista de parentesco, que deve ser questionado. Por outro, parte do valor da narrativa de Du Bois é seu efeito irônico, sua paradoxal dessedimentação da paternidade, em particular a forma que apareceria em um horizonte marcado nas Américas pela ideia de raça como não marcada, a chamada paternidade branca. Ao dessedimentar sua paternidade "miscigenada", ele levanta questionamentos sobre a chamada genealogia pura (...) e, no final das contas, sobre qualquer noção de origem pura no geral.

Nahum D. Chandler, *X-The Problem of the Negro as a Problem for Thought*

> A carne é a concentração de "etnicidade" que os discursos críticos contemporâneos não reconhecem nem refutam. É essa entidade de "carne e sangue", no vestíbulo (ou na "pré-visualização") de uma América do Norte colonizada, que é essencialmente ejetada do "Corpo Feminino na Cultura Ocidental" mas produz uma boa teoria, ou uma "história dela" comemorativa para querer "esquecer", ou para dizer não perceber, que o sujeito africano feminino, sob essas condições históricas, não é apenas alvo de estupro – em certo sentido, uma violação interiorizada do corpo e da mente –, mas também o tema de atos especificamente *externalizados* de tortura e prostração que imaginamos como o domínio peculiar da brutalidade *masculina* e da tortura infligida por outros homens. Um corpo feminino pendurado no galho de uma árvore ou com o seio sangrando em um dia qualquer de trabalho no campo porque o "capataz",

a uma chicotada de distância, arrebentou e arregaçou sua carne adiciona uma dimensão lexical e viva às narrativas das mulheres na cultura e na sociedade. Esta cena materializada da carne feminina desprotegida – da carne feminina "*desgenerificada*" – oferece uma práxis e uma teoria, um texto para viver e para morrer, e um método para ler a ambos através de suas diversas mediações.

Hortense Spillers, *Bebê da mamãe, talvez do papai: uma gramática estadunidense*

"Tomar nossas diferenças e transformá-las em forças" – a intenção da poeta retoma a posição feminista negra como problema, pois essa intenção se recusa a desaparecer nas categorias gerais de alteridade ou objetividade, isto é, negridade e mulheridade, e se recusa a obedecer a formulações de projetos emancipatórios raciais e de gênero-sexo que essas categorias orientam.[3] Simultaneamente experimento e performance, este ensaio toma o questionamento de Sojourner Truth[4] como um convite à revolta. Atenta à longa linhagem de "mulheres inaceitáveis", eu enceno um confronto entre a figura feminina da negridade e as próprias noções de sujeito, "objeto" e do "outro" que organizam os discursos feministas e negros e outros discursos críticos sobre diferença. Com esse retorno ao problema da diferença, enfrento a situação atual, isto é, como, à medida que a desconstrução se torna parte de vocabulário comum, parece haver um retorno aos "bons" e velhos temas da filosofia moderna, em reafirmações tanto do sujeito quanto de sua habilidade de produzir "descrições objetivas", e de seu acesso "matemático" à "verdade",

---

[3] O enquadramento de feminismo negro que informa esse ensaio foi introduzido em D. Ferreira da Silva, "To be Announced: Radical Praxis or Knowing (at) the Limits of Justice", no qual emprego o dispositivo do "sexual no corpo feminino negro" para marcar uma posição que contempla os limites da justiça por meio de um engajamento com a negridade como um significante de violência. Isso deriva de uma leitura de S. Hartman, *Scenes of Subjection*; L. Barrett, *Blackness and Value: Seeing Double*; F. Moten, *Na quebra: a estética da tradição radical preta*; assim como da intervenção seminal de H. J. Spillers, "Bebê da mamãe, talvez do papai: uma gramática estadunidense" [nesta edição, p. 29-69]. Não se pretende substituir ou descartar as várias intervenções sob a forma de feminismo negro.

[4] Sojourner Truth (1797-1883), ex-escravizada nascida nos Estados Unidos, foi uma importante abolicionista e defensora dos direitos das mulheres. (N.T.)

que, explícita e implicitamente, nega afirmações críticas de diferença social (raça, gênero, sexo) como bases para desafiar arquiteturas, práticas e textos modernos.[5] Retornando ao tema da diferença, experimento um procedimento negro radical, desenvolvido para conter recentes movimentos reacionários de filósofos e teóricos europeus. Mais explicitamente, proponho que a emergência do *objeto* (como representado na filosofia política moderna, e o arsenal de conhecimento racial e as práticas e discursos que eles sustentaram) como *tema* de um discurso crítico interrompe essas remodelações de temas modernos disfarçadas como saídas críticas da desconstrução (como argumenta Bruno Latour) ou dos desvios pós-modernos da filosofia propriamente dita (como argumenta Alain Badiou), por muitas razões, mas, mais importante, por esses retornos fáceis à "objetividade" (Latour) e à "verdade" (Badiou) sequer pretenderem contemplar as instâncias em que o *humano* em si mesmo emerge como um "objeto", como registrado pela racialidade, pela sexualidade e por outros conceitos modernos.[6]

Por essa razão, em vez de me engajar com os filósofos reacionários de hoje e seus alunos, abordo o que a desconstrução compartilha com as interpretações "empiristas" e "formalistas" da diferença. Meu interesse é a *habitação* em si mesma, isto é, como a gramática moderna fornece as bases para isso, assim como para as análises das operações socio-históricas de poder. Mais especificamente, foco em como o discurso crítico

---

[5] Por exemplo, na rejeição explícita da desconstrução como representante de uma "postura crítica" que "zomba da crença na realidade, em sua defesa de uma abordagem realista que restitui um 'independente' do objeto como preocupação ou coisa", ver B. Latour, *We have never been modern*, p. 6. Ou, nas recuperações de Badiou da verdade "universal" (ele chama de "genérica", mas reivindica, explicitamente contra a crítica pós-moderna, que ela é "indiferente às diferenças" e à "ruptura de uma ordem") e do sujeito (determinado como "uma fidelidade ativa ao evento da verdade"), ver A. Badiou, *Being and Event*, p. 13.

[6] Notavelmente ausente nesse exercício são os escritos de Wynter sobre o humano. Há várias razões para isso. A mais relevante delas é que não estou interessada em como não europeus foram escritos como menos humanos. Meu foco está mais na forma do que no conteúdo da distinção entre Europa e seus outros. Para a visão de Wynter sobre o conteúdo da distinção, ver, por exemplo, S. Wynter, "Unsettling the Coloniality of Being/Power/Truth/Freedom— Towards the Human. After Man. Its Overrepresentation-An Argument", p. 257-337.

requer as *condições formais* de enunciação do sujeito kantiano da crítica, cuja posição privilegiada deriva da herdada afirmação cartesiana de que sua mente funda as condições de possibilidade (para o conhecimento) que se propõe a mapear. Isso ocorre porque a afirmação cartesiana inaugural (e a versão kantiana disso) fornece as condições para a emergência do sujeito racial e de gênero-sexo do discurso crítico – o que me interessa –, que é aquele cujos fundamentos representacionais são precisamente epistemológicos porque as ferramentas formais do pensamento moderno mapeiam suas condições histórico-sociais (jurídica, econômica e simbólica) de existência.

Tendo como alvo o que permanece kantiano (cartesiano e lockeano) no arsenal e na prática críticas, em seguida ativo a habilidade da negridade em perturbar o sujeito e as formas raciais e de gênero-sexo que o sustentam, sem sacrificar a capacidade destas de expor o núcleo fundamentalmente violento do pensamento moderno. Meu itinerário é simples. Primeiro, revisito a leitura de Nahum D. Chandler do discurso de W. E. B. Du Bois e comento brevemente as aberturas críticas que ele identifica na revelação de Du Bois sobre a identidade racial mista de seu avô para desafiar o discurso estadunidense de pureza racial.[7] Em seguida, performo um pensamento experimental em que a "carne feminina desgenerificada" de Hortense Spillers hackeia a figura que apoia o gesto crítico de Du Bois, sua bisavó – a quem Chandler nomeia como "figura de um X". Mais precisamente, recruto "a figura de um X" para tentar ativar o potencial radical que ele vislumbra nela ao reconfigurá-la como um dispositivo analítico antipatriarcal.

Hackear, como performado aqui, não é tanto um método, mas a recusa como um modo de engajamento. Isso consiste em uma série de movimentos que amplia a contribuição de Spillers sobre a "carne feminina desprotegida" como uma "práxis e uma teoria", e se desloca para transfigurar a "mulher" (e, com ela, a fêmea e o feminino), desfigurá-la e liberá-la para realizar o que sozinha pode performar, que é o (des)arranjo da gramática moderna, segundo a qual o patriarca permanece como o pressuposto portador da autodeterminação em suas

---

7 Chandler, *X - The problem of negro as a problem for thought*, p. 100.

interpretações éticas e jurídicas, que são respectivamente a liberdade e a autoridade. Esse engajamento toma o que vejo como a tarefa com a qual Truth presenteou o feminismo negro radical: o questionamento de uma gramática feminista que não pode deixar de (re)produzir a apreensão "adequada" da mulher e do feminino, o que expõe os limites do adequado (em seus sentidos econômicos e éticos). Com \X, eu ilustro o que se torna possível quando a negridade especula e vagueia no mundo, atendendo ao mandato ético de desafiar nosso pensamento, de liberar nossa imaginação e dar boas-vindas ao fim do mundo como nós o conhecemos, isto é, a descolonização, que é o único nome adequado à justiça.

As bases ontológicas

Em *X – The Problem of the Negro as a Problem for Thought*, Nahum D. Chandler apresenta Du Bois como "um exemplo exemplar" de um contra discurso africanista, ou seja, como um sujeito histórico e social que emerge no registro da violência colonial (escravidão) e racial (segregação), como expresso em suas noções de "dupla consciência" (uma espécie de sujeito) e "segunda visão" (um "sentido de ser" histórico). Ao fazer isso, Chandler delineia uma posição crítica que tem como alvo a representação moderna, comparável ao enquadramento do econômico feito por Marx e Engels em suas críticas sobre as condições modernas (mas aquele que o materialismo histórico retoma nas décadas de 1920 e 1930, nas versões produzidas por Lukács, Benjamin e Gramsci, entre outros). Na leitura de Chandler, Du Bois aparece como um intelectual crítico pós-iluminista que toma para si um grande desafio: (a) escrever o *humano* como um sujeito *histórico* (uma autoconsciência, de acordo com a versão de Hegel) contra (b) a escrita formal da História Natural da diferença humana (ainda operando no nível do senso comum racial dos Estados Unidos), enquanto (c) leva em consideração os efeitos (subjugação social), mas não as premissas, do senso comum racial dos Estados Unidos. Ao ler o discurso de Du Bois, Chandler encontra a dupla inscrição paradoxal, que é a experiência do negro: um sujeito social que emerge sob a regra da distinção racial ao expor, como diante da tese onto-ética pós-iluminista do Humano como uma unidade histórica de diversidade, a tese da pureza racial (e a visão da raça como identidade essencial e simples) subjacente à prática da distinção racial é mera "ideologia".[8]

Com a leitura de Chandler, aprendemos como os escritos de Du Bois, desde o final do século XIX até meados do século XX, delineiam um discurso africanista que esboça uma posição crítica, capaz de montar uma ferramenta para o estudo sociohistórico da subjugação racial que não apenas reflete a versão estadunidense do texto racial. Inestimável aqui, parece-me, é um primeiro plano da representação racial – ao considerar os efeitos produtivos (históricos e sociais) da colonialidade e da racialidade –, o que monta uma imagem crítica das bases ontológicas (éticas e epistemológicas) pós-iluministas (e, como tal, outra história da modernidade). Por um lado, diferente de como entende a sociologia das relações raciais, esse relato histórico da existência racial (social) não começa nem permanece com a suposição de que a tese da "pureza (racial) branca" (como a base da exclusão e segregação raciais) seja a única (e inconteste) base para emergência do afro-estadunidense (e de outros coletivos raciais subalternos) como um ser social. Como isso foi possível? Minha proposição é a de que a condição para a articulação de Du Bois sobre o Negro como sujeito social não é histórica nem lógica (um efeito do princípio da não contradição). Em vez disso, é o elemento *formal* (como abstração e forma/figura) da autoridade patriarcal que permanece na imagem da coisa ético-jurídica adequada, isto é, o *cidadão*, e ancora *seu direito* de decidir, controlar e matar.

O materno

O que apoia o discurso de Du Bois é a articulação do materno "sob o escopo do patriarcado", ao que Chandler atribui a capacidade de perturbar – ele se arrisca – até mesmo o nível cromossômico? Para Chandler: "Não é uma negação do mater-

---

[8] Nas décadas seguintes, antropólogos como Franz Boas fariam o mesmo e provariam que as afirmações da ciência do homem estavam erradas, tomando a diferença cultural como base para descrever a diversidade humana. Para uma elaboração desse argumento, ver D. Ferreira da Silva, *Toward a Global Idea of Race*.

no que nos leva a focalizar o paterno, é precisamente a força do materno na linhagem paterna, marcada por uma certa ausência, um certo X talvez."[9] Respondendo (e demandando) o caminho que Chandler delineou, proponho violar sua leitura por meio do sequestro de seu "certo X" em favor de uma práxis (feminista negra) radical. Busco libertá-la da preocupação de Du Bois com identidade (para qual ela serve como uma ausência marcada) precisamente porque, como Chandler pontua, "ela [a bisavó de Du Bois] não é um nada":[10] uma "inominável", uma "diferença invisível". Em vez disso, como Chandler propõe, ela "pode ser entendida como produzindo um deslocamento radical de identidade", ou seja, da "identidade branca por trás da interpretação dogmática de Thomas Jefferson do discurso da pureza".[11]

Para ativar seu poder disruptivo, reitero que a capacidade de "X" de deslocar a "identidade branca" pura opera dentro de uma composição em que ela, X, é um referente de autoridade, ou o direito ou o poder de decidir/determinar, comandar, controlar ou matar, pois ela só se torna relevante ao pensamento (da crítica do Ocidente) quando Du Bois revela a ancestralidade miscigenada de seu avô em *Dusk of Dawn*.[12] Graças a ela, em sua reivindicação de negridade e branquidade em relação ao seu lado paterno, Du Bois emerge como um sujeito social duplamente inscrito: ocupa a posição afetável (heterodeterminada) no texto racial e a posição transparente (autodeterminada) no texto patriarcal, pois o potencial de sua bisavó (de perturbar a pureza racial dos Estados Unidos) depende da decisão de seu parceiro (bisavô de Du Bois) de se mudar para os Estados Unidos com seus filhos e das decisões de seu filho (avô de Du Bois) e de seu neto (pai de Du Bois) por uma identidade "Negra". Ela ser "uma ausência" (sem um nome ou uma história de vida) é menos significativo do que a decisão estratégica de rememorar a sua existência em uma crítica da pureza racial. Surgindo nessa

---

9 N. D. Chandler, op. cit., 2014, p. 102.
10 Em inglês, *she is not nothing*. (N.T.)
11 N. D. Chandler, op. cit., p. 100.
12 Publicada em 1940, *Dusk of Dawn* é uma autobiografia de W.E.B. Du Bois, na qual conta sua experiência de vida, percorrendo a infância, a fase escolar, a vida adulta, o trabalho intelectual e, ao mesmo tempo, reflete sobre o problema racial nos Estados Unidos. (N.T.)

decisão, ela (como esposa e mãe) não pode deixar de marcar a particularidade racial de um sujeito social (como uma coisa decisiva, isto é, marido ou pai) – ou, em outras palavras, ela aparece diante do pensamento como uma figura doméstica, nomeadamente a mãe de seus filhos e a esposa do pai. Meu argumento é que o paterno é o *operativo categórico* na identificação racial de Du Bois, pois a decisão sobre a identificação racial pertence ao sujeito adequado (autorizado): o patriarca sob o escopo da família (para o pai) ou do estado-nação (para Jefferson). Sintomaticamente, a descrição de Du Bois sobre sua família não contempla a possibilidade de que sua bisavó tenha sido nativa ou de ascendência mista (africana e indígena). Seguindo o senso comum racial dos Estados Unidos (nos anos de 1930), ele trabalha com o binário vigente ("negro" versus "branco"), que registra o nacional, assumindo (e reproduzindo), assim, a obliteração dos nativos da terra (tanto nas Bahamas como nos Estados Unidos). Em qualquer acontecimento, no texto nacional/racial dos Estados Unidos, quer reivindicando uma pureza racial, quer reivindicando o hibridismo – como indica a diferença entre Brasil e Estados Unidos (e possivelmente entre os Estados Unidos e as Bahamas) –, a negridade da mãe não tem importância em relação à decisão (do sujeito negro) sobre a identificação racial, embora seja a chave para a determinação de uma identidade racial (negra). De onde advêm, então, as possibilidades radicais da "figura de um X"?

Lendo através e além do exemplo autobiográfico de Du Bois, aposto na sua capacidade de perturbar a autoridade e decolar com "X" como uma carga para explodir a base do sujeito (branco ou negro) da decisão sobre (a determinação de) identificação racial.

Qual é o problema?

Porque as apostas deste projeto são altas demais para serem ignoradas – enquanto testemunhamos o atual desencadeamento do discurso (homofóbico, misógino e transfóbico) sob a liderança da supremacia branca –, eu vou finalizar essa seção sinalizando por que retorno aqui ao patriarcado. Por quê? Porque nós precisamos ir além da crítica. Pela simples razão de que, por suas origens kantianas, a crítica não pode deixar de reafirmar (geralmente pela porta dos fundos da reparação) as premissas do pensamento moderno.[13] Como? Porque a figura jurídica e ética do sujeito (autoridade e liberdade, respectivamente), tanto no pensamento quanto nas instituições (procedimentos, premissas e mecanismos), mina o projeto crítico e emancipatório que eles são convocados a fundamentar. E, de novo, como?

Começando com o jurídico: a autoridade permanece relevante como o direito de decidir (jurídico) e o dever de proteger (ético). Pesquisadores dos estudos feministas, *queer* e, mais recentemente, trans têm notado o quanto o homem cis heterossexual habita o centro das perspectivas dominantes no campo como o sujeito propriamente dito de declarações críticas e políticas. Quando um sujeito emerge na determinação de (decisão sobre) uma posição de gênero-sexo, ela ou ele desesperadamente reafirma as posições do "sujeito" e do "outro". O que é preocupante não é que (na realidade) um homem cis vá ocupar a posição do sujeito, mas que o traço de gênero-sexo – referente da forma patriarcal – exija ambas as posições (um sujeito e um objeto). Na cena política moderna, a forma-patriarca permanece enquanto sua autoridade repousa não no direito divino, mas na necessidade derivada da concepção de natureza como um efeito do poder produtivo da razão universal. Essa posição de autoridade permanece no "cidadão", que é nada além de um patriarca jurídico-econômico autodeterminado (em Hobbes, Locke e outros textos políticos modernos fundadores), o qual sacrifica seu direito *natural* (divino) de liberdade em troca da proteção da lei e do estado. Quanto ao momento ético, é importante lembrar que a humanidade é um significante racial. Enquanto a humanidade emerge como um conceito ético do Iluminismo, a especificação de seu papel teve que esperar pelos enquadramentos científicos da diferença racial e cultural (do fim do século XIX a meados do século XX), ou seja, de ferramen-

---

13 Em outro lugar eu me refiro a esse efeito para comentar a figura impossível do sujeito minoritário transcendental – isto é, o "outro" racial e/ou cultural – como uma coisa autodeterminada que demanda inclusão e reconhecimento na base de conceitos (o racial e o cultural) que os produzem como sujeitos afetáveis (ver, em linhas gerais, D. Ferreira da Silva, "1 (life) ÷ 0 (blackness) = $\infty - \infty$ or ∞ / ∞: On Matter Beyond the Equation of Value.").

tas que circunscrevessem seu atributo distintivo, dignidade, aos limites da branquidade/Europa. Precisamente, a dignidade (uma procuração para liberdade) expõe como a humanidade opera como um significante racial, pois mostra como, enquanto portadora de direitos *naturais*, sustenta uma força ética igual ou superior à do estado. Quando empregada no palco global, a humanidade traduz as consequências da expropriação colonial e da subjugação racial como um déficit natural dos estados pós-coloniais. Por resolvê-las como diferenças culturais, a humanidade permite que as falhas conectem a condição daqueles que precisam de intervenção humanitária ao modo como a colonialidade continua facilitada por conflitos internos, o que possibilita a expropriação de recursos naturais. Em suma, afirmar que a racialização é igual à desumanização é uma tautologia: o humano é também um produto do conhecimento racial. Por essas razões, a racialidade, o arsenal de conhecimento que produz a diferença humana, expõe os fundamentos metafísicos das formas éticas e jurídicas do sujeito.

Se isso não é evidente ainda, então deixe-me torná-lo: o meu apelo é por interromper e dissolver as formas do sujeito, em suas interpretações jurídicas, econômicas e éticas, e estou convencida de que a figura do X pode nos guiar nessa direção. Eu a ativo para perturbar a interpretação jurídica do sujeito, que é a forma patriarcal.

Figurando o direito da mãe

Desenvolvendo a tarefa que anunciei acima, meu movimento é óbvio: estou perseguindo a categoria de gênero em si mesma. Com Spillers,[14] estou convencida de que o gênero (representado pela esposa e pela mãe) tem pouco a oferecer para um projeto feminista negro radical,[15] pois, conforme minha leitura do exemplo de Du Bois, o gênero pode oferecer uma base para

---

14 H. J. Spillers, "Bebê da mamãe, talvez do papai: uma gramática estadunidense".
15 Aqui eu sigo a proposição de Spillers de que a escrava negra sozinha "permanece *na carne*, ao mesmo tempo mãe e despossuída de mãe. (...) [Consequentemente] *fora* dos símbolos tradicionais do gênero feminino" (H. J. Spillers, neste volume, p. 66).

um discurso crítico negro, mas apenas para apoiar o sujeito racial no momento jurídico – isto é, a forma patriarcal – sob o disfarce de decisão (como um direito garantido ou usurpado), seja econômico (propriedade, herança), seja simbólico (identificação racial). Talvez agora seja o momento de lembrar a quem está lendo este texto que eu não tenho a pretensão de oferecer uma novidade aqui. Apoiando-me em estudos *queer*, trans* e feministas racializados, me proponho a sequestrar o "X" de Chandler para hackeá-lo com o fim de libertar suas possibilidades radicais.[16]

Tudo que faço aqui é basicamente re-(a)presentar o que eu já disse na seção anterior. Meu pretexto é a declaração de Spillers de que, sob a escravidão, "o léxico habitual da sexualidade, incluindo 'reprodução', 'maternidade', 'prazer' e 'desejo', é lançado em uma crise inconsolável".[17] Sem jamais ser a figura adequa-

[16] Se ainda não estiver, eu espero que fique claro até o fim deste ensaio que minha intenção é ir além de um tipo de análise que se baseia em uma das formas do sujeito – isto é, o patriarcal –, enquanto busca minar o outro, como na análise de Chandler do racial, em sua interpretação específica dos Estados Unidos e da tese da "pureza racial branca". Aí encontro a diferença entre hackear e outras estratégias informadas pela desconstrução, como o uso que Chandler faz da noção de dessedimentação em sua leitura da revelação de Du Bois sobre a ancestralidade racialmente miscigenada [*mixed*] de seu pai. Como mostrarei adiante, \X não é um traço de outra determinação possível (como no jogo da *différance*), mas o referente (para uma figura) de indeterminação ($\infty - \infty$), que, em outro lugar, já propus ser a grande dádiva da negridade (D. Ferreira da Silva, "1 (life) ÷ 0 (blackness) = $\infty - \infty$ or ∞ / ∞: On Matter Beyond the Equation of Value."). A propósito, meu uso de símbolos matemáticos aqui, incluindo o número 1 (um), é um truque representacional que me permite produzir uma análise composicional – por meio da nomeação do movimento e da delimitação do significado dos termos (palavras e sinais matemáticos) – sem ter que transferir todos os significados possíveis de qualquer termo dado. Nada do que vem a seguir reivindica ou confia na suposição de que a matemática tem uma relação privilegiada com a ontologia – como para Badiou, que postula que a matemática é ontologia. Certamente, a própria distinção de Badiou entre ontológico (o que ele celebra) e o representacional (o que ele abomina, em particular no que diz respeito ao tipo de diferença que me interessa agora) colabora com o meu ponto. Estou primeiramente interessada no último. Consequentemente, eu persigo o segundo significado de Aristóteles, que me permite jogar com os sentidos quantitativos e qualitativos do 1 (um). Diferentemente de Badiou, que procura extirpar das bases ontológicas qualquer elemento de representação, qualquer consideração da diferença (como articulada nos discursos críticos feministas e raciais que ele deplora), eu me movo na direção oposta e tomo a diferença como um convite à possibilidade, sem a intenção de realizar outra explicação da existência, aquela que não se baseia em nada que se assemelhe à explicação formal, eficiente, de causalidade final.

[17] H. J. Spillers, neste volume, p. 56.

da e a mãe e/ou de esposa, mas a amante, a marca e o objeto do desejo e do prazer masculinos, o corpo escravo e nativo feminino não é significante de determinação ou decisão – isto é, do direito, regra, função, forma (kantiana), produção (hegeliana) ou estrutura. Porém, porque a decisão é reconfigurada em conceitos como propriedade, patriarcado ou (re)produtividade,[18] parece-me que esse corpo feminino pode perturbar elementos da significação de gênero-sexo que apoiam a forma-patriarca, mesmo que seja sempre significado com/na forma-patriarca.

A forma-patriarca

Com a expressão "forma-patriarca", eu me refiro à condição formal de enunciação de qualquer sujeito jurídico (político), incluindo sujeitos sociais (raciais, de gênero-sexo), como uma coisa com autoridade, isto é, como uma entidade decisória. Meu sentido de forma aqui é análogo ao de *arquiescritura* de Derrida, mas, como a imagem dialética de Benjamin, é uma moldura, um molde: ou seja, é tanto uma montagem *quanto* uma regra ou uma fórmula; como um artefato histórico, é a *forma* do poder jurídico, que fornece apoio (material e formal) às figuras legais do cidadão e do Estado.[19] Em relação ao cidadão, a forma-patriarca enfatiza como o indivíduo signatário do "contrato social", o cidadão em formação, não era apenas um pai, mas também um proprietário, um marido, um negociante, um fazendeiro, um senhor da *plantation*, um senhor de escravos, um colono [*settler*] e, como tal, vinculado à terra, às servas, nativas e escravas; e sempre já afetado por, pois implicado com, aqueles que se tornam "outres" ou "objetos" em relações juridicamente (mediadas), como conquista, casamento, título, contrato etc. Por essa razão, a forma descreve como o sujeito no momento da decisão evoca imediatamente, sem a necessi-

---

[18] Minha intenção aqui não é combinar o escravo e o nativo como figuras ontológicas, mas reafirmar sua similaridade na medida em que isso nos permite destacar o modo como o patriarcado opera na dominação colonial. Isto é, essas figuras lembram como eles não são contemplados na esfera doméstica na modalidade particular do poder jurídico. Como Chandler não desenvolve como a dessedimentação operaria para dissimular a forma patriarcal – já que opera completamente dentro dela –, não consigo comentar sobre como sua representação do X performaria a tarefa que eu proponho aqui.
[19] W. Benjamin, *The arcades project*, p. 463.

dade de articulação (porque é implícito em sua configuração ou forma), uma "outra" entidade jurídica sob sua autoridade (subjugada, oprimida, dominada); porque a forma-patriarca representa a montagem jurídica "original", combinando autodeterminação e dominação (capturada por categorias sociais), ela esconde/mantém a in/distinção entre as dimensões sociais (econômicas e éticas) e formais (jurídicas) da existência política. A *arkhé-forma* do sujeito emergente no momento da decisão/determinação, a forma-patriarca é o molde sobre o qual qualquer enquadramento de uma entidade decisória deve se encaixar: aquele que sabe (Descartes), julga (Kant), reconhece (Hegel) e mede (ciência). Quando empregada para hackear a forma-patriarca, X expõe as funções do poder colonial e patriarcal nas camadas externas da figura filosófica do sujeito (no registro epistemológico da verdade), do cidadão (no registro jurídico do direito) e do humano (no registro ético do valor).

X = 0–Y: Hackeando [\] a Categoria Operativa [XX/XY]

Com a frase "carne feminina 'desgenerificada'", Hortense Spillers captura como a cativa excede interpretações feministas da subjugação patriarcal. Ela sozinha, afirma Spillers, "permanece na *carne*, ao mesmo tempo mãe e despossuída de mãe. (…) *fora* dos símbolos tradicionais do gênero feminino".[20] Imaginando a carne feminina desgenerificada de Spillers como um *hack* (\X), ou seja, como um dispositivo de confronto, procuro explorar essa "crise" que abriga o *seu* potencial de romper com a forma-patriarca e as figurações de sujeito que esta sustenta.

Hackear aqui é uma de\composição, ou uma transformação radical (ou uma imagem) que expõe, abala e perverte forma e fórmulas. É um des-entendimento, uma des-leitura e uma des-apropriação ativas e propositais. Hackear é um tipo de leitura que é, ao mesmo tempo, uma imagem (no sentido de Benjamin, na referência ao trabalho feito pela imagem dialética) e uma composição (como descrição de um ato criativo), além de uma recomposição de elementos, no sentido que o termo tem na alquimia. Minha imagem da *arkhé-forma* do sujeito envolve três

---

[20] H. J. Spillers, neste volume, p. 66.

movimentos: uma tradução, uma transposição e uma transformação. *Tradução* é o primeiro movimento crucial, que envolve traduzir conceitos em símbolos matemáticos e biológicos (cromossomos); o segundo movimento, *transposição*, é a colocação de termos e conceitos relevantes em equações que procuro resolver usando alguns procedimentos e sinais matemáticos simples, os quais me permitem explodir a *arkhé-forma* do sujeito por meio da *transformação* de suas partes elementares ou da de\composição. Os símbolos usados nas equações operam como peças de uma imagem elaborada para quebrar um código, e não como partículas de significação. São elas: as letras que marcam a atribuição sexual (biológica) – isto é, os pares cromossômicos XX e XY –, os sinais matemáticos (+, -, = e =>), a cifra (0) e a marca analógica (\), o sinal ∞ e a letra psi (ψ). Eu explico seus significados ao longo do exercício, que consiste em uma série de procedimentos simples que basicamente movem os componentes das equações da reprodução sexual (*biológica*) e do desejo sexual do lado esquerdo para o lado direito dos sinais de "=" (equivalência) ou de "=>" (consequência ou resultado). Quando hackeio essas equações, mostro a capacidade de X de dissolver a forma-patriarca.

  Deixe-me começar com uma imagem da forma-patriarca, o sujeito jurídico-político como uma entidade quadridimensional: juntamente com a racionalidade, a liberdade e a igualdade, ele conserva a autoridade (ψ). Na concepção de Locke de sujeito político, os homens que consentem em ceder sua liberdade para o corpo político não cedem a autoridade que eles detêm na figura do patriarca, como explicado em seu *Segundo tratado sobre o Governo Civil*. Todavia, em sua apresentação inicial, o sujeito político moderno tem uma autoridade *natural* (dada por Deus) sobre um domínio, o doméstico, que ele protege, mas que está sempre pressuposto sob a autoridade das formas jurídicas modernas (a Constituição e o Estado). Por essa razão, a autoridade patriarcal não tem que ser explicitada no delineamento do cidadão, que é a imagem do sujeito político moderno. Nessa clássica interpretação filosófica das entidades modernas jurídicas, a autoridade patriarcal é *naturalizada* (como Direito Divino) como uma prerrogativa daqueles que, no estado da natureza, compartilham os atributos de racionalidade, liberdade, igualdade e autoridade (ψ).

Como X faz isso funcionar? Primeiro, na descrição das figuras, o binário 0/1 basicamente traduz a noção de Aristóteles da substância como forma-matéria. Por exemplo, (0) como *matéria* se refere ao feminino, o que foi explorado por Irigaray (e também por Derrida) para nomear o excesso que é constituído por e constitutivo da exclusão de X da economia ocidental de significação. Aqui eu somente ativo a *sua* exclusão por meio do fora absoluto ao qual a negridade foi forçada a rememorar, por ser precisamente impossível conceituá-la.[21] Em qualquer situação, uso o binário (0) e (1) para dividir a substância de Aristóteles – matéria e forma, potencialidade (virtualidade) e realidade, assumindo seu segundo significado –, ou seja, unidade no sentido de que se refere ao *todo* (de uma certa moldura ou forma), indivisível *em qualidade*, mas não necessariamente *em número* – como *1 (um)* no sentido do valor (representado como forma) dos atributos associados ao masculino (racionalidade, igualdade, liberdade e autoridade).[22] Abaixo, na representação da diferença de gênero, utilizo (1) e (0) para indicar, respectivamente, a presença e a ausência de um atributo, nesse caso, da autoridade; e, no cálculo da diferença racial, (+) se refere ao que é valorado e (-) ao que não é valorado, e a distinção é uma questão (especialmente no texto da Evolução) dos graus de desenvolvimento de um dado atributo.

Homem Branco (figura i)

(i) Racionalidade (1) Liberdade (1) Igualdade (1)
ψ
| Autoridade (1)

[21] Para uma discussão da descrição de Irigaray sobre a amante feminina e a negridade como uma categoria que se refere a um fora absoluto, ver D. Ferreira da Silva, "To be Announced: Radical Praxis or Knowing (at) the Limits of Justice".
[22] Aristóteles postula no Livro VIII da *Metafísica*, "De fato, cada ser é unidade, e o que é em potência e o que é em ato, sob certo aspecto, é uma unidade". (Metafísica, 1045b20). Depois, no Livro X, Aristóteles atribui quatro significados à unidade ou ao Um: ele é *naturalmente contínuo* (indivisível e mais simples), *inteiro* (de um certo formato e forma, indivisível em qualidade ou em número), *individual* (indivisível em número) e universal (indivisível em inteligibilidade e em conhecimento).

Com essa figura, é possível representar a diferença de gênero. Nós sabemos isso porque o doméstico, que é juridicamente relevante apenas como domínio masculino a ser protegido, constitui o *seu* espaço social; na figura (não marcada) da mulher branca – o domínio patriarcal, lócus da autoridade para marcar *sua* falta de relevância jurídica, como mãe no lar – ela não detém (0) poder de decisão, onde zero (0) não significa negação, mas ausência de determinação.

Mulher Branca (figura ii)

(ii) Racionalidade (1) Liberdade (1)
ψ
Maternidade (0)   ψ Igualdade (1)

O que há nessas figuras? De novo, a multiplicação dos termos produz equações que, combinadas, expressam a diferença de gênero em Masculino (1) e Feminino (0) e que aqui funcionam como variáveis nominais, e não variáveis quantitativas:

Homem Branco: 1 (racionalidade) x 1 (liberdade) x 1 (igualdade) x 1 (autoridade) = 1
Mulher Branca: 1 (racionalidade) x 1 (liberdade) x 1 (igualdade) x 0 (maternidade) = 0

Como capturar a diferença articulada no discurso racial? Por uma questão de consistência, porque ela enuncia a visão crítica racial dominante de que a subjugação racial refigura oposições hierárquicas, eu vou usar os termos de Wynter[23] para descrever a linha de cor do pós-Iluminismo, evolutivamente selecionado/ não selecionado, e sinais matemáticos para distinguir as posições de privilegiado (+) e de subordinado (-), isto é, selecionado (+) /não selecionado (-) pela Evolução. Como uma marca para a posição racial subalterna, o "-" (sinal negativo) significa uma

---

23   S. Wynter, "Unsettling the Coloniality of Being/Power/Truth/Freedom— Towards the Human. After Man. Its Overrepresentation-An Argument".

representação inferior ou patológica de significantes relevantes, a saber, racionalidade, igualdade, liberdade, como em Homem Negro:

Homem Negro (figura iii)

(iii) Racionalidade (-1) Liberdade (-1) Igualdade (-1)
ψ
| Autoridade (-1)

C. Homem Negro: -1 (racionalidade) x -1 (liberdade) x −1 (igualdade) x -1 (autoridade) = -1

Com o sinal negativo (-) eu rememoro a gramática racial (ética), na qual – como Spillers[24] comenta a respeito do *Relatório Moynihan* e da gramática racial dos Estados Unidos – o Pai Negro é uma figura patológica de autoridade. O que essa figura mostra é como, mesmo quando a forma-patriarca permanece fundida com a forma masculina (Y), a masculinidade negra significa consistentemente a negação – como uma autoridade patriarcal falha (aqui representada por -1). É precisamente essa autoridade que a revelação de Du Bois sobre a ancestralidade racialmente miscigenada de seu pai tanto rememora na decisão de seu tataravô de criar os seus filhos nos Estados Unidos como brancos. Essa lembrança localiza Du Bois na posição adequada (patriarca) de enunciação ao revelar o que até então era um aspecto desconhecido de sua biografia.[25] Meu ponto aqui não é que o homem negro esteja fora da forma-patriarca, mas que ele foi escrito para significar uma falha (um exercício negativo ou patológico) da autoridade patriarcal.

Quando combinados, o discurso racial e o patriarcal, juntos, montam uma figura que, além de exibir a forma menor dos demais atributos, também carece do poder de decidir e de

---

[24] H. J. Spillers, neste volume, pp. 29-69.
[25] Ver, em linhas gerais, Nahum D Chandler, *X - The problem of negro as a problem for thought*. Fordham, NY: Fordham University Press, 2014.

proteger o domínio patriarcal e o corpo político. Tudo que *ela* tem é a maternidade:

Mulher Negra (figura iv)

(iv) Racionalidade (-1) Liberdade (-1)
ψ
Maternidade (0)   ψ Igualdade (-1)

D. Mulher Negra: -1 (racionalidade) x -1 (liberdade) x -1 (igualdade) x 0 (maternidade) = 0

Enquanto nos outros três atributos ela, como o Homem Negro, é significada como inferior (-), quando representada na cena do patriarcado, ela não tem relação para formar (0). Isto/ela é a figura de um X.

(figura v) Racionalidade (0) Liberdade (0)

ψ
Maternidade (0)   ψ Igualdade (0)

Como tal, *ela* é um referente ao que não tem determinação, ao que não tem o programa kantiano; não porque ela foi excluída, mas porque seu não valor não significa negação, mas nada – ela está sem a norma patriarcal e sua atribuição de valor (+ ou -). Aqui ela representa a Coisa (*das Ding* de Kant), ou o que em outro lugar chamo de o sexual no corpo colonial (escravo e nativo) feminino, que é meu nome para "carne feminina desgenerificada", de Spillers.[26] Um referente da Coisa, "0" (zero), a cifra significa ao mesmo tempo: (a) o desaparecimento do valor (nulificação); (b) a ausência de valor (nada); (c) além de qualquer meio de medição (excesso); e, mais importante, (d) o *plenum* (virtualidade, como uma nova origem ou início possível), ou seja, *ela* é $\infty - \infty$. Como um referente do *plenum* e,

---

[26] D. Ferreira da Silva, "To be Announced: Radical Praxis or Knowing (at) the Limits of Justice".

portanto, fora da cena de determinação, *ela* se refere ao abismo indiferenciado e à promessa de dissolução das formas de sujeito. *Carne feminina desgenerificada*, na economia patriarcal, é igual a (0) nada. Não surpreendentemente, como na interpretação de Chandler sobre o exemplo de Du Bois, ela pode ser utilizada para delimitar a emergência de um sujeito social negro que desafia a tese da pureza racial sem deslocar a autoridade do pai (e do filho) para determinar a sua respectiva posição racial e a de sua prole.

E se em vez de tomá-*la* como uma outra posição, em uma descrição de uma oposição e uma hierarquia (reiterando de novo o óbvio, a saber, que o não branco ou não homem não tem valor), a in/significância da *carne feminina desgenerificada* no registro patriarcal do sujeito se tornasse uma ferramenta para o desmantelamento dessa forma, quebrando essa oposição? Meu movimento aqui é de tomar a *carne feminina desgenerificada* como um referente de (c) e (d) da Coisa, *matéria*, para que *ela* se torne qualquer coisa, tudo e, em vez de nada (XX=0), *ela* seja um referente da cifra.

O que eu vou fazer é ativar a figura de um X como uma ferramenta de confronto, o \X elaborado para explodir a forma masculina XY. Como? Primeiro, soluciono a *equação da reprodução biológica*, utilizando meus símbolos matemáticos e biológicos para fazer o retrato do discurso convencional heterossexual cisgênero/biossexual; segundo, experimento a equação cisgênero/biossexual, sem a mãe-esposa, que está fora da reprodução. Eu chamo isso de *equação do desejo sexual*. Em ambos os casos, minhas traduções e transposições repetem o que já se sabe. Finalmente, emprego o \X para ver o que acontece quando as equações são hackeadas. O que eu encontro é que X=0-Y, o que é equivalente a $\infty - \infty$ ou à Coisa (0), que está sem Forma (-Y), ou, como Kant pontuou, aquilo que não é apreensível pelas formas da intuição e pelas categorias de entendimento.[27] Eu vou usar os símbolos cromossômicos (XX e XY) e sinais aritméticos básicos (+, -, =>, / e \): isto é, XX indica feminino, XY indica masculino, (+) significa "com" (não no sentido de uma adição, mas de uma

---

[27] I. Kant, *Crítica da Razão Pura*.

união de dois diferentes conjuntos), e (=>) significa que ambos estão presentes na prole (XX ou XY).

A equação patriarcal da reprodução biológica: XX=0 e XY=1

   (figura vi) XX+XY => XX ou XY

A figura (vi) apresenta a ideia da reprodução biológica presumida nos textos modernos (nacionais, legais, raciais, científicos), que pressupõem os significados da diferença de gênero discutidos acima, em que (1) significa autoridade e (0) falta de autoridade no domínio doméstico e, por extensão, no jurídico (Estado e direito). Isso mostra que o encontro sexual entre um homem cis e uma mulher cis resulta em um homem cis e em uma mulher cis como descendentes. Como interromper essa equação? Uma possibilidade é tirar o pai (XY) =>:

   (vii) se XX + XY => XX, então XX <= XX-XY ou XX=>XX

   (viii) se XX + XY => XY, então XY <= XX-XY ou XY => XX

   (ix) se XX=0, como na equação A, então em (vii), XX=> 0 e (viii) XY=> 0

Em (viii) e (vii), em que "-" significa sem, não há re-produção, mas mera repetição. Não há diferença entre a mãe e a sua prole. Ou, mais radicalmente, não há prole na verdade, apenas a mesma mulher (XX) sem (-) um homem (XY). Certamente, esses resultados reconfiguram o *Relatório Moynihan* e a apresentação geral da família negra na gramática racial dos Estados Unidos.[28] Sem o pai (i) e seus atributos (racionalidade, liberdade, igualdade e autoridade), a prole herda a falta (de autoridade) atribuída à mãe, que eu represento em (ii). Em qualquer situação, essas figuras indicam como a partícula feminina não pode re-(a)presentar-se (ou re-produzir ou in-formar). Sem o homem, tudo o que essa parte faz é copiar a si mesma (XX=XX=0) ou anular a forma masculina (XY=XX=0). Isso é o patriarcado! A partícula

---

28 H. J. Spillers, neste volume, pp. 29-69.

masculina (XY) mantém o poder de representação (veja a equação A) que, nesse caso, significa autoridade, pois é necessária para sinalizar a diferenciação. Como os estudos feministas têm apontado há décadas, essa dimensão do poder apenas aparece quando a crítica do sujeito moderno leva em consideração o patriarcado.

(x) se 0+XY => XX, então XY => XX

(xi) se 0 + XY => XY, então XY => XY

Em (x) e (xi), sem a mãe ou a esposa, o pai re(a)presenta a si mesmo na prole masculina ou feminina. De fato, é uma situação desesperançosa se nós mantivermos os termos da diferença de gênero/sexo, XX e XY, em que Y consistentemente representa/reproduz o sujeito propriamente dito da decisão ou determinação.

E se houvesse então uma equação sexual sem reprodução, sem a mãe e a esposa – em que os cromossomos (XX e XY) representassem o "desejo" masculino ou feminino tanto no registro filosófico quanto no registro sexual?

(xii) se XX + XY => 0

Sob quaisquer circunstâncias patriarcais, a *equação do desejo sexual* pode ser traduzida como:

(xiii) XX => -XY ou como XY => -XX

A operação básica, que é mover um dos termos (XX ou XY) para o outro lado da =>, requer uma mudança de seus valores, isto é, o que era + (positivo), quando movido para o outro lado da =>, se torna negativo. Eu incluo essa variação aqui porque reconfigura uma estrutura subjacente ao movimento crítico, de modo que escapa do domínio patriarcal. Esse é um movimento que só é possível quando a reprodução está fora de consideração e mostra onde o homem e a mulher aparecem em determinação mútua. Na biblioteca crítica, esse relato herdado, embora transformado e socialmente situado do "Outro", introduzido na filosofia de Hegel, aparece na escrita materialista histórica da cena do capital (proletário versus capitalista) e na versão psicanalítica de Lacan (Sujeito versus Outro). O movimento crítico relevante aqui – tendo Hegel como ponto de partida – é que o X representa negação sem possibilidade de sublação, o que significa permanecer no momento da oposição: ela (o Outro) como negação (falta) é o que ele (o Sujeito) é quando não há a habilidade de se autorrepresentar e vice-versa – cada um significa a morte ("-") do outro. Esta é a estrutura que encontro nas descrições predominantes da subjugação racial – como a de Wynter, entre outras – que leem o último como atualização socio-histórica da hierarquia encapsulada no princípio da não contradição de Aristóteles. O que distingue a intervenção racial crítica de Wynter e outras intervenções semelhantes é que, por meio da leitura do par de oposição como representação de uma hierarquia em vez de um confronto, elas não mantêm as promessas escatológicas que nós encontramos nas interpretações materialistas históricas e nas interpretações lacanianas desse constructo hegeliano. Assim, em vez de assumir que a dissolução da contradição necessita do desaparecimento de seus componentes e seu contexto de emergência, essas intervenções demandam a equalização, isto é, a valorização (ou "humanização") do membro subordinado do par, deixando intocáveis ambos os componentes e seus contextos fundamentalmente violentos. O que resulta disso é que tal crítica racial faz pouco mais do que diagnosticar a desvalorização – desumanização é um nome comum para isso – do sujeito subalterno racial, representado como masculino (-1) e tudo o mais que é identificado assim.

\X

E se, libertando-a da forma-patriarca, em que *ela* significava a falta feminina de capacidade de determinação (XX=0), e da forma racial, em que ela é encapsulada na negatividade ("-1") atribuída ao Outro Homem Negro, *a carne feminina desgenerificada* fosse solta para abalar a *equação da reprodução sexual* e a *equação do desejo sexual*? Pois como o 0 (zero) na cena da reprodução, *ela* é uma entidade sexual que é necessária ao desvelamento dessa cena, mesmo quando *ela* não desempenha nenhum papel na determinação da identificação de gênero da prole. Quando considerada como um elemento racial nessa cena, no interior da forma-patriarca, como no caso da declaração de Du Bois sobre a ancestralidade negra (ou nativa) de seu pai branco, tudo o que *ela* pode fazer é possibilitar a articulação de um sujeito racial masculino (como auto-consciência) que desafia a base do discurso (pureza racial branca) que sustenta a subjugação dele, isto é, que assinala a falta (-1) de tudo que qualifica o sujeito adequado (racionalidade, liberdade, igualdade e autoridade). A *carne feminina desgenerificada* não forma nada; não causa nada, apesar de permanecer necessária para emitir o que será in-formado (determinado, decidido, resolvido) pelo pai, tanto branco quanto negro.

Antes de empregar a *carne feminina desgenerificada*, o sexual no corpo negro feminino, ou X para desmantelar as equações da *reprodução sexual* e do *desejo sexual*, é necessário representá-*la* na escrita do feminino como uma entidade patriarcal. Isso é necessário porque, como notado acima, tanto a mulher negra quanto a mulher branca (ou não marcada) compartilham a incapacidade de formar, ou seja, XX = 0. A figura óbvia dessa relação é de identidade

(xiv) XX = XX

Entretanto o zero materno (0) não é um universal.

B. Mulher Branca: 1 (Racionalidade) x 1 (Liberdade) x 1(Igualdade) x 0 (Maternidade)
D. Mulher Negra: -1 (Racionalidade) x -1 (Liberdade) x -1(Igualdade) x 0 (Maternidade)

Os sinais (+1) e (-1) indicam duas posições diferentes na cena ética do valor e adicionam instabilidade à figura (xiii). Tirando vantagem dessa instabilidade, proponho:

(xv) XX x (− 1) = XX x (+1) ou 0 x (-1) = 0 x (+1)

Com essa transformação, que não dissolve a subjugação racial na forma-patriarca, agora me movo para resolver a equação e derivar o valor de "XX x (1)", ou a *carne feminina desgenerificada*:

(xvi) $0 \times (-1) = 0 \times (+1)$

então recomponho isso como $(-1) = \dfrac{0 \times (+1)}{0}$

que ainda se recompõe como $(-1) = \dfrac{0}{0}$ ou $(-1) = \infty - \infty$

Deixe-me decifrar os passos da recomposição: para encontrar o "valor" ($\infty - \infty$) da *carne feminina desgenerificada* (a figura feminina desprotegida pela forma patriarcal) eu movo o 0 (a figura feminina sem forma racial) para o outro lado do sinal "=", onde seu papel muda de multiplicação para divisão. Agora representada como -1 (uma forma puramente racial), a *carne feminina desgenerificada* assume a forma (molde) de $\infty - \infty$ (infinito menos infinito), que é o indeterminado, aqui tomado por mim para significar "0" em sua representação como cifra: tudo e nada. Para facilitar o rastreamento do trabalho de desestabilização (indeterminação) que a carne feminina desgenerificada performa, eu vou usar o hack ["\"] nas equações abaixo para distinguir sua representação da figura de um X de outros, como quando ele é empregado (por Malcolm-X, por exemplo) como uma rejeição do sobrenome herdado do proprietário de escravos, ou por Du Bois, como discutido por Chandler, para desafiar a pureza branca (masculina). Ao adicionar esse hack ("\" – que é uma marca que tem a habilidade de atravessar rapidamente formas e suspender o significado usual de qualquer coisa que a segue) – nós temos \XX + XY =>0, em que [\] XX representa XX => 0: ou seja, a mulher hackeada (nunca mãe ou esposa) representa o 0 (a cifra) como $\infty - \infty$ (o *plenum*).

Hackeando a equação da reprodução sexual e a equação do desejo sexual

E se eu hackear a *equação da reprodução sexual* com (\XX ou XX=>0), que é a figura de uma mulher que nunca representa a amante, a esposa ou a mãe de alguém?

(xvii) \XX + XY => XX ou XY

(xvii-a) \XX + XY => XX
\XX + XY = XX ou 0 + XY, que ainda pode ser recomposto como XY => XX − 0

Isso significa o feminino (XX-0) determinado pelo pai (XY=>) *sem* as possibilidades (-0) hospedadas em \XX.

(xvii-b) 0 +XY=XY se recompõe como XY=XY - 0

Aqui nós temos o masculino (XY) determinado pelo pai (XY) *sem* as possibilidades (-0) hospedadas em \XX. Em ambos os casos, a *carne feminina desgenerificada* não está ausente. Na verdade, ela está sempre presente no *sem* (-0), que reconfigura a forma racial (de não valor) no registro de indeterminação (∞ - ∞) que *ela* rememora; ou seja, virtualidade ou *plenum* ou *matéria-prima*, ou como aquilo que não tivesse, pudesse e não fosse ficar sob a demanda por determinação (-0), de ser in-formado no devir--substância ou sujeito. Não há razão, no entanto, para recompor \XX em XX=>0, pois, como eu disse acima, o poder significante e perturbador da *carne feminina desgenerificada* deriva de sua referência tanto ao real ([-1] x XX), isto é, à subjugação racial nesse mundo, quanto ao virtual (∞ - ∞), isto é, tudo o mais que o mundo pudesse, poderia ou pode nunca se tornar.

Vamos ver o que acontece quando eu ativo a carne feminina desgenerificada na *equação do desejo sexual*:

(xviii) 0 + XY => 0

Seguindo o mesmo movimento de recomposição usado acima:

0 => 0 − XY ou

0-0 => XY

Ambas as opções dadas aqui – mover XY para o outro lado do "=>", adquirindo um valor negativo, ou mover o 0 para o outro lado do "=>" XY, onde adquire o valor de 0 – resultam na dissipação da forma. Em outras palavras, o XX hackeado [\XX] desaparece com o pai. No discurso racial estadunidense, ou seja, em discursos como o do *Relatório Moynihan*, é nesse poder desmedido da mulher que a explicação para os efeitos econômicos, jurídicos e simbólicos da escravidão (colonial) e da subjugação racial reside, pois *ela* é a mãe da prole masculina miscigenada, a quem, devido à regra de uma gota de sangue [*one-drop rule*],[29] será negado o acesso ao lugar branco de valor (racionalidade, liberdade, igualdade e autoridade), ou *ela* será a mãe do homem miscigenado (que passa por branco) que, uma vez revelada, irá desestabilizar suas reivindicações (e possivelmente outras) de pureza (racial) branca.

    Meu ponto aqui é que, sem ativar seu potencial inquietante, a *carne feminina desgenerificada* não pode fazer muito mais do que recompor 0 + XY => 0 em XY => 0-0 (aqui "-" significa o *plenum* sem si mesmo), tornando-se apenas uma mera potencialidade de forma ou o jogo da *différance*, que é o traço ("/").

    Ela pode e faz mais: quando articulada como um referente de confronto ("\", o hack) em vez de diferenciação ("/", o traço), a *carne feminina desgenerificada* performa uma transformação radical (uma re\composição) dos termos da *equação sexual do desejo*, que desestabiliza a forma (oposicional) racial.

---

[29] Trata-se de um princípio legal e social de classificação racial que predominou nos Estados Unidos no século XX. Conhecido também como racismo genotípico, ele se baseia na ideia de que qualquer pessoa, mesmo de pele branca, que tenha um antepassado negro é considerada negra, o que explica a expressão "one-drop rule", traduzida em português costumeiramente como "regra de uma gota de sangue". (N.T.)

(xix-a) \XX + [+]XY => 0

(xix-b) \XX + [-]XY => 0

Uma vez que os sinais de (+) e (-) têm um papel nominal (diferencial), que serve para distinguir respectivamente o homem branco e o homem negro, nenhum deles vai entrar na re\composição – hackear, aqui, tem como alvo as partes (os termos) da forma-patriarca. Consequentemente, ambas as equações podem ser recompostas como:

(xx) \XX => - (-) XY+ 0 ou \XX => - (+) XY + 0

O que eu fiz acima foi mover XY para o outro lado da "=>", onde adquire um valor negativo. Nessa composição, a mulher hackeada figura como aquela que está sem a partícula masculina (-XY) e tem uma relação positiva com o *plenum* (+0). A *carne feminina desgenerificada* representa a matéria antes/sem forma, ou a *matéria-prima*, como vimos anteriormente, em que ela expressa (∞ - ∞) ou indeterminação. Se nós explorarmos mais a capacidade desestabilizante do hack ("\"), é possível, então, representar; em vez de confiar na estabilidade do XX, pode-se liberar o sinal do hack para transfigurar o todo, cada elemento da equação, começando por hackear XX e dividir a figura da mulher cis:

(xxi) \X => -XY + 0   => \X = -XY + 0   => \X = -Y + 0

                -X   - X

Deixe-me explicar a de\composição mais uma vez passo a passo. Primeiro movimento: eu ativo o hack [\] e o uso para dividir o significante feminino (XX) em \X e X. Esse movimento libera a *carne feminina desgenerificada* [\X] da significação biológica (cromossômica) de feminilidade (XX), que é enviada para o outro lado do =>, onde se torna um denominador, isto é,
divide -XY + 0.

(xxi-a) \X => -XY + 0

       X

Segundo movimento: [\X] continua a operar por meio da liberação do X em XY, que é então cancelado pelo X no denominador:

(xxi-b) => \X=> -XY + 0

       -X̶

Após esse procedimento, "a figura de um \X" agora fica como:

(xxii) \X => -Y + 0

Ou como o in-mensurável, não calculável, in-determinável no espaço-tempo (-Y), que é o real sem forma (incluindo as intuições puras de espaço e tempo de Kant). Em vez disso, *ela* representa o *plenum* (+0) ou (∞ - ∞), as possibilidades ilimitadas e indetermináveis da matéria impensável, desinformada. Pois sem a forma-patriarca, que se refere à autoridade do Sujeito – o significante do Falo (o governante do significado nas representações da razão universal como *nomos* e *poiesis*), há a Coisa ou o contrário do Mundo como nós o conhecemos. Mãe de ninguém; esposa de ninguém: "a figura de X" – hackeada [\] para significar o "o sexual no corpo (escravo e nativo) feminino" como aquilo que aparece na cena da decisão, como sujeito do desejo (enquadrado como determinação ou *jouissance*).

    Carne feminina desgenerificada: que "sentido de ser" pode ser obtido depois de *X* hackear as equações sexuais? Por um lado – porque sem a demanda por determinação (por decisão, que é a "origem" ou a formulação cartesiana da questão do ser como busca por determinação), isto é, fora das descrições filosóficas do desejo e da tradução psicanalítica disso como (um inconsciente) determinante –, o ser é liberado da necessidade de verificar um acesso à verdade; necessidade esta com a qual o pensamento moderno teve que lidar quando o recurso a um governante e criador divino não era mais uma opção. É essa, penso eu, a dádiva do X: a possibilidade de ser-no-mundo de novo, de se tornar do/no mundo sem a necessidade presumida por resolução e determinação e, consequentemente, sem os modos de conhecer – enquadrados como a lógica de oposição (Aristóteles e Tomás de Aquino) ou sublação (Hegel) – que sempre já descrevem a existência como uma cena de violência e impõem a necessidade de dominação ou obliteração, como em uma classificação hierárquica (História Natural) ou em uma luta mortal por existência (Evolução), respectivamente. Contemplando essas possibilidades radicais de X, obviamente ainda estou pairando sobre o domínio do pensamento. Minha resposta ao chamado para recusar, para discordar, não é atacar e abandonar as ferramentas de pensar e existir que auxiliam no confronto das instâncias de violência racial total (assassinato) e simbólica (todo o resto) – em todas as suas formas – que parecem se multiplicar infinitamente no presente global. Não, minha resposta é esta: vamos começar a usar essas ferramentas com cautela, consciente de sua capacidade de reproduzir a violência racial e, ao mesmo tempo, vamos seguir (em frente) para reunir ferramentas com as quais pensar e viver o mundo de outra forma. Porque, como meu experimento de hackear a forma-patriarca indica, estou convencida de que o que está fora das equações, em que o corpo sexual negro (e nativo) significa nada, é um Nada que quer dizer Tudo e Qualquer Coisa além do Mundo como o conhecemos hoje.

Bibliografia

ARISTÓTELES. Metafísica. São Paulo: Loyola, 2002.

BADIOU, Alain. *Being and Event*. New York: Continuum, 2006.

BARRETT, Lindon. *Blackness and Value: Seeing Double*. Cambridge: Cambridge University Press, 1999.

BENJAMIN, Walter. *The Arcades Project*. Cambridge, MA: Harvard University Press, 1999.

CHANDLER, Nahum D. *X-The Problem of Negro as a Problem for Thought*. Fordham, NY: Fordham University Press, 2014.

FERREIRA DA SILVA, Denise. "1 (life) ÷ 0 (blackness) = $\infty - \infty$ or ∞ / ∞: On Matter Beyond the Equation of Value", *E-Flux 79*, jan, 2017.

FERREIRA DA SILVA, Denise. "To be Announced: Radical Praxis or Knowing (at) the Limits of Justice", *Social Text* 114 (31), nº 1, 2013.

FERREIRA DA SILVA, Denise. "No-bodies: Law, Raciality, and Violence", *Griffith Law Review* 18, nº 2, aug, 2009.

FERREIRA DA SILVA, Denise. *Toward a Global Idea of Race*. Minneapolis: University of Minnesota Press, 2007.

HARTMAN, Saidiya. *Scenes of Subjection: Terror, Slavery and Self-making in Nineteenth-Century America*. New York: Oxford University Press, 1997.

KANT, Immanuel. *Critique of Pure Reason*. Cambridge: Cambridge University Press, 1998. [Ed. bras.: *Crítica da Razão Pura*. Trad. Fernando Costa Mattos. 4. ed. Petrópolis: Vozes, 2015.]

LATOUR, Bruno. *We have never been modern*. Cambridge, MA: Harvard University Press, 1993.

LORDE, Audre. "The Master's Tools Will Never Dismantle the Master's House." *Sister Outsider: Essays and Speeches*. Berkeley, CA: Berkeley Press, 1984. Disponível em <http://collectiveliberation.org/wpcontent/uploads/2013/01/Lorde_The_Masters_Tools.pdf.> [Ed. bras.: *Irmã Outsider*. Trad. Stephanie Borges. Belo Horizonte: Autêntica, 2019]

MOTEN, Fred. *In the Break: The Aesthetics of the Black Radical Tradition*. Minneapolis: University of Minnesota Press, 2003. [Ed. bras.: *Na quebra: a estética da tradição radical preta*. Trad de. Matheus Araújos dos Santos. São Paulo: crocodilo edições, n-1 edições, no prelo.]

SPILLERS, Hortense J. "Bebê da mamãe, talvez do papai: uma gramática estadunidense", trad. Kênia Freitas e Allan K. Pereira, in BARZAGHI, Clara; LAURENTIIS, Marina (Eds.) *Pensamento negro radical: antologia de ensaios*. São Paulo: crocodilo, n-1 edições, 2021.

SPIVAK, Gayatri. "Translator's Preface", in DERRIDA, Jacques. *Of Grammatology*, Trad. Gayatri Spivak. ix–lxxxix. Baltimore: Johns Hopkins University Press, 1997.

TRUTH, Sojourner. "Ain't I a Woman?" Speech, Akron, Ohio, 28-29 mai 1851. Women's Convention. Disponível em <http://schools.nyc.gov/NR/rdonlyres/E151FA9D-6017-4556-981FCD076D731A72/0/SecondaryTextGuideAnswerKeyAintWoman.pdf.>

WYNTER, Sylvia. "Unsettling the Coloniality of Being/Power/Truth/Freedom— Towards the Human. After Man. Its Overrepresentation-An Argument." CR: *The New Centennial Review* 3, nº 3, 2003, p. 257-337.

crocodilo edições
coordenação editorial
Clara Barzaghi
Marina B Laurentiis

crocodilo.site
crocodilo.edicoes
crocodilo.site

n-1 edições
coordenação editorial
Peter Pál Pelbart
Ricardo Muniz Fernandes
direção de arte
Ricardo Muniz Fernandes
assistente editorial
Inês Mendonça

n-1edicoes.org
n.1edicoes
n.1edicoes

© desta edição, crocodilo edições, 2021

Pensamento negro radical:
antologia de ensaios

Organização
Clara Barzaghi
Stella Z. Paterniani
André Arias

Preparação
Victória Lane

Revisão
Flavio Taam
Pedro Taam

Projeto gráfico e diagramação
Leandro Lopes

Bebê da mamãe, talvez do papai: uma gramática estadunidense
Tradução
Allan K. Pereira
Kênia Freitas
Revisão técnica
Fernanda Silva e Sousa

Nenhum Humano Envolvido: carta aberta a colegas
Tradução
Stella Z. Paterniani
(com colaboração de) Patricia Fox
Vênus em dois atos
Tradução
Fernanda Silva e Sousa
Marcelo R. S. Ribeiro
Revisão
Kênia Freitas

Ser prete e ser nada (misticismo na carne)
Tradução
André Arias
Clara Barzaghi
Revisão técnica
Kênia Freitas

Hackeando o Sujeito: feminismo negro e recusa além dos limites da crítica
Tradução
Fernanda Silva e Sousa

Dados Internacionais de Catalogação na Publicação (CIP) de acordo com ISBD

P418   Pensamento Negro Radical / Hortense J. Spillers ... [et al.] ;
organizado por Clara Barzaghi, Stella Z. Paterniani, André Arias ;
traduzido por Allan K. Pereira ... [et al.]. – São Paulo : Crocodilo ;
São Paulo : N-1 edições, 2021.
228 p. ; 13cm x 21cm.

Inclui bibliografia e índice.
ISBN: 978-65-88301-07-4 (Crocodilo)
ISBN: 978-65-8694-158-6 (N-1 edições)

1. Ciências sociais. 2. Pensamento Negro. I. Spillers, Hortense J.
II. Wynter, Sylvia. III. Hartman, Saidiya. IV. Moten, Fred. V. Silva,
Denise Ferreira da. VI. Barzaghi, Clara. VII. Paterniani, Stella
Z. VIII. Arias, André. IX. Pereira, Allan K. X. Freitas, Kênia. XI.
Paterniani, Stella Z. XII. Sousa, Fernanda Silva e. XIII. Ribeiro,
Marcelo R. S. XIV. Arias, André. XV. Barzaghi, Clara. XVI. Título.

CDD 300
CDU 3

2021-4139

Elaborado por Vagner Rodolfo da Silva - CRB-8/9410

Índice para catálogo sistemático: Ciências sociais 300   Ciências sociais 3

Fonte **Arnhem e Rotis Semisans**
Papel **Pólen 80 g/m²**
Impressão **Pancrom**